Heißerer · Wellen, Wind und Dorfbanditen

Dirk Heisserer

Wellen, Wind und Dorfbanditen

Literarische Erkundungen am Starnberger See

Diederichs

Der Kaiserin von Kalumina
Kadidja Wedekind
(1911–1994)
in herzlicher Verehrung
gewidmet

Die Deutsche Bibliothek – CIP-Einheitsaufnahme
Heisserer, Dirk:
Wellen, Wind und Dorfbanditen: literarische Erkundungen am Starnberger See / Dirk Heisserer. – München: Diederichs, 1995
ISBN 3-424-01242-4

Lektorat: Matthias Wolf
Umschlaggestaltung: Ute Dissmann, München
Produktion: Tillmann Roeder, München
Satz: Uhl + Massopust, Aalen
Druck und Bindung: Jos. C. Huber, Dießen
Papier: Holzfrei, säurefrei Werkdruckpapier
Printed in Germany

ISBN 3-424-01242-4

Inhalt

Der Dichtersee

Einer alten Sage nach tauchen die Ertrunkenen im Starnberger See nicht mehr auf, weil sie zur Hochzeit eines unglücklichen Liebespaars geladen sind, das einst im See versank. In ihrer Nachbarschaft schläft auf dem Grund des alten »Wurmsees« ein Ungeheuer, das an dem Tag erwachen wird, an dem die Welt untergeht.

Die Welt über dem See setzte zum ersten Mal vor mehr als zweihundert Jahren ein wandernder Literat hymnisch in Szene. Der Aufklärer Lorenz Westenrieder (1748–1829) erinnert in seiner *Beschreibung des Wurm= oder Starenbergersees und der umherliegenden Schlößer ec. samt einer Landkarte* (1784) zunächst ausführlich an die noch nicht ferne Zeit der kurfürstlichen Prunkschiffe, Seefeste mit Feuerwerken und spektakulären Hirschhetzen (1663–1758). Zugleich versucht er, wenige Jahre vor der Französischen Revolution, die vergessene Seelandschaft der Fischer und Bauern aufzuwerten. Er lobt die Lage, beschönigt den »romantischen Reitz« ärmlicher Schifferhütten, sieht viele »ansehnliche« Schlösser und Kirchen und preist die »Schneegebirge«:

Gewiß eine der prächtigsten Scenen in der Natur, voll erhabner und einfacher Maiestät, welche zu gleicher Zeit, wie der Anblick eines weisen, und ernsthaften, aber huldreichen Monarchens, durch die Lieblichkeit ieder Theile gemildert ist.

Selbstverständlich trägt dieser idealisierende Blick auch zur Erholung bei; doch ist in dem anschließenden »Werbetext« schon der Riß spürbar, der das moderne Lebensgefühl als Differenz von Stadt und Land bestimmt:

Die ganze Natur ist fröhlich, sanft, und gefällig, und entfernet mühsame Gedanken, und schwülstigen Pracht. Ein süßer Schauder des Vergnügens hebet das Herz des Stadtbewohners, und mit iedem Blick fühlt er sich leichter, und fühlt aus seiner Seele die Sorge weichen.

Westenrieder gewinnt seiner Euphorie über die landschaftliche Schönheit des Starnberger Sees geradezu dichterische Passagen von einigem »Reitz« ab, ganz besonders bei der Annäherung an die »Insul Wörth«, die spätere Roseninsel. Sein Prosa-Hymnus auf das Landidyll ist seitdem immer wieder zitiert worden, zunächst durch nachfolgende Reiseschriftsteller wie Adolph von Schaden (1832) und Ludwig Steub (1860), deren humorvolle und ironische Schilderungen ebenfalls poetische Qualitäten haben. Aber auch die kritischen Einwände Heinrich Noës (1864) und die pathetische »Wanderung« G.A. Horsts (1876) variieren Westenrieders Grundton.

Die Krise des Feudalismus und der Aufstieg des Bürgertums bescherten der Seelandschaft einen grundlegenden Wandel. Villen wurden gebaut; die Zeit der öffentlichen Ruderkähne »Hirsch«, »Löwe« und »Schwan« sowie ihrer königlichen Pendants »Carolina« und »Delphin« ging 1851 mit dem Bau des ersten Dampfschiffs »Maximilian« durch den Kgl. Hofbaurat Johann Ulrich Himbsel zu Ende. Die Eisenbahn, ebenfalls von Himbsel in eigener Regie direkt an den Dampfersteg gebaut, brachte ab 1854 in nur noch einer Stunde immer mehr Gäste an den See. Die große Welt hielt Einzug; Hotels, Restaurants, Cafés und ein Wellenbad entstanden. Bald fuhren vier prächtige Dampfschiffe auf dem See, und auch Literaten nutzten die Drahtseilbahn auf die Rottmannshöhe. Der Verleger Eduard Hallberger kaufte sich Schloß Tutzing und zog seine Autoren Friedrich Wilhelm Hackländer und Georg Ebers nach. Maximilian Schmidt erschrieb sich mit seinen *Starnberger See=Geschichten* die Gunst König Ludwigs II. und den Hofrat-Titel. Ungefähr gleichzeitig verwandelte sich eine Bäckerei in Berg durch die Fremden in eine

»Goldgrube«, und der Bäckersohn Oskar, der selbsternannte »Dorfbandit« und »Provinzschriftsteller« Oskar Maria Graf, schrieb im Exil mit seiner Erzählung *Das Leben meiner Mutter* (1940/1946) die beste und eindringlichste Schilderung der Veränderungen am Starnberger See zwischen 1850 und 1930.

Der »Dichtersee« hat sich seither zu einer beachtlichen literarischen Landschaft entwickelt, die allerdings bislang noch nicht eigenständig erkundet wurde. Das *Starnberger See-Stammbuch*, von Grunelia Grunelius 1950 im Ernst Heimeran Verlag herausgegeben, versammelt zwar unter den längeren und kürzeren Selbstdarstellungen von über siebzig mehr oder minder prominenten Seeanwohnern auch einige Literaten, ist aber insgesamt nicht mehr als eine unkommentierte Momentaufnahme der Nachkriegszeit. In Rolf Wünnenbergs Buch über das *Fünfseenland* (1977) werden »Schriftsteller« in einem kurzen Abschnitt kursorisch vorgestellt.

Die vorliegenden Erkundungen haben ihren Ausgangspunkt in einer literarischen Rundfahrt auf dem Starnberger See, die seit 1992 unter dem Titel »Wellen, Wind und Dorfbanditen« angeboten wird. Damit sind neben den konkreten Elementen der Seelandschaft auch zwei Buchtitel von Herbert Achternbusch und ein Buchtitel von Oskar Maria Graf gemeint. Da sich bei den Recherchen für das vorliegende Buch soviel Neues ergab und die kulturellen und politischen Zusammenhänge auch ausführlichere Darstellungen erforderten, konnte nur eine repräsentative Auswahl von Literaten näher vorgestellt werden. Darunter sind, neben den einheimischen Autoren Georg Queri und Oskar Maria Graf, eine ganze Reihe prominenter ehemaliger Anwohner wie Franz Graf Pocci, Gustav Meyrink, Waldemar Bonsels und Wilhelm Hausenstein. Sommergäste waren Thomas Mann, von dem gleich drei Romane mit Seeshaupt und Feldafing in Verbindung stehen, sowie der Theaterkritiker Alfred Kerr, der Romanautor Ernst Weiß, der Dramatiker Georg Kaiser und der Maler Paul Klee. Der Verzicht auf die Maler – mit Ausnahme der

»Blauen Reiter« Wassily Kandinsky, Heinrich Campendonk und Paul Klee –, fällt durch den Hinweis auf Gerhard Schobers *Bilder aus dem Fünf-Seen-Land* (1979, [3]1991) etwas leichter.

Dem See selbst haben nur Limnologen und Geologen ausführlichere Darstellungen gewidmet. Willi Ule versucht 1901 den Nachweis, daß der See nicht allein durch die Gletscher der beiden letzten Eiszeiten, sondern auch durch Wassererosion entstanden sei; die (bei der Seeburg) bis zu 123 Meter tiefe Rinne des Sees sei demnach ein Urstromtal, das von den Seiten- und Endmoränen wannenartig abgeschlossen wird. Der See, hauptsächlich von Regenwasser und Quellbächen gespeist, hat nur einen Abfluß, die Würm, die lange zugleich dem See und der letzten Eiszeit den Namen gab; er ist 21 km lang und zwischen 3 und 5 km (beim Tutzinger Karpfenwinkel) breit. Soweit die offizielle Darstellung. Literarisch stellt Karl Valentin den Expertenstreit in seinem Bericht »Neues vom Starnberger See« (1938) etwas anders dar:

Über die Tiefe des Starnberger Sees gehen die Ansichten weit auseinander. Einige behaupten, er sei tiefer als lang, andere sagen, er sei länger als tief. Fachmännisch wurde genau berechnet, daß er tief, seicht, lang, kurz, schmal und breit zu gleicher Zeit ist. (...) Auf alle Fälle steht fest, daß je weiter sämtliche Ufer eines Sees voneinander entfernt sind, desto größer sich also die Wasserfläche gestaltet. Ein See ohne Ufer wäre daher kein See mehr, denn einen uferlosen See hat es bis heute noch nicht gegeben. Dasselbe gilt auch für den Ammersee.

Das östliche und das westliche Seeufer liegen, wie Ernst Heimeran schon 1947 wußte, mehr als nur ein paar Kilometer auseinander:

Das Ostufer ist berühmt für seine schlechte Verkehrslage. Wer sich dort ansiedelt, muß sich bewußt sein, daß er mit der Außenwelt abgeschlossen hat. Darauf sind die Ostuferer aber besonders stolz. Sie sagen, daß sie sich rein erhalten wollen, während die Westuferbewohner der Zivilisation und damit dem sicheren Untergang anheimfallen würden.

Dann gibt es die Seerundfahrten, heute leider nicht mehr mit dem Dampfschiff: »Das Eindrucksvollste (...) war das große Schaufelrad, das sich unter dumpfem ›Plumbada – Plumbada‹ drehte und ganze Wolken von Gischt von sich stieß.« So empfand es als Kind die spätere Kinderbuchautorin Marina Thudichum. Ernst Heimeran erzählt weiter, wie er auf einer Seerundfahrt seinen Kindern zur Unterhaltung ein Märchen erzählen muß, natürlich von einem schönen König und einer schönen Prinzessin, und wie sich dabei sehr schnell ein größerer Kreis von Zuhörern bildet. Neben den Kindern erwähnt Walter Foitzick in seinem »Ausflug« (1939) auch die Möwen:

Natürlich füttert man Möwen, und die Möwen warten schon darauf, denn sie wissen, daß so ein Dampfer ein Ding ist, von dem zeitweise eßbare Bröckchen fliegen. So wirkt ein Dampfer vom Möwenstandpunkt aus. Unzweifelhaft zitiert jemand den Vers von Morgenstern, nach dem die Möwen aussähen, als ob sie Emma hießen, denn auf dem Starnberger=See=Dampfer befindet sich immer eine literarisch gebildete Persönlichkeit. Doch den Möwen macht das nichts, sie sind es schon gewohnt.

Fehlen nur noch die Fische, allen voran die Renken. Ihnen hat die Erzählerin Klara Reichner 1872 in ihren *Märchen für große Kinder* unter dem Titel »Submarin. Ein wässeriges Märchen vom Starnberger See« eine köstliche Unterwasserreise gewidmet. Ein junger Bürschling schwimmt den See ab, um Hilfe für seine nicht standesgemäße Verbindung mit einer kleinen Renke zu finden. Die Rundreise ist zugleich ein Namenrätsel. Er startet in Wasserkopf, kommt über Wasserseiten nach Wolfried, Schutzing und Bourbonenruh (Garatshausen), schwimmt vorbei an der Blumeninsel nach Lustspielhofen, Sternthal, Schloß Thal, Maroni, Allweibshausen, Jammerland und Beibach. Dort wirft jemand ein mißliebiges Manuskript ins Wasser, der Bürschling greift zu und hat mit einer Rede über einen schmelzenden Eisberg den gewünschten Erfolg: Er bekommt seine Renke. Darüber schmollt ein Karpfen, dem die Renke eigentlich versprochen war; ein Trost ist für ihn vielleicht das Karpfenrennen, das Karl Valentin ankündigt:

Nächsten Sonntag nachmittag um halb 21 Uhr findet im Starnberger See ein Karpfenrennen statt mit darauffolgendem Brilliantfeuerwerk. Zwölf zehnpfündige dressierte Karpfen schwimmen mit Motorboot und Musikbegleitung von Starnberg nach Seeshaupt; während dem Rennen ist der See für Fußgänger gesperrt.

*

Alle benutzten Quellen sind im Literaturverzeichnis angegeben; den einzelnen Verlagen und Rechteinhabern sei für die freundliche Erlaubnis zum Zitieren gedankt. Eine wertvolle Hilfe war Gerhard Schobers Standardwerk über die Denkmäler im Landkreis Starnberg (1989, ²1991); der nachgedruckte und von Schober erweitert kommentierte Seeführer von A. Link (⁶1879) konnte teilweise herangezogen werden. Nähere Angaben zu einzelnen Wohnhäusern sind den Katastern im Staatsarchiv München entnommen. Ich danke all denjenigen, die mich mit Rat und Tat bei meinen Erkundungen unterstützt haben, namentlich am Ende des Buches, besonders aber den Damen der Stadtbibliothek München (Monacensia) und vor allem meinem Freund Eberhard Köstler in Tutzing.

*

Zuletzt – als nachgestellte Motti – zwei weitere Stimmen aus der Ferne zum internationalen »Dichtersee« italienischer (Leoni, Pocci), französischer (Verlaine, Apollinaire) und dänischer (Andersen) Geister. Der englische Dichter und Kritiker T.S. Eliot (1888–1965), Nobelpreisträger 1948, beginnt seinen Gedichtband *The waste Land* (Das wüste Land, 1922) im ersten Abschnitt »The Burial of the Dead« (Das Totenamt) mit Versen, die den Starnberger See im April von München aus nur noch als fernen Anlaß für den Einbruch der Natur in die einst höfische Kunststadt nennen:

Summer surprised us, coming over the Starnbergersee
With a shower of rain; we stopped in the colonnade
And went on in sunlight, into the Hofgarten,
And drank coffee, and talked for an hour.

Sommer kam unversehens, zog über den Starnbergersee herauf
In einem Wolkenbruch; wir stellten uns im Säulengang unter,
Traten dann im Sonnenschein heraus in den Hofgarten
Auf einen Kaffee und ein Stündchen Plauschen.

Nach dem Regen und dem Reden kann aber der Wunsch wach werden nach mehr, wie in den *Poèmes d'un riche amateur* (1908) des französischen Dichters Valéry Larbaud (1881–1957):

Ah! donnez-moi le vent du soir sur les prairies,
Et l'odeur du foin frais coupé, comme en Bavière,
Un soir, après la pluie, sur le lac de Starnberg (...).

Ach! man gebe mir den Abendwind über den Wiesen,
Und den Geruch frisch gemähten Heus, wie in Bayern
Eines Abends, nach dem Regen, am Starnberger See (...).

So sei es: Die literarischen Erkundungen am »Dichtersee« sollen zu weiteren Entdeckungen anregen – am See, in einem fernen Kaffeehaus oder in den Büchern.

Starnberg

»Fünf Meter von Starnberg abwärts liegt der Starnberger See.« Lakonischer als mit diesem Satz Karl Valentins aus seinem Bericht »Neues vom Starnberger See« (1938) läßt sich das Verhältnis der Kreisstadt zu ihrer größten Attraktion kaum bezeichnen. 1912 zur Stadt erhoben und seit 1962 offizielle Namengeberin des Sees, hat Starnberg Segen und Fluch des Fremdenverkehrs schon früh ungeteilt erfahren.

Gegenüber dem alten Dorf Achheim, das im Gebiet des heutigen Heimatmuseums lag, bauten sich im 12. Jahrhundert die Grafen von Andechs-Meranien auf einem der beiden Moränenhügel, dem Starenbichl oder Starenberg, eine strategisch wichtige Burg. Unterhalb der Burg entwickelte sich nach ihrer Eroberung 1246 durch den Wittelsbacher Herzog Otto II. aus den Häusern der Vasallen, Reisigen und Dienstleuten eine Siedlung, die zusammen mit dem alten Achheim im neuen Starnberg aufging. Viele Arbeiter und Kunsthandwerker aus allen Richtungen forderte danach die Umwandlung der Burg in einen Jagd- und Sommersitz der Herzöge und der Bau einer eigenen Schiffsflotte.

Höhepunkt dieser Entwicklung war gleich nach dem Dreißigjährigen Krieg der Bau des »Bucentaur«, einer Nachbildung des Prunkschiffs (»buzo d'oro« – Goldschiff) des Dogen in Venedig. Sehr überzeugend hat vor kurzem Heidrun Kurz dargestellt, daß der Bau des »Bucentaur« 1663 nicht nur als erste direkte Reaktion auf die Geburt Maximilians II. Emanuel (1662–1726), des Sohnes des Kurfürsten Ferdinand Maria und seiner Frau Henriette Adelaide, zu verstehen ist, sondern daß es auch eine ganz konkret nachweisbare literarische Vorlage dafür gibt. Es handelt sich um den Roman *Clélie* (1660) von Mademoiselle de Scudéry (1607–1601), eben jenem »Fräulein von Scuderi«, dem E.T.A. Hoffmann 1819/21 eine seiner bekanntesten Schauergeschichten gewidmet hat. Die »römische Geschichte« *Clélie* war der Lieblingsroman Henriette Adelaides; das darin mit großem Aufwand gefeierte Seefest zu Ehren der Geburt der Venus ist mit Sicherheit auf das Programm des »Bucentaur« und seiner Begleitschiffe zu übertragen. Diese poetische Erfindung erklärt vielleicht auch die seltsame Form einer Jagd vom Schiff aus auf einen Hirschen, den Jäger und Hundemeuten aus den Wäldern hinter Berg ins Wasser trieben, um ihm von den hohen Herrschaften erlegen zu lassen. Wie auch immer: Wenn der »Bucentaur« und seine Begleitschiffe zur Jagd oder zur bloßen Lustfahrt oder zu einem nächtlichen Feuerwerk ausfuhren, befanden sich auf dem Prunkschiff mit Ruderern und Musikanten ca. 500 Personen und insgesamt 2000 Menschen auf dem See, während der Ort Starnberg gerade 200 Bewohner hatte. Der schöne Spuk war 1759 vorbei; der »Bucentaur« wurde abgewrackt, eine »Aurora«-Darstellung aus dem Schiff schmückt heute das Heimatmuseum.

Als der königliche Hofbaurat Johann Ulrich Himbsel 1851 das erste Dampfschiff »Maximilian« auf den See setzen und drei Jahre später in eigener Regie auch die Bahnverbindung Pasing-Starnberg bauen ließ, begann für Starnberg eine geradezu stürmische Entwicklung. Aus dem einen Dampfschiff wurden bis 1890 vier; das Wellenbad »Undosa« lockte ab 1905 an die Seepromenade, und zwischen 1850 und 1950 verzehnfachte sich in Starnberg die Zahl der Häuser – Heinrich Noë sah schon 1865 in seinem *Bayerischen Seenbuch* Starnberg in eine »Vorstadt Münchens« verwandelt.

Literarische Adressen

»Über Starnberg selbst ist wenig zu berichten. Starnberg hat seinen eigenen Reiz und seinen eigenen Bahnhof, in welchem unsere neuen elektrischen Schnellzüge stehen.« Karl Valentins Starnberg-Bonmot hat zwar eine gewisse Aktualität bewahrt, bedarf aber einiger Ergänzungen. So gibt es über Starnberg literarisch einiges zu berichten. Direkt auf den Ort bezogen sind der Gesellschaftsroman *Starnberg* (1921) von Wilhelm Herbert (d. i. Wilhelm Mayer) und die Collage aus Literatur und Historie *Äpfel vom Baum im Kies* (1988) des 1959 geborenen Starnberger Autors Andreas Neumeister. In Neumeisters Erstling kommt vieles von dem verhüllt und versteckt vor, was auf den literarischen Erkundungen des vorliegenden Buches enthüllt und entdeckt werden soll. Aktuelle Lebewelt am Starnberger See schildert Martin Walser in seinem jüngsten Roman *ohne einander* (1993). Neumeisters kritischer Blick auf »die penetrante Kreisstadt« ist sicher – zumal nach der Einrichtung eines Ringkanals – ebensowenig repräsentativ wie der alterstraurige Eindruck von der Seepromenade, den Marie Luise Kaschnitz in ihrem Buch *Orte* (1973) schildert: »In Starnberg sind die Ränder des Sees, auch die kleinen Uferwellen, grau und uringelb, und ein widerwärtiger Geruch geht von ihnen aus.« Um so wichtiger sind die literarischen Adressen in der Stadt.

Da ist zunächst der alte Friedhof an der Hanfelder Straße, wo die Autoren Georg Queri und Gustav Meyrink bestattet sind. In ihrer Nähe ruht der Regisseur Otto Falckenberg. Etwas unterhalb des Friedhofs hat der Antiquar Paul Heinemann in einem alten Kuhstall seit mehr als fünfzehn Jahren eine Bücher- und Bilderwelt eingerichtet, die ohne weiteres auch als Schauplatz in Gustav Meyrinks Roman *Der Golem* vorstellbar ist, der 1915 in Starnberg beendet wurde.

Zu den literarischen Adressen in Starnberg gehört weiter das Haus des Kunstschriftstellers Hermann Uhde-Bernays

(1873–1965) an der Josef-Jägerhuberstraße 11. Von seinen zahlreichen Publikationen seien das Standardwerk *Münchener Landschafter im neunzehnten Jahrhundert* (1921), die Erinnerungen aus den Jahren 1880 bis 1914 *Im Lichte der Freiheit* (1948) und die Essaysammlung *Mein weißes Haus* (1954) erwähnt. Seit 1913 in Starnberg ansässig, ist heute nach dem ehemaligen Stadtrat (1945/46) und Ehrenbürger (1950) sogar eine Straße benannt. Auch die Schriftstellerin Ina Seidel, die 1934 mit ihrem Mann Heinrich Wolfgang in die Starnberger Ottostraße 16 zog, wurde 1970 zur Ehrenbürgerin ernannt und mit einer Straße geehrt. Seine beiden letzten Lebensjahre verbrachte der Rittmeister, Lyriker und Erzähler Rudolf Binding (1867–1938) in der damaligen Herzog-Wilhelm-(heute Heinrich-Wieland)-Straße 3. Bindings Ideal klassischer Formstrenge ließ ihn mit Novellen wie *Opfergang* (1912) oder *Keuschheitslegende* (1919) zu einem erfolgreichen bürgerlichen Autor werden, der sich erst mit einer an Romain Rolland gerichteten *Antwort eines Deutschen an die Welt* (1933) zum Befürworter des Nationalsozialismus aufschwang, bevor er sich als stellvertretender Präsident der Deutschen Akademie der Dichtung wieder davon distanzierte.

Chronist von Polykarpszell: Georg Queri

Seine Mutter fand, er sehe aus wie eine Kartoffel; der Zeichner Olaf Gulbransson staunte über seinen »echten gotischen Bauernschädel«; und für Ludwig Thoma saß mit ihm »Altbayern mit seinem breiten Lachen und seinem schlagfertigen Witze am Tische« – Georg Queri, 1879 im nahen Frieding geboren, wo am Geburtshaus eine Tafel an ihn erinnert, wuchs in Starnberg an der Hanfelder Straße als Sohn einer Milchhändlerin und eines Schiffsnachtwächters auf und profilierte sich als Journalist, Mundartdichter und Volkskundler, der seine bayerischen Themen entschieden vom bajuwarischen Tümeln abgrenzte. Seine

Erfahrungen mit Land und Leuten sammelte er – abgesehen von einem kurzen Gastspiel an der New Yorker »Staatszeitung« – direkt vor Ort, als Gerichtsreporter mehrerer Tageszeitungen und zwischen 1908 und 1910 als Redakteur des »Land- und Seeboten« in Starnberg. Sein Buch *Der Wöchentliche Beobachter von Polykarpszell. Geschichten aus einer kleinen Redaktion* (1911) setzt diese Erlebnisse direkt um. Der Volkskundler Queri ist einer der wichtigsten Dokumentaristen des ländlichen Bayern. Mehr noch als sein Buch über *Bauernerotik und Bauernfehme in Oberbayern* (1911) erregte sein Wörterbuch *Kraftbayrisch* (1912) mit deftigen »erotischen und skatologischen Redensarten der Altbayern« sogar die Justiz; die verfügte Beschlagnahme wurde aber dank der Expertisen namhafter Schriftstellerkollegen bald wieder aufgehoben.

Unter den von Paul Neu illustrierten Büchern Queris hat *Der schöne Soldatengesang vom dapfern Kolumbus* (1912), die Entdeckung Amerikas durch einen königlich bayerischen Leib-Infanteristen, einen eigenen Charme. Zusammen mit Ludwig Thoma gab Queri 1913 das *Bayernbuch. Hundert bayerische Autoren eines Jahrtausends* heraus. Am Ersten Weltkrieg nahm Queri als Kriegsberichterstatter des »Berliner Tageblatts« teil und ließ bis 1917 sechs Bücher zum Thema erscheinen. Als Hauptwerk schwebte Queri eine »Volksoper« vor, zu der sein erfolgreiches oberbayerisches Singspiel *Matheis bricht's Eis* (1918) das Libretto abgeben sollte. Sein früher Tod Ende November 1919 als Folge eines jahrelangen Hüftleidens machte diesen Plan zunichte.

ZWISCHENZEIT: ARNOLD ZWEIG

Seine ersten Jahre als freier Schriftsteller verbrachte Arnold Zweig (1887–1968) zwischen November 1919 und September 1923 in einem kleinen Haus an der damaligen Mühlbergstraße, heute Josef-Fischhaberstraße 14. Ihm war die Gegend nicht unbekannt. Der Philosophie- und Psychologie-Student in München hatte im Sommer 1909 einen »Landaufenthalt« in Wildenroth an der Amper verbracht; so jedenfalls heißt ein Kapitel in seinem damals geschriebenen, aber erst viel später wiederentdeckten ersten Roman *Versunkene Tage* (1938; später *Verklungene Tage*, 1950), das auch eine Begegnung mit Heinrich Mann in Wildenroth schildert. Noch einmal kam Zweig im Mai 1913 nach München zurück und lebte bis zum Ausbruch des Ersten Weltkriegs mit seiner Cousine und späteren Frau Beatrice in Solln. Den Krieg überstand er in der Presse-Abteilung der Obersten Heeresleitung Ost; 1918 war er kurzfristig Soldatenrat in Wilna. In der Zeit seiner Neuorientierung nach dem Krieg lebte Zweig von Artikeln gegen den deutschen Antisemitismus für Zeitschriften wie die »Jüdische Rundschau« oder die »Weltbühne«. Er beschäftigte sich mit den Schriften Gustav Landauers und Sigmund Freuds, traf sich in Starnberg mit Lion Feuchtwanger und schrieb seine Abhandlung über einen sozialistischen Zionismus *Das ostjüdische Antlitz* (1920). Die Geburt seines ersten Sohnes Michael 1920 und die Vorbereitung von Werkausgaben der Dichter Lessing, Kleist und Büchner gehören ebenfalls in diese Starnberger Zeit. Aufgrund antisemitischer Drohungen zog Zweig mit seiner Familie Ende September 1923 nach Berlin. Sein Roman *Der Streit um den Sergeanten Grischa* (1927) begründete dort Arnold Zweigs Weltruhm. Zwischen 1933 und 1948 nach Palästina emigriert, gehörte Zweig zu den Männern der ersten Stunde in der DDR und übernahm 1950 bis 1953 das Amt des Präsidenten der Deutschen Akademie der Künste als Nachfolger des designierten, kurz zuvor verstorbenen Heinrich Mann.

Kunst des Alltags: Ernst Heimeran

Der Verleger und erfolgreichste Autor im eigenen Verlag Ernst Heimeran (1902–1955) hatte seit 1940 neben dem Schwabinger Verlagshaus auch einen »Hochsitz am Prinzenweg« 27 in Starnberg. Die Geschichte, wie er mit seiner Frau Margrit zu diesem Haus kam und was die Familie dort alles erlebte, ist in seinem Buch *Grundstück gesucht. Ein Traum und seine Wirklichkeit* (1947) nachzulesen. Das »Einer Sachverständigen: Meiner lieben Schwiegermutter« gewidmete Buch ist eines der schönsten Beispiele für Heimerans leichte Hand in der mit viel Liebe und Witz geübten Kunst des Alltags: »Der Alltag des häuslichen Lebens, der Haushalt, die Kinder, die Kindheit, der Garten, Streichquartettspiel – das sind meine liebsten Themen.« So Heimeran selbst in einem Rundfunk-Selbstportrait von 1953.

Schon mit 15 Jahren hatte der Gymnasiast in München zusammen mit dem Verlegersohn Wolfgang von Weber eine Zeitschrift »Der Zwiestrolch« gegründet, die es sogar zu einer freundlichen Erwähnung in den »Münchener Neuesten Nachrichten« und vor allem – auf Anfrage – 1920 zu einem handschriftlichen Zuspruch Thomas Manns brachte. Im gleichen Jahr lernte Ernst Heimeran den zehn Jahre älteren Dichter, Bildhauer, Maler, Graphiker und Illustrator Ernst Penzoldt (1892–1955) kennen, mit dem ihn eine lebenslange Freundschaft verband. Im Oktober 1922 gründete Ernst Heimeran dann offiziell seinen Verlag im Haus an der Schwabinger Dietlindenstraße 14 und gab ihm bald durch die »Tusculum-Bücherei« – der Kombination von Texten griechischer und lateinischer Klassiker mit der deutschen Übersetzung – ein deutliches Profil; Initiator und Herausgeber war anfangs Heimerans Gymnasiallehrer Franz Burger, dem der Schüler in seinem Buch über *Lehrer die wir hatten* (1954) das beste Zeugnis gibt. Ernst Penzoldt stattete die Reihe aus und trat in den ersten beiden Verlagsjahren selbst mit fünf künstlerischen und literarischen Titeln hervor.

Nach einer kunstgeschichtlichen Dissertation über »Michelangelo und das Porträt« (1925) verdiente der selbsternannte »Liebhaberverleger« Heimeran sein Geld ab 1928 neben Eugen Roth in der Lokalredaktion der »Münchner Neuesten Nachrichten« bis zu seiner Entlassung im April 1933. Seinem Verlag gab Heimeran einen neuen Impuls, als er die toten Klassiker der »Tusculum«-Reihe durch lebendige Sachbücher ergänzte. Am erfolgreichsten wurden dabei seine eigenen Titel, vom *Trostbüchlein* (1934) über das *Spielbuch für Erwachsene* (1935) und den Ratgeber *Der bequeme Schifahrer* (1937) bis zu den Episoden *Der Vater und sein erstes Kind* (1938) mit Zeichnungen von Fritz Fliege alias Ernst Penzoldt. Als Verleger und Vertreter in einem reiste Ernst Heimeran durch die Lande und lernte in Zürich die Buchhändlerin Margrit Diethelm kennen, die er 1936 heiratete.

Kurz nachdem die Heimerans 1940 ihr Landhaus am Starnberger Prinzenweg gefunden hatten, schmückte Freund Penzoldt, seit 1923 mit Heimerans älterer Schwester Friederike verheiratet, zwei Außenwände mit schönen Fresken, dem lesenden Jüngling über der Haustür und dem schreibenden heiligen Emmeran – dem Namenspatron Heimerans – mit dem Raben an der Gartenseite. Neben dem Hausbuch *Grundstück gesucht*, das nach der Schweizer Erstausgabe 1947 drei Jahre später auch im eigenen Verlag erschien, ist noch das *Starnberger See-Stammbuch* (1950) zu nennen. Wenige Monate nach seinem Freund Ernst Penzoldt starb Ernst Heimeran am 31. Mai 1955 in Starnberg an den Spätfolgen einer Verletzung, die er sich bei einer Wehrübung 1944 zugezogen hatte; seine letzte Ruhestätte fand er, wie sein Seenachbar Waldemar Bonsels, im eigenen Garten. Direkt vor seinem Haus zweigt heute der Ernst-Heimeran-Weg vom Prinzenweg ab. Nach der Auflösung des Verlags in den siebziger Jahren übernahm die »Tusculum«-Reihe der Artemis-Verlag; Heimerans eigene Bücher sind im Deutschen Taschenbuch Verlag lieferbar.

Bibliophilie und Politik: Heinrich F.S. Bachmair

Ein anderer Verleger versuchte in Starnberg nach dem Krieg mit der dritten Neugründung seines Verlages noch einmal sein Glück. Der Pasinger Apothekersohn Heinrich Franz Seraphikus Bachmair (1889–1960) hatte 1911 noch als Literaturstudent in Berlin mit dem Erstling *Der Ringende. Kleist-Hymne* seines Schwabinger Freundes Johannes Robert Becher (1891–1958) sein erstes Buch verlegt und gab der jungen expressionistischen Literatur mit den beiden Zeitschriften »Die Neue Kunst« und »Revolution« bis zum ersten Verlagsende Anfang 1914 ein wichtiges Forum in Süddeutschland. Sein literarisches Interesse ermöglichte Bachmair 1907 in Pasing einen Besuch beim Dichter Otto Julius Bierbaum und eröffnete den Zugang zum Kreis des Verlegers Waldemar Bonsels, wo sich Bachmair und Becher kennenlernten. Bonsels publizierte 1909 eine Studie Bachmairs über Detlev von Liliencron; im Gegenzug erschien 1913 bei Bachmair Bonsels' Novellenband *Ave Vita*.

Nach dem Krieg, an dem er freiwillig von Oktober 1914 bis November 1918 teilnahm, gründete Bachmair im Januar 1919 zusammen mit Leo Scherpenbach die Buchhandlung »Bücherkiste« und seinen zweiten Verlag; von Oskar Maria Graf erschien dort, als zweite Buchveröffentlichung überhaupt, der Gedichtband *Amen und Anfang* (1919) mit dem Titelholzschnitt von Georg Schrimpf. Sein entschiedener Einsatz für die Räterepublik brachte Bachmair eine einjährige Haftstrafe ein; danach sah er sich bis 1933 zu verschiedenen Anstellungen in anderen Verlagen gezwungen. Trotz aller Schwierigkeiten gelang Bachmair von 1927 bis 1931 mit dem »Bücherhirt«, der »kleinste(n) Zeitschrift für Bibliophilen«, wieder eine besondere Kostbarkeit. Ende der zwanziger Jahre starb unversehens seine Frau, die Lyrikerin Maria Luise Weissmann (1899–1929), die er 1922 geheiratet hatte.

Bis zur behördlichen Schließung seines zweiten Verlags 1943

konnte sich Bachmair auch nach 1933 literarische Freiräume schaffen und wurde deshalb 1945 als politisch »nicht betroffen« eingestuft. Zwischen 1938 und 1945 lebte Bachmair, ab 1940 mit seiner zweiten Frau Lisel Zeller, in der Starnberger Schloßstraße 18. Dort gründete er am 4. Januar 1946 seinen Verlag zum dritten Mal und trat schon am 18. Februar in den »Kulturbund zur demokratischen Erneuerung Deutschlands« ein. Sein Freund Becher hatte den »Kulturbund« gleich nach seiner Rückkehr aus dem Moskauer Exil Ende Juni 1945 beantragt und wurde in der Gründungsversammlung am 3. Juli zum Präsidenten gewählt. Es war also eine freundschaftliche und eine politische Geste, daß Becher seinem Freund in Starnberg das Manuskript des Gedichtbands *München in meinem Gedicht* (1946) als Signal eines Neuanfangs gab. Der lyrische Rückblick beschwört nicht nur die Kindheit und die Schwabinger Anfänge um das »Café Stefanie«; das epische Schlußgedicht »Die Drei« ist zudem die erste öffentliche Ehrung der ersten drei Opfer der studentischen Widerstandsgruppe »Die Weiße Rose«: Sophie Scholl, Hans Scholl und Christoph Propst.

Bachmair begann zuversichtlich; der Kollege Ernst Heimeran steuerte 1947 sogar eine launige Broschüre über seine Erfahrungen als Verlagsverteter zum Verlagsprogramm bei. Aber die Währungsreform bedeutete für den mittlerweile nach Söcking an die Birkenleite 2 umgezogenen Verlag Ende März 1950 das endgültige Aus. Auf Vermittlung seines Freundes Becher, des Dichters der Nationalhymne der Deutschen Demokratischen Republik (»Auferstanden aus Ruinen … Deutschland, einig Vaterland«) und ab 1954 ersten Kulturministers der DDR, fand Bachmair im Berliner Aufbau-Verlag, den Becher 1945 gegründet hatte, einen Posten als Werbeleiter. Am Ende ihres Lebens fanden sich die Freunde also dort wieder, wo sie 1911 literarisch begonnen hatten. Nach Bechers Tod 1958 kümmerte sich Bachmair um den Nachlaß und starb, auf den Tag zwei Jahre nach seinem Freund, am 11. Oktober 1960 in Berlin.

Percht in Percha: Friedrich Alfred Schmid Noerr

Die berühmte Sage von der Geburt Kaiser Karls des Großen als Sohn Pipins des Jüngeren und der Königstochter Bertha in der Reismühle bei Gauting hat nach vielen Überlieferungen auch eine literarische Gestaltung erfahren. In seinem »mythischen Roman« *Frau Perchtas Auszug* versuchte Friedrich Alfred Schmid Noerr 1928 den konfliktreichen Übergang von der germanischen zur christlichen Epoche, den Abschied von den alten »Götzen« darzustellen. Bertha, deren Namen Ludwig Steub vom altdeutschen »peraht, später bercht, precht, bert« für »glänzend, weiß« ableitet, ist die Verkörperung der im Roman als germanische »Lebenskönigin« oder mythische Urmutter bezeichneten »Frau Perchta«, die in vielem mit »Frau Holle« verwandt ist. Die vertauschte Königsbraut Bertha wächst als kundige Weberin in der Reismühle heran. Pipin, der eines Tages auf der Jagd in die Gegend kommt, erkennt sie an ihrem Brautring, verstößt seine falsche Frau und zeugt mit Bertha den Sohn Karl.

Der Roman Schmid Noerrs schildert in altertümlich stilisierter Sprache – die Kapitel sind mit den altdeutschen Monatsnamen überschrieben – den Kampf Pipins und Karls, des »Bastards aus Christenmensch und Teufelin«, gegen die Macht der alten germanischen Göttin. Nach der Vertreibung seiner Mutter verbietet Karl zuletzt »Perchtendienst und jeglichen Perchtenbrauch«. Am Starnberger See plant Karl den Schlag gegen das »letzte Nest des uralten Irrtums und teuflischer Abgötterei«:

Ihm war bekannt, daß zu Percha am Würmsee noch immer der heilige Hain Frau Perchtas sich wölbte, und daß zu dem Heiligtum heimlich in Nächten von weither die heidnisch gesinnten Waller zu verschwiegenem Götzendienst kamen.

Percha war seit 1918 der Wohnort des Autors Friedrich Alfred Schmid Noerr (1877–1969). Der 1906 in Heidelberg habilitierte Privatdozent für Philosophie und Ästhetik hatte auf eine Universitätskarriere verzichtet und kam nach längeren Reisen 1917 zunächst nach München; die Kammerspiele inszenierten dort 1918 sein dramatisches Gedicht *Ecce Homo*. Im gleichen Jahr zog Schmid Noerr nach Percha in das von ihm so genannte »Sonnenhaus« an der Berger Straße 8 und etablierte sich als freier Schriftsteller. Er befreundete sich bald mit Gustav Meyrink, der gegenüber, an der Starnberger Seepromenade, das »Haus zur letzten Latern« bewohnte. In ein Exemplar seines Gedichtbands *Straßen und Horizonte* (1917) schrieb Schmid Noerr am Neujahrstag 1919 in Percha ein schönes Widmungsgedicht »auf gute Nachbarschaft« für Meyrink in Starnberg:

Ob Einer den Andern kennt,
Zu dem er sich nachbarlich findet,
Wird nie auf Erden entschieden.
Genug, zu wissen hienieden:
Ein breites Wasser zwar trennt,
Jedoch ein Ufer verbindet.

Die beiden stilistisch so unterschiedlichen Autoren fanden in einer parapsychologischen und materiellen »Interessengemeinschaft« (Schmid Noerr) zusammen. Meyrink konnte in den zwanziger Jahren wegen eines chronischen Rückenleidens kaum noch arbeiten, wollte und konnte aber auf die zahlreichen Verlagsangebote nicht verzichten. Nach eigenem Bekunden redigierte Schmid Noerr daher zunächst das Manuskript der *Goldmachergeschichten* (1925) aus einem antiquarischen Buchfund, Meyrink gab den Geschichten seinen Namen und das Honorar wurde geteilt. Das gleiche Spiel trieben die Freunde mit dem Roman *Der Engel vom westlichen Fenster* (1927), den Schmid Noerr in Prag mit Hilfe des Starnberger Malers Arnold Gerstl recherchierte und, bis auf wenige von Meyrink eingefügte Sätze, allein verfaßte. Die Änderung des ursprünglichen Titels *Der Baphomet* geschah auf Wunsch des Verlags.

Gustav Meyrink revanchierte sich und gab seinem Freund 1928 zum 50. Geburtstag in einem Artikel der »Münchner Neuesten Nachrichten« den Titel »Märchendichter und Weltweiser«. Schmid Noerrs Vorliebe für die »mythische Erzählung« ließ ihn nach 1933 mit dem zeitkonformen »Mythos der deutschen Welt« seines schwerfälligen Romans *Unserer Guten Frauen Einzug* (1936) noch vor die Zeit zurückgehen, die er in *Frau Perchtas Auszug* so spannend dargestellt hatte. Er suchte im Mythos den »Wahrheitsweg« und verstand sich als »deutscher Dichter«, paßte sich aber den politischen Forderungen des Tages nicht an, sondern setzte im Widerstandskreis um Oster, Heinz und Liedig den Verfassungsentwurf für eine »Volksgemeinschaft« dagegen. Durch Druckverbote an seiner Arbeit gehindert, erinnerte er sich der Widmung, die ihm Gustav Meyrink 1919 in ein Exemplar seiner Satirensammlung *Des Deutschen Spießers Wunderhorn* (1913) geschrieben hatte: »Der Staat ist keines Menschen Freund.« Eine Auswahl dieser Satiren gab Schmid Noerr 1956 heraus, nachdem er schon 1948 in der »Süddeutschen Zeitung« ein »Nachtgespräch mit Gustav Meyrink« geführt hatte, das einen guten Einblick in diese merkwürdige »Interessengemeinschaft« der beiden so verschiedenen Freunde gibt.

Zauberer mit Ruderboot: Gustav Meyrink

Ein Zauberstück zum Abschied: Der »Simplicissimus«-Zeichner Thomas Theodor Heine (1867–1948) beobachtet am Sonntag, den 4. Dezember 1932, im Garten seines Hauses in Dießen am Ammersee einen fremden Foxterrier, der sich auffällig benimmt; Heine will ihn verjagen, doch der Hund bleibt stehen und schaut den Mann traurig an, bevor er wegläuft. Bei diesem Blick denkt Heine unversehens an Gustav Meyrink, seinen langjährigen »Simplicissimus«-Kollegen in Starnberg, den er schon jahrelang nicht mehr gesehen hat. Abends erzählt er seiner Frau von dem merkwürdigen Erlebnis; sie holen daraufhin alte »Simplicissimus«-Jahrgänge hervor und lesen »von neuem den ›heißen Soldat‹ und andere der wunderbaren, grotesken Erzählungen, mit denen er zuerst aufgetreten war«. Am nächsten Tag erfährt Heine, daß Gustav Meyrink am Vortag in Starnberg gestorben ist. Heine, nach eigenen Worten »ein platter Materialist«, der an keine okkulten Zusammenhänge glaubt, erinnert sich sofort daran, wie ihm Meyrink am lange zurückliegenden Abend ihres Kennenlernens in der Münchener Osteria Bavaria versprochen habe, er wolle ihm, Heine, eines Tages den Beweis für die Wahrheit von der Lehre der Seelenwanderung geben.

Die denkwürdige Szene im Dießener Garten verbindet zwei Grundthemen im Leben und Werk des Schriftstellers Gustav Meyrink (1868–1932): Satire und Okkultismus. Zwischen diesen beiden Polen schuf der Dichter des Welterfolgs *Der Golem* (1915) ein Werk, das zu einem guten Teil während der einundzwanzig Jahre entstand, die Meyrink seit 1911 mit seiner Familie in Starnberg lebte.

Leben und Tod

Sein Leben war bis dahin recht abenteuerlich verlaufen. In einem Wiener Hotelzimmer geboren, hatte der uneheliche Sohn des württembergischen Ministers Karl Freiherr Varnbüler von und zu Hemmingen und der Münchener Hofschauspielerin Maria Meyer über die Mutter zeitlebens Heimatrecht in Bayern. Nach Schuljahren in München und Hamburg sowie einer Ausbildung zum Bankier eröffnete er 1889 mit einem Neffen des Dichters Christian Morgenstern in Prag das Bankhaus »Meyer und Morgenstern«. Die Weichen für eine bürgerliche Laufbahn schienen gestellt. Doch der junge Mann fiel auf als schriller Dandy in extravaganter Kleidung; er ruderte mit großem Einsatz und Erfolg in einem Club, experimentierte aber auch mit Drogen und parapsychologischen Erscheinungen, gründete eine geheime Loge und näherte sich dem Buddhismus. Das alles war in Prag suspekt. Als der junge Meyer aus seiner ersten Ehe ausbrach und 1896 ein Verhältnis mit der Prager Bankierstochter Philomena Bernt (1873–1968) begann, die er 1905 heiratete, genügte eine kleine Beleidigung der ersten Frau, um eine Duellaffäre und eine Anklage wegen angeblicher Veruntreuung von Kundengeldern gegen den seltsamen Parvenu anzuzetteln. Obwohl er nach zweimonatiger Untersuchungshaft vollständig rehabilitiert wurde, war Meyer in Prag gesellschaftlich ruiniert. Damals, so um die Zwanzig herum, sei er gestorben; den Körper habe er dann noch vierzig Jahre mit sich herumgeschleppt. So läßt Friedrich Alfred Schmid Noerr seinen Freund Meyrink am 17. April 1948 in dem imaginierten »Nachtgespräch« der »Süddeutschen Zeitung« dessen ersten Tod kommentieren.

Erste Verwandlung

Der junge Meyer sann auf Rache – und entwickelte den satirischen Schriftsteller Gustav Meyrink. Aber mit gelungenen Bosheiten wie im Prosa-Stadtbild »Prag« hält Meyrink sich nicht lange auf. Die Opfer seines Spotts werden besonders Militärs und Ärzte sowie Spießer aller Richtungen. Diese Entwicklung zum Schriftsteller läßt Friedrich Alfred Schmid Noerr seinen Freund Meyrink in dem imaginierten »Nachtgespräch« 1948 geheimnisvoll als eine mystisch-alchemistische »Auferstehung« zu Lebzeiten bezeichnen. Sie erst ermögliche die größere »Verwandlung«, die schließlich zum erklärten Lebensziel Meyrinks führe: »‹Zaubernkönnen: das ist das einzige Ziel, für das es zu leben lohnt. Man muß die Kraft des Verwandelns besitzen. Das ist das wahre Geheimnis der höheren Alchimie.›«

Die erste »Verwandlung« war also die des Bankiers Meyer zum Schriftsteller Gustav Meyrink (der Name wurde 1917 offiziell anerkannt), dessen Geschichten im »Simplicissimus« großen Anklang fanden; im April 1903 erschien bei Albert Langen sein erstes Buch unter dem Titel *Der heiße Soldat*, im Jahr darauf sein zweiter Sammelband *Orchideen. Sonderbare Geschichten*. Bis zum Welterfolg *Der Golem* (1915) war es aber noch ein weiter Weg. Ursprünglich sollte der Roman schon im Mai 1905 fertig sein. So jedenfalls berichtet der Zeichner Alfred Kubin (1877–1959), der den Text illustrieren sollte, am 12. März 1905 aus Wien seiner Frau. Neben dem frühesten bekannten *Golem*-Konzept – ein durch Schlafentzug überwacher Held erlebt »die seltsamsten ›Träume‹« wie wirklich und »empfängt von außerirdischen Intelligenzen ganz geheimnisvolle Offenbarungen« –, gibt Kubin in diesem Brief auch ein sehr anschauliches Portrait Meyrinks: »Augen wie ein Geisterseher, hie und da aber hat er einen verschlagenen Ausdruck. – auf jedenfall geistig hochbedeutend ein bischen Abenteuerlich schwindlerisch« (Städtische Galerie im Lenbachhaus, München, Kubin-Archiv). Bestätigt wird dieses Zeugnis durch Karl Wolfskehl, der 1932 in einer Erinnerung an Meyrink die »Identität von Taschenspielertum und echter Magierschaft« feststellte. In Wien redigierte Meyrink mit etwas zu großem finanziellem Aufwand für prominente Mitarbeiter wie Frank Wedekind und August Strindberg den »Simplicissimus«-Ableger »Der liebe Augustin« und scheiterte erneut.

Über Montreux kommt Meyrink 1906 mit seiner Familie nach München. Dort hat er als freier Schriftsteller unterschiedlichen Erfolg; seinen gefragten Satiren und Parodien stehen mit etwas kläglicher Resonanz vier Theaterstücke gegenüber, die er mit seinem »Simplicissimus«-Kollegen Alexander Roda Roda (1872–1945) verfaßt. Er muß Auftragsarbeiten wie die Übersetzung der Werke von Charles Dickens übernehmen, aber seine besondere Stärke bleibt vorerst die Satire.

Doch schon 1907 sind in dem Kapitel »Der heimliche Kaiser«, 1917 als Fragment-Kapitel im *Roman der XII* veröffentlicht, neben einer brillanten Passage über München als »Kunststadt mit Hirschhornknöpfen« auch die anderen, spirituellen Töne Meyrinks zu hören, wenn er als eigentliches Weltwunder »das unabhängig freie ›Ich-bewußtsein‹« nennt. Meyrink war weder Phantast noch Okkultist; ihm ging es um die Grenzerfahrungen des eigenen Bewußtseins. Vehement wandte er sich gegen Astrologie und Spiritismus, weil sie, wie er in einem Interview bekannte, ebenso wie »das Phantom Gott« nur den einzigen entscheidenden Weg verstellten, »den Weg zu uns selbst«.

Ruderwart in Starnberg

Am 1. April 1911 siedelte Meyrink mit seiner Familie nach Starnberg über. Ein Hauptgrund war sicher, daß der passionierte Ruderer und Segler Meyrink hier ein Boot liegen hatte und – nach seiner Aufnahme zum 1. April 1911 in den Münchener Ruderverein »Bayern« – bald dessen hochangesehener 1. Ruderwart wurde. Das Fachblatt »Der Rudersport« listete am 2. August 1916 Meyrinks Ruder-Erfolge im einzelnen auf:

Meyrink *hat eine erfolgreiche Laufbahn als Rennruderer hinter sich. Sowohl im Riemenboot (Achter, Vierer mit und ohne St.[euermann]) wie auch im Doppelzweier und Einer besuchte er Regatten in Budapest, Dresden, Leitmeritz, Pirna, Prag, Raudnitz, Wien sowie in der Schweiz und errang bei 67 Starts* 32 Siege. *1887 gewann er im* Einer *die ›Meisterschaft von Deutsch-Böhmen‹ in Leitmeritz und 1888 die* ›Meisterschaft auf der Moldau‹ *in Prag.*

Dem Münchener R.V. Bayern *gehört* Meyrink *fast seit dessen Gründung an und hat sich als Ruderwart und Trainingsleiter um den Verein schon sehr verdient gemacht. Er ist einer der eifrigsten Besucher des*

Bayernheims *am Starnbergersee und sein Name steht täglich im Fahrtenbuch.*

Der Umzug nach Starnberg war zugleich Ausdruck einer Stadtflucht, einer endgültigen Trennung von der Schwabinger Bohème, mit der, wie Karl Wolfskehl schrieb, Meyrink sowieso »bloß topographisch«, durch seine letzte (nicht erhaltene) Wohnung in der Beichstraße 9/0 am Nikolaiplatz, zu tun gehabt hatte.

Die erste Adresse Meyrinks in Starnberg war die Possenhofenerstraße 252 1/3 in der nach ihrem Besitzer Ludwig Rock genannten »Villa Rock« (heute Possenhofener Straße 23). Neben seiner schriftstellerischen Arbeit engagierte sich Meyrink sofort im Ruderverein »Bayern«. Das Fachblatt »Der Rudersport« meldete im Frühjahr 1913, der Verein habe die Ausbildung seiner Ruderer »seinem Ruderwart, dem bekannten Schriftsteller Gustav Meyrink, übertragen, der als alter erfahrener Rennruderer die nötige Praxis mitbringt und im persönlichen Verkehr mit den Mannschaften den richtigen Ton zu treffen weiss, der die Mannschaften sehr an ihn fesselt«. Etwas knapper faßte sich Anfang 1913 »Die Regatta«:

Der M. R.=V. ›Bayern‹ legte die Leitung des Trainings in die Hände seines 1. Ruderwarts Gustav Meyrink, *der sich nicht nur als Schriftsteller, sondern auch als Skuller einen großen Namen gemacht hat.*

Sprechkunst und Fahrtenpreis

Als Höhepunkt und zugleich Abschluß seines satirischen Werks erscheinen 1913 die drei Bände *Des deutschen Spießers Wunderhorn.* Danach verlegt Meyrink den Schwerpunkt seiner Produktion auf die magisch-mystischen Romane, die im *Golem* ihren Beginn und später nicht wieder erreichten Höhepunkt finden. Im Winter 1914/15 bietet Meyrink dem Verleger Kurt Wolff in Leipzig den Roman gegen ein Pauschalhonorar unter Verzicht auf seinen

Autorenanteil für 10.000 Mark an. Der junge Verleger geht darauf ein, obwohl ihm Meyrink nur einige wenige Seiten des Textes präsentieren kann; der Rest, so Meyrink, sei erst in eine Diktiermaschine gesprochen und müsse noch abgeschrieben werden.

Meyrinks Arbeitstechnik war frappierend: Er diktierte seine Texte tatsächlich in einen sogenannten »Parlographen«, also eine frühe Form des Diktiergeräts; die besprochenen Walzen ließ er von Sekretärinnen abschreiben. Diese etwas umständliche Technik hatte für ihn den Vorteil, daß er sich immer wieder auf die Walzen oder die Damen herausreden konnte, wenn er mit einem Manuskript in Verzug war. Karl Wolfskehl hat den tieferen Sinn dieser Arbeitstechnik in Meyrinks »Sprechkunst« erkannt; seine oft willkürlich anmutenden, voller sprunghafter Bezüge steckenden Texte seien eben der Ausdruck eines »Großmeisters der Konversation«.

Der Golem, der auf mehreren Bewußtseinsebenen (einschließlich der des Lesers) spielende Roman vom Lehmmenschen im alten Prager Ghetto, erschien schließlich nach zehnjähriger Arbeit im Oktober 1915; Meyrink war zu diesem Zeitpunkt schon in die Ludwigstraße 47 zu Stadler umgezogen. Der Roman wurde ein herausragender Verkaufserfolg. Kurt Wolff hat übrigens betont, daß Meyrink, trotz des Verkaufs seiner Rechte, »weitgehend am Gewinn partizipiert« habe. Auch das Fachblatt »Der Rudersport« reagierte auf den Erfolg und wies am 12. Februar 1916 darauf hin, daß Meyrink als einziger von drei Ruderwarten

(...) in seinem Starnberger Heim verbleiben und den sensationellen Roman ›Der Golem‹ *dichten konnte.*

Meyrink *suchte sich fast tagtäglich seine Erholung beim Rudern. Er ist ein altbewährter Einerfahrer und Stammgast auf dem Starnbergersee, den er auch 1915 in allen erdenklichen Varianten durchkreuzte und dabei eine recht stattliche Kilometerzahl buchte. Seine geistige Frische verdankt er nicht zuletzt dem Rudersport und wer weiss, ob* ›Der Golem‹ *nicht zum Teil im Skiff erdacht worden ist.*

Gustav Meyrink, der Verfasser des »Golem«, Ruderwart des Münchener Ruder-Vereins »Bayern« (1916)

Dem *Golem* folgten die Sammlung *Fledermäuse* (1916) und der in Amsterdam spielende okkulte Roman *Das grüne Gesicht* (1916). Gleichzeitig ruderte Meyrink, unbeeindruckt von der Witterung, sogar noch Anfang November 1916 beachtliche Strecken auf dem See. Wenige Monate später, am 14. März 1917, stellte das Fachblatt Meyrinks Erfolge als Literat und als Sportler nebeneinander. Meyrink seien

(...) zu seinen literarischen Erfolgen (›Der Golem‹ – ›Das grüne Gesicht‹) die Glückwünsche der Bayern dargebracht (worden). Meyrink hätte auch 1916 Anspruch auf den Kilometer- und Fahrtenpreis gehabt, da er fast täglich *in seinem Skiff längere Strecken zurücklegte.*

Während Rainer Maria Rilke an der *Walpurgisnacht* (1917) die Mischung von Geheimwissen und Journalismus kritisierte und Franz Blei 1920 in seinem satirischen *Bestiarium der Literatur* »Das Meyrink« als »das einzige auf die Erde gefallene Mondkalb,

Das »Haus zur letzten Latern« (um 1925)

das einzufangen gelang«, bezeichnete, zog der prominente Autor unbeirrt von all dem rudernd seine Bahnen auf dem Starnberger See, hatte allerdings einmal bei einem Einer-Wettrennen dummes Pech. Meyrink »überhörte das Startkommando, er fuhr in eifrigem Tempo zwar nach, kollidierte dann mit einer Boje und gab auf.« So der Regatta-Bericht vom 29. August 1919. Im Dezember 1922 erklärte Meyrink schließlich wegen einer internen Differenz nach elf Jahren Zugehörigkeit seinen Austritt aus dem Ruderverein.

Das Haus zur letzten Latern

Nach seinem großen Erfolg mit dem *Golem* konnte sich Meyrink 1918 in Starnberg ein Haus am Ende der Seepromenade kaufen; es lag neben dem heutigen »Seehaus« Villa Böhler, Unterer Seeweg 4. Kurz nach dem Einzug malte dort der junge Maler Karl Wittek (1893–?) ein Porträt Meyrinks in einem rätselhaften

Mantel, der an einen asiatischen Priester- oder Zauberkult erinnert.

Das Haus hatte ebenfalls eine besondere Geschichte. Von dem Kaufmann Karl Prestele 1865 erbaut, logierte hier, von König Ludwig II. vermittelt, der Komponist Richard Wagner von Ende Mai bis Mitte Juli 1867. Meyrink nannte die Villa das »Haus zur letzten Latern« und spielte damit auf den Schauplatz im Schlußkapitel seines *Golem*, genauer auf das dortige Haus des Athanasius Pernath an, der »›wohnt, wo kein lebender Mensch wohnen kann: an der Mauer zur letzten Latern‹«.

Es war eine glückliche Zeit für Meyrink und seine Familie. Max Brod, der Meyrink noch von Prag her kannte, sah ihn bei einem Besuch gesund und wettergebräunt: »Stundenlang, so erzählte er, trainiere er jetzt in seinem Ruderboot, der See sei ein ideales Revier für diesen Sport.« Nach dem Sport kam die Arbeit. Meyrink schrieb im Garten in einer Art Baumhaus mit Leiter; Max Brod bekam zu hören, hier würden Eidechsen und Schlangen gefüttert sowie Kakteen gezüchtet.

Für Gäste, die Meyrinks Bücher zu wörtlich verstanden, hatte er übrigens auch abschreckende Mittel parat. Wie Meyrinks Witwe Philomena erzählte, tauchte in der Zeit nach dem Ersten Weltkrieg in Starnberg ein Mann auf, der sich für den wiedergekommenen Christus hielt. Eines Abends stand er an Meyrinks Tür und stellte sich vor mit den Worten »›Ich bin‹«.

Meyrink hieß ihn eintreten, führte ihn auf der anderen Seite wieder aus dem Haus, durch den Garten und bis zum Bootssteg am See. Dann sagte Meyrink: ›Bitte wandeln Sie!‹ Der Gast aber zog vor, sich auf dem Landwege zu entfernen.

Solche Zeugnisse und Anekdoten vom ›wunderlichen‹ Meyrink am Starnberger See sind häufig; sie variieren je nach Phantasiegabe des jeweiligen Zeugen. Ganz besonders gelungen sind dabei die Erinnerungen des Verlegers Ernst Rowohlt (1887–1960). Rowohlt kombiniert die Parlographen-Walzen des *Golem* aus

Meyrinks Wohnung in der »Villa Rock« (bis 1915) mit dem seltsamen Baumhaus (ab 1918):

Ich hörte, daß Gustav Meyrink an einem Roman schrieb, fuhr zu ihm nach Starnberg, wo er damals ein reizendes, am See gelegenes Häuschen hatte. Er arbeitete hoch in einem Baum, in den er ein Holzhäuschen eingebaut hatte, und zu dem man auf einer mächtigen Leiter hinaufklettern mußte. Er gab mir etwa die ersten 40 Seiten des ›Golem‹ zu lesen. Ich war so entzückt, daß ich sofort mit ihm über das Buch abschloß. Er erhielt einen für die damaligen Verhältnisse sehr hohen Vorschuß. Meyrink diktierte das ganze Manuskript in einen Parlographen, und ich erinnere mich noch genau, wie er immer auf eine große Zahl von Walzen zeigte, da stehe das Manuskript!, was mir aber sehr wenig nützte, da ich es ja nicht lesen konnte, und er keine Anstalten machte, es mir sozusagen aus dem Parlophon vorzuspielen. Meyrink hat an dem Golem Manuskript noch sehr lange gearbeitet, und es wurde erst 1915 fertiggestellt. Dies wurde dann der erste große Bucherfolg meines damaligen Verlages, an dem ich persönlich aber nicht teilhatte, da ich bereits vor Erscheinen des Werkes meinen Verlag an Kurt Wolff verkauft hatte.

Baum-Zauber

Gustav Meyrink schafft in diesen Jahren auch sein Meisterstück als Zauberer. Nicht zu klären ist, ob Meyrink selbst hier seine Selbststilisierung krönt oder ob der Journalist Kemil Oraj (d. i. Jaro Limek) nur eine besonders phantastische Story liefern wollte. Zumindest gibt die Geschichte einen guten Eindruck von Meyrinks damaliger Wohnsituation:

Meyrinks Gehöft lag etwas außerhalb der kleinen Stadt Starnberg, an der Straße nach Possenhofen. Die Villa, das ›Haus zur letzten Latern‹, wie er es benannt hatte, stand ziemlich dicht am Seeufer, von diesem nur durch eine schmale Blumenterrasse getrennt. An der Seeseite des Hauses war in Stockhöhe eine schöne, glasgedeckte Veranda angebaut, der Lieblingsaufenthalt des Dichters. Man hatte von hier auch wirklich einen herrlichen Blick über den See nach Osten und Süden und konnte bei gutem Wetter einen Teil der Alpenkette sehen, die einen prächtigen Abschluß des Starnberger Panoramas bildet. Leider aber verdeckte ein riesiger Baum, eine alte Eiche des nahen nachbarlichen Grundstücks die westliche Hälfte des Gebirgszuges, so daß das Karwendelgebirge und die Zugspitze unsichtbar blieben.

Meyrink bittet die Nachbarn, den Baum zu fällen; er versucht sie zu überzeugen, bietet auch viel Geld, hat aber keinen Erfolg. Meyrink sinnt auf einen Ausweg und beschließt, zum Erstaunen seiner Umgebung, den Baum einfach »wegzuzaubern«. Gesagt, getan: Er fährt nach München, durchstöbert die Bibliotheken, arrangiert etwas und nennt den Tag der Entscheidung. Tatsächlich schlägt an besagtem Tag ein Blitz in den Baum ein, richtet aber nur wenig Schaden an. Meyrink fährt also wieder in die Stadt, setzt seine Zauberstudien fort. Und eines Morgens ist der Baum verschwunden. Der Reporter reibt sich die Augen:

Die Eiche war tatsächlich spurlos verschwunden und Meyrink in strahlendster Laune. Die Gärtner und Leute aller Villen der Nachbarschaft standen um die Stelle, an der früher der alte Riese gewachsen war, Menschen von der Straße waren zugelaufen, selbst ein Wachmann schon zur Stelle. Was wir sahen, war sonderbar. Man hatte den Baum einen halben Meter über dem Erdboden abgesägt, einzelne Splitter und etwas Sägemehl lag umher, aber von dem ganzen Holz, sicherlich einer Unmenge, den Zweigen und Ästen, dem Laub gab es keine Spur, und doch hatten wir alle keine vierzehn Stunden vorher die Eiche an der gewohnten Stelle stehen gesehen, und doch meinten die Sachverständigen, daß selbst ein Dutzend Arbeiter drei Tage zu tun hätten, so gründlich rein zu machen.

Meyrink hat sein Zauberrezept nicht verraten.

Distanzierung

In den zwanziger Jahren erscheinen nicht mehr viele Bücher Meyrinks. Nach dem Roman *Der weiße Dominikaner* (1921) mit dem Schauplatz Wasserburg am Inn schreibt er seinen letzten Roman, *Der Engel vom westlichen Fenster* (1927), sogar nicht mehr selbst, sondern entwirft und redigiert; Verfasser ist, laut erhaltenem Arbeitsvertrag, Meyrinks Freund Friedrich Alfred Schmid Noerr aus Percha.

Meyrinks Distanz zum Literaturbetrieb in München wächst in dieser Zeit. Zum 60. Geburtstag 1928 formuliert *Der Zwiebelfisch* in München fast schon einen Nachruf:

Am Ufer des Starnberger Sees, im Haus zur letzten Latern, umschließen ihn die engen Mauern seiner eigenen äußeren Lebensbegrenzung, hinter denen sich das unendliche Leben seiner geistigen Welt auswirkt, innerhalb zeitlicher Meilensteine, die die Jahrtausende anzeigen wie Kilometerzahlen auf einer großen Landstraße.

Die Wirklichkeit ist profaner: Am Ende der zwanziger Jahre zwingen materielle Schwierigkeiten Meyrink zum Verkauf des Hauses. Sein Nachbar, der Antiquitätenhändler Otto Böhler, kauft zwischen 1928 und 1933 Haus und Grundstück und läßt die Villa Prestele 1933 abbrechen. Meyrinks Pläne, wieder zurück nach München zu ziehen – am liebsten in den alten Wasserturm an der Schwabinger Keferstraße, das einstige Atelier seines »Simplicissimus«-Kollegen Olaf Gulbransson –, zerschlagen sich. Im September 1929 zieht die Familie in die Himbselstraße 7 (heute Neubau) zu Kitz, im November des folgenden Jahres in die Wilhelmshöhenstraße 9 zu Ruoff.

Melusine als Sulzfleck

Der Zauberer Meyrink schreibt in diesen schwierigen Jahren aus Honorargründen einige Texte, die vielleicht nicht zu seinen stärksten gehören, aber spirituell-satirisch auch die Ruderwelt am See nicht verschonen. »Der Sulzfleck im Karpfenwinkel« (1931) ist eine Satire auf das Rekordrudern, eine ›unmögliche‹ und tödlich endende Liebesgeschichte zwischen einem ehemaligen Champion und einer Melusine, also einer Wasserfrau. In der absurden Diskussion der Mediziner über das Phänomen führt Meyrink erneut einen Seitenhieb auf die in seinen Satiren eindringlich attackierte Berufsgruppe.

Eine aufschlußreiche Handschrift des alten Korbinian Hugendubel, der an seiner Liebe zu der Melusine Mathilde gestorben ist, wird von allen Seiten, den Ärzten, den Journalisten und den Ruderkollegen als Hirngespinst abgetan. Nur der Erzähler übt Selbstkritik und erkennt, daß die Satire oft die Poesie verstellt:

Wie oft habe ich selber den ruchlosen Witz gemacht: Was ist Phantasie? Antwort: Man steckt sich einen Heringsschwanz an, setzt sich in eine Tonne mit Regenwasser und bildet sich ein, man sei die schöne Melusine. Aber, wie hätte ich auch nur im Traume denken können, daß es wirklich so etwas gibt wie schöne Melusinen und noch dazu im Starnberger See!

Die Geschichte endet mit dem Versuch einer psychoanalytischen Deutung, die »der hinzutretende Ruderlehrer« schroff unterbricht. Die Melusine löst sich, laut einer Zeitungsnotiz, in einen »Sulzfleck« aus »Froschlaich« auf.

Tod und Leben

Bei einem Skiunfall verunglückt 1930 Meyrinks Sohn Harro sehr schwer. Als keine Aussicht auf eine Gesundung der gelähmten Beine mehr besteht, wählt Harro den Freitod. Der Schmerz darüber führt bei Meyrink zu einem Erlebnis, bei dem er zugleich seinen Sohn wiederfindet und den Tod als Faktum überwindet. In einem Brief an Oldrich Neubert vom 25. Juli 1932 beschreibt Meyrink, der 1927 zum Buddhismus übergetreten war, seine Erfahrung:

Es gibt in Wahrheit keinen Raum und keine Entfernung, so was ist nur Suggestion und irdische Blindheit. Die Toten sind genau da, wo wir sind, es sind nur ihre Schwingungen, die nicht gleich sind, wie wir – und deshalb glauben wir, wir seien räumlich getrennt. Wenn die Schwingungen die gleichen werden, sind wir vereint.

Noch im gleichen Jahr erlebt er das eigene Sterben ganz bewußt, am Morgen des 4. Dezember 1932 mit freiem Oberkörper und dem Blick auf den Sonnenaufgang über dem Starnberger See. Zuletzt hat Gustav Meyrink noch ein Zauberwort hinterlassen, das er in seiner Erzählung *J.H.Oberreits Besuch bei den Zeit=egeln* (1916) bereits angekündigte:

Mein Großvater liegt auf dem Friedhof des weltvergessenen Städtchens Runkel zur ewigen Ruhe bestattet. Auf einem dicht mit grünem Moos bewachsenen Grabstein stehen unter der verwitterten Jahreszahl, in ein Kreuz gefaßt und so frisch im Golde glänzend, als seien sie erst gestern gemeißelt worden, die Buchstaben ›Vivo‹ das heißt: ›ich lebe‹.

Dem Beginn seiner Erzählung entsprechen bis ins Detail zwei Grabsteine auf dem alten Friedhof in Starnberg. Sowohl auf dem Grabstein Meyrinks, der zusammen mit seiner Frau und seinem Sohn bestattet ist, wie gegenüber auf dem Grabstein der Tochter stehen, einmal auf einer Bronzetafel, zum anderen als Mosaik, die in einen Kreis gefaßten Buchstaben »VIVO« – ich lebe.

Berg

Zwei Welten eng beieinander: Ein Schloß und eine Bäckerei, ein »Mondkönig« und ein »Provinzschriftsteller«. Größere Gegensätze sind kaum denkbar als die Phantasiewelt König Ludwigs II. und die prügelharte Jugend Oskar Maria Grafs in Berg. Doch diese beiden Welten stehen auch beispielhaft für eine Epochenwende.

Den Wunsch des Königs nach Einsamkeit durchkreuzten die Dampfschiffe der immer zahlreicheren Ausflügler, von denen wiederum die Bäckerei und Konditorei Graf profitierte. Die mit großem finanziellen Aufwand gebauten Schlösser wurden dem König letztlich zum Verhängnis; als touristische Goldgruben haben sie sich aber längst ebenso ausgezahlt wie die publikumswirksame Unglücksstelle seines rätselhaften Todes am Seeufer. In seiner Erzählung *Das Leben meiner Mutter* (1946) hat der selbsternannte »Provinzschriftsteller« Oskar Maria Graf den Wandel einer Epoche mit dem Blick auf diese beiden Welten so eindringlich dargestellt, daß die Landschaft um Schloß und Dorf Berg zwischen 1850 und 1930 in ihm ihren wichtigsten Zeugen gefunden hat.

Das 1640 erbaute Schloß Berg kam 1676 in den Besitz des Kurfürsten Ferdinand Maria, der hier einen Jagdsitz für Seefeste und die spektakulären See-Hirschjagden mit dem »Bucentaur« einrichtete. Von König Max II. zwischen 1849 und 1851 mit Ecktürmen und Zinnen ausgestattet und von König Ludwig II. noch durch einen nördlichen »Isolden«-Turm ergänzt, erhielt das Schloß nach 1945 durch eine gründliche Renovierung wieder den anfänglichen Charakter des 17. Jahrhunderts. Aus der Zeit König Ludwigs II. sind noch der kleine Hafen für sein Dampf-

Erich Correns, König Ludwig II. landet mit seinem Raddampfer »Tristan« vor Schloß Berg, Aquarell (1867)

schiff »Tristan« und die 1876 errichtete neugotische Königskapelle im Garten erhalten. Das Schloß ist bis heute im Besitz der Familie Wittelsbach.

Le Roi-Lune: Der Mondkönig Ludwig II.

Kaum ein Stoff eignet sich mehr zu einer poetischen Darstellung als das Leben des »Märchenkönigs« Ludwig II. von Bayern (1845–1886), der selbst von Literatur regelrecht »besessen« war. Doch unter den zahllosen Romanen, Novellen und Gedichten zu Leben und Tod des Königs überwiegen Mittelmaß und Kitsch. Und von den wenigen qualitätvollen Ausnahmen ist die seltsamste und treffendste eine der unbekanntesten. Der französische Dichter Guillaume Apollinaire (1880–1918), Ahnherr der Surrealisten, schrieb 1916 eine kurze Erzählung »Le Roi-Lune« (Der Mondkönig), die er noch im gleichen Jahr in sein Buch *Le Poète assassiné* (Der gemordete Dichter) aufnahm. Apollinaire montiert hier unterschiedliche Ludwig-Motive zu dem eigenartigen Bild einer »seltsamen Person, deren antiquierter Anblick sich so sehr gegen die metallische Moderne« seiner Umgebung abhebt.

Der Erzähler kommt auf einer Wanderung nach Tirol bei Vollmond an einigen »Märchenschlössern« vorbei, verirrt sich und gerät, von Musik angelockt, in eine kostbar ausgestattete Höhle, die von elektrischem Licht in vielen Farben hell erleuchtet ist und an die künstliche Grotte in Linderhof erinnert. Von einem Speisesaal, wo Tische und Stühle an Seilen von der Decke hängen (was auf den Hebemechanismus des ›Tischlein-deck-dich‹ in Herrenchiemsee weisen könnte) und Tiere bei lebendigem Leib verspeist werden, geht es durch einen Gang mit den »obszönsten Kritzeleien der Welt« und einen Raum mit erotischen Projektionsapparaten schließlich in den großen Saal des Mondkönigs. Dort steht eine Orgel, auf der die geschlossene »ORIGINALPARTITUR ›RHEINGOLD‹« liegt. Doch nicht die Musik Richard Wagners ertönt. Im Nebenraum sitzt als »Mann mit jugendlichem Gesicht (dabei war er ungefähr fünfundsechzig Jahre alt)« König Ludwig II., »gekleidet wie ein vornehmer Herr aus der Zeit Ludwigs XVI.« an einem Klavier und schlägt eine Taste an. Merkwürdige Geräusche werden aus kupfernen Pavillons ringsum laut, jede Taste des Klaviers, so wird bald klar, steht mit einem hochmodernen Mikrofon in Verbindung, das »die entferntesten Geräusche des irdischen Lebens« überträgt und so eine akustische Reise um die Welt ermöglicht. Bevor »der erhabene, nur vermeintlich Ertrunkene aus dem Starnberger See« seine akustische »Weltensinfonie« beendet, bittet er um die Rheingold-Partitur – und gerät plötzlich in Zorn über die unmaskierte »Verbrechervisage« da vor ihm, wird brutal, schlägt, tritt, spuckt und schreit, so daß der Erzähler sich nur mit Not aus dem Staub machen kann.

Im Wald vor der Höhle leuchten am Schluß Tausende von Lichtern in den verschiedensten Farben und seltsamsten Formen;

der alte König, wunderlich männlich-weiblich gekleidet, läßt sich und seinen Leuten eine völlig neue Musik vorspielen. Schließlich legen sich die Gefolgsleute den gleichen Gürtel an, den schon der König trägt, und erheben sich zusammen mit ihm, der von einem Baum aus – vielleicht die Laube in der Königslinde von Linderhof – dem Mond zuzuflüstern scheint, in die Lüfte »wie ein Zugvogelschwarm«.

Diese Geschichte ›stimmt‹ natürlich nicht, enthält aber, über die Anspielungen hinaus, eine eigene poetische Wahrheit. Denn der »Roi-Lune«, der »Mondkönig«, ist nichts weniger als das epochale Gegenstück zum »Roi-Soleil«, dem »Sonnenkönig« Louis XIV, Inbegriff des Absolutismus und für Ludwig II. das erklärte, wenn auch als anachronistisch erkannte Vorbild. Dem Dichter Felix Dahn erklärte der König im August 1873 auf dessen Kritik an der Formel »L'état c'est moi« des Sonnenkönigs: »›Ich weiß! Ich weiß! Heutzutage geht das nicht mehr. Aber Sie (...), Sie, der Poet, müssen mich darin verstehen: ich liebe in dem ›König Sonne‹ die Poesie des Königtums.‹« Auf den Einwand, dieses Königtum habe zur Revolution und zur Guillotine geführt, reagierte Ludwig II. »sichtlich verstimmt«. Das war verständlich, stand doch zum Beispiel das gleichzeitige Bauprojekt Schloß Linderhof unter dem Deckwort »Meicost Ettal« als Anagramm von »L'état c'est moi«.

Der »Mondkönig« Ludwig II. war zudem ganz konkret der Träumer und phantastische Weltflüchtling, der sich auf Nachtfahrten im »Mondenglanz« hin und wieder mit dem blausamtenen Königsornat Ludwigs XIV. kostümierte und auch den lächerlich pompösen »Königsschritt« seines Vorbildes kopierte. Das unvollendete Schloß Herrenchiemsee bildet als imponierender Plan eines bayerischen Versailles den Höhepunkt der geradezu sakralen Verehrung des »Mondkönigs« für den Sonnenkönig.

Schließlich und vor allem ist Ludwig II. künstlerisch keine selbständige »Sonne« gewesen, sondern leuchtete gewissermaßen, wie der Mond, mit dem fremden Licht eben der Künstler und

Literaten, die er mit großem Enthusiasmus las und zitierte. Einer seiner berühmtesten Sprüche – »Ich will ein Rätsel bleiben mir und anderen« – ist, wie Fritz Merta entschlüsselt hat, eine erweiterte Sentenz aus Schillers Drama *Die Braut von Messina.* Schillers Werke und Wagners Opern – vor allem auch Wagners Briefe – bestätigten den König in seiner Auffassung eines ästhetischen und christlich motivierten Herrscherideals. Für den »Künstler ohne Kunst«, wie ihn Hans Mayer nannte, waren Literatur und Musik zwar die herausragenden Künste, zu denen später die architektonischen Phantasien seiner Königsschlösser kamen, aber Richard Wagner erkannte 1876 schonungslos: »Der König ist ganz unmusikalisch und nur mit einem poetischen Gemüt begabt.«

Ludwig II. kannte seinen Mangel genau. In einem Gespräch im Februar 1882 mit dem amerikanischen Schriftstellers Lew Vanderpoole über Edgar Allan Poe (1809–1849) hat er sein eigenes Wesen überraschend deutlich beschrieben. Poe, den der König »den wunderbarsten aller Schriftsteller« nannte und über den er sogar einmal eine Studie schreiben wollte, sei von der Anlage her ganz ihm selbst vergleichbar, doch die Unterschiede seien eklatant:

›*Poe hatte sowohl Genie wie Persönlichkeit. Mir fehlt beides. Er hatte ferner soviel Kraft und Zähigkeit, daß er, bei aller Empfindsamkeit, imstande war, der Welt Trotz zu bieten. Auch* das *ist mir versagt. (...)*

Was Poe geschrieben hat, beweist mir aber, daß er denselben Ekel vor jeder Art von Zugeständnis an die Gemeinheit der Welt empfand wie ich – (...).

Ich bin einfach anders gestimmt als die Mehrheit meiner Mitmenschen. Ich kann nicht teilnehmen an dem, was sie Vergnügen nennen, denn es widert mich an und zerstört mein Wesen. Gesellschaft ist mir entsetzlich und ich halte mich ihr fern. Frauen machen mir den Hof, aber ich gehe ihnen aus dem Weg. Wäre ich ein Dichter, so könnte ich vielleicht Lob ernten, wenn ich diese Dinge in Versen sagte. Aber mir ist die Gabe, mich auszudrücken, nicht gegeben, und so muß ich es leiden, daß ich verlacht, verachtet und verleumdet werde. Man nennt mich einen Narren. Wird Gott, wenn er mich einst zu sich ruft, mich ebenso nennen?‹

Ludwig II. hat allerdings auch gedichtet, und zum Teil nicht schlecht. Vor allem in Zeiten der Euphorie schrieb er eine ganze Reihe von hochgestimmten Gedichten. Anders aber als sein Großvater, König Ludwig I., hat Ludwig II. mit seinen Gedichten keinen falschen Ehrgeiz verbunden und Peinlichkeiten vermieden.

Der König lebte in einer eigenen, anachronistischen Welt. Schon der junge, phantasiebegabte Kronprinz »beschäftigte sich am liebsten mit poetischen Gestalten«, wie eine Freundin der Königin berichtete, und tagträumte ungeniert. Das »Liebesverhältnis« (Wagner) zwischen Richard Wagner und dem ›göttlichen König seines Lebens‹ war durch die erste Begegnung des Kronprinzen mit Wagners Oper »Lohengrin« Anfang Februar 1861 und ausgiebige Lektüre von Wagners Opernbüchern vorbereitet. Mit der Figur des Schwanenritters wurden für den jungen Ludwig auch die anderen gemalten Sagenfiguren Wirklichkeit, die er als Kind auf Hohenschwangau gesehen hatte. Dagegen scheute Ludwig II. sich nicht, für die Inszenierung seiner unzeitgemäßen mittelalterlichen Phantasiewelten die modernsten industriellen Erfindungen wie den Speisenaufzug in Herrenchiemsee, die Siemens-Dynamomaschinen für die Beleuchtung der Grotte in Linderhof und nicht zuletzt das Dampfschiff »Tristan« zu nutzen. Apollinaires surreales Bild von Ludwig II. als der antiquiert gekleideten Person in »metallischer Moderne« trifft demnach einen konkreten Sachverhalt.

Für Richard Wagner war der junge König ein Geschenk des Himmels. Gestern noch auf der Flucht vor Gläubigern, konnte er auf königliche Einladung von Mai bis Oktober 1864 die Pellet-Villa in Kempfenhausen beziehen und sein Verhältnis zu Cosima von Bülow, der Frau seines Kapellmeisters, intensivieren. Ein Huldigungsmarsch für den König war obligatorisch; außerdem arbeitete Wagner hier an seiner Schrift »Über Staat und Religion«. Am Haus des heutigen Landschulheims ist seit 1986 eine Gedenktafel angebracht. Das zweite Domizil am Starnberger See fand Wagner in der Starnberger Prestele-Villa von Ende Mai bis Mitte Juli 1867. Ab 1918 gehörte die Villa als »Haus zur letzten Latern« dem Schriftsteller Gustav Meyrink.

Als der sogenannte »Bruderkrieg« zwischen Bayern auf der Seite Österreichs gegen Preußen im Juni 1866 ausbrach, saß Ludwig II. desinteressiert am politischen Geschehen auf der Roseninsel und las James Fenimore Coopers »Lederstrumpf«-Roman *Der letzte der Mohikaner* (1826). Die Niederlage in diesem Krieg, die damit fällige Anbindung an Preußen, der gemeinsame Krieg gegen Frankreich 1870 sowie die durch Ludwigs (von Bismarck später wohl dotierten) sogenannten »Kaiserbrief« ermöglichte Proklamation Kaiser Wilhelms I. in Versailles bildeten die größtmöglichen Kontraste zu Ludwigs eigenen Vorstellungen eines ästhetischen Königtums und ließen ihn sich endgültig von allen profanen Staatsgeschäften in seine eigene Welt zurückziehen. Darin traf er sich mit seiner älteren Cousine, der Kaiserin Elisabeth von Österreich (1837–1898), Tochter des Herzogs Max in Bayern.

Möve und Adler

Während Ludwig II. sich durch die Opern Richard Wagners, Separatvorstellungen im Hoftheater, Träumereien im Wintergarten auf der Residenz und den Bau seiner Schlösser eine Gegenwelt aufbaute, führte Elisabeth oder Sisi ein »poetisches Tagebuch«, das von einer innigen Zwiesprache mit ihrem Vorbild Heinrich Heine geprägt war. Mit diesen Gedichten floh Elisabeth aus ihrem Leben als »Kaiserin wider Willen« (Hamann) am Wiener Hof. In ihrem Tagebuch hat sie als einzigen fremden Beitrag ein Gedicht ihres Vetters bewahrt. Es ist die Antwort auf einen poetischen Gruß Elisabeths vom Juni 1885 zur Erinnerung an einen Ausflug im Juni 1881. Damals war die Kaiserin in einem schlichten Kahn, begleitet von ihrem Mohr Rustimo, von Possenhofen nach Berg hinübergerudert worden; Ludwig II. fuhr mit der kleinen Gesellschaft auf dem Kahn zurück »und beschenkte den Mohren, der auf der Heimfahrt fremde Volkslieder zur Gitarre sang, mit einem goldenen Ring« (Böhm). Darauf bezieht sich Elisabeths »Gruß von der Nordsee« im Juni 1885:

Du Adler, dort hoch auf den Bergen,
Dir schickt die Möve der See
Einen Gruss von schäumenden Wogen
Hinauf zum ewigen Schnee.

Einst sind wir einander begegnet
Vor urgrauer Ewigkeit
Am Spiegel des lieblichsten Sees,
Zur blühenden Rosenzeit.

Stumm flogen wir nebeneinander
Versunken in tiefer Ruh ...
Ein Schwarzer nur sang seine Lieder
Im kleinen Kahne dazu.

Elisabeth ließ das Gedicht in einem kleinen Schreibtisch des Pavillons auf der Roseninsel verstecken; seine späte Antwort vom September 1885 entschuldigte Ludwig damit, daß er länger nicht mehr auf die Roseninsel gekommen sei:

Der Möve Gruss von fernem Strand
Zu Adlers Horst den Weg wohl fand.
Er trug auf leisem Fittig-Schwung
Der alten Zeit Erinnerung,

Da Rosenduft umwehte Buchten
Möve und Adler zugleich besuchten
Und sich begegnend in stolzem Bogen
grüßend einander vorüber zogen.
Zur Bergeshöh zurückgewandt,
Dankt Aar der Möve am Dänenstrand
Und rauschend entsenden seine Flügel
Fröhlichen Gruss zum Meerespiegel.

Das Gedicht des Königs, ein Dreivierteljahr vor seinem Tod geschrieben, ist nicht gerade das Zeugnis eines Wahnsinnigen. Ludwig II. wurde im Juni 1886 das Opfer einer Staatsintrige, die zu seiner Absetzung und Internierung in Schloß Berg führte. Am Abend des 13. Juni 1886, Pfingstsonntag, fand er zusammen mit seinem Arzt Bernhard von Gudden auf einem Spaziergang am Seeufer entlang den Tod. Wie – ob freiwillig oder durch fremde Gewalt – beschäftigt bis heute eine große Schar von Experten, die sich nur in einem Punkt widerwillig einig sind: Es gibt für keine Todesursache den schlüssigen Beweis.

Maximilian Schmidt führt in seinen Erinnerungen ein Argument gegen den Freitod des Königs an, durch das er sich zugleich in seinem »Schriftstellerstolz berührt« fühlen konnte:

Der Schloßverwalter erzählte mir, daß Seine Majestät am Nachmittage an zwei Stunden bis kurz vor seinem Spaziergang in meinem Buche ›Der Leonhardsritt‹ [1881] *gelesen habe und das Buch aufgeschlagen habe liegen lassen, jedenfalls zu dem Zwecke, um die Lektüre später fortzusetzen.*

Wie der König zu Tode kam, wisse allerdings niemand, sicher sei nur »die entsetzliche Thatsache« seines Todes.

Elisabeth reagierte mehrfach auf den Verlust ihres Cousins. Das erste Klagelied ist nur »13. Juni 1886« überschrieben und nimmt das Adler-Möve Motiv und die Erinnerung an den Sommer vor fünf Jahren wieder auf:

Den Adler vom Felsenhorste,
Dort oben in schwindelnder Höh',
Den jagenden Wolken so nahe,
Dem sonnenschimmernden See.

Sie haben ihn eingefangen,
Die stolzen Schwingen gelähmt,
In ewige Fesseln geschlagen,
Bis dass er zu Tod sich einst grämt.

Geheimnisvoll rauschen die Wellen
Und flüstern es schauernd der Nacht:
›In unserm Schoos hat sich eben
Der Königsaar umgebracht.‹

Klagend umkreist die Möve
Den Spiegel des lieblichsten Sees
Zur Zeit der blühenden Rosen,
Zur Zeit des bittersten Weh's!

Ein zweites Gedicht erinnert traurig an den Strauß Jasmin, den sie ihrem Vetter auf den Sarg gelegt hat. In ihrem Gedicht »Der Prinzregent« aus dem Jahr danach wirft sie dagegen wütend dem »heuchlerischen Alten« vor, »Seinen Neffen, seinen König / (...) tückisch von dem Thron« gestoßen zu haben und endet im Appell an die Alpen, im Falle daß der Prinzregent zum König gesalbt werde, »mit donnerndem Gekrach (...) Tötend über Bayerns Schmach« zu stürzen.

Mutmaßungen über das Ende

Ein wenig bekanntes Dokument über »das traurige Drama« ist der Brief des jungen Dramatikers Frank Wedekind (1864–1918) aus München vom 27. Juni 1886 an seinen Vater. Wedekind schrieb ausführlich, um davon abzulenken, daß er nicht, wie er dem zahlenden Vater vorgab, Jura studierte, sondern lieber dafür ins Theater ging und sein erstes Drama verfaßte. Wedekind schreibt von den Reaktionen in München auf die Todesnachricht:

Die Bestürzung über die Todesnachricht war eine furchtbare, man glaubte nirgends mehr an die Geistesstörung des Königs, man sprach von List, Gewalt und Mord. Man wähnte den besten Beweis zu haben, daß der König bei gesundem Verstande gewesen sei, indem er eingesehen habe, daß gegen das diplomatische Gewebe ihm kein anderer ehrenvoller Ausweg mehr offen bleibe.

Wedekind berichtet von Verhaftungen in München und patrouillierenden Truppen. Er fuhr noch am Montagnachmittag an den See und sah sich die Unglücksstelle sowie die beiden in Schloß Berg aufgebahrten Leichen an. Sein Bericht sei als Dokument ausführlicher zitiert:

Es staken bunte Stangen im Wasser, um den Ort zu bezeichnen. Im Grund sahen wir noch deutlich die Spuren des gewaltigen Kampfes. Der See war ruhig und klar, so daß wir die Schritte des Königs bis weit heraus verfolgen konnten. Das Schloß Berg ist nicht reich, nicht groß, aber sehr geschmackvoll eingerichtet. In einem der unteren Gemächer lag der König aufgebaart. Den ganzen Tag über waren Landleute aus der Umgegend herbeigeströmt, um ihn noch einmal zu sehen. Als wir eintraten, standen Allen die hellen Thränen in den Augen. Auch die wachthabende Gensdarmerie konnte sich derselben kaum enthalten. Das Antlitz des Königs war ruhig und zeigte nicht die geringste Entstellung. Das wahrhaft Königliche Aussehen, was man immer an ihm gerühmt hatte, war freilich mit dem Blick verloren gegangen. Im Zimmer nebenan lag Professor Gudden in nicht minder geschmackvoller Umgebung. Auch diesen Mann habe ich letzten Winter in der Irrenklinik noch bei Lebzeiten gesehen. Er hat mir damals einen sehr bedeutenden Eindruck hinterlassen und ich konnte infolgedessen durchaus nicht in die allgemeine Erbitterung einstimmen, die bei Hoch und niedrig gegen ihn herrscht.

Für Wedekind hat sich das Drama nach seinem Augenschein folgendermaßen abgespielt:

Nachdem der König, der den Park genau kannte, den Arzt veranlaßt hatte, die Wächter fortzuschicken, ist er unter dem Vorwand eines Bedürfnisses auf die Seite gegangen, drang durch das dichte Gebüsch durch an den See, und als der Arzt ihn hineinspringen hörte, ging er ihm gleich von seinem Platz aus nach. Im Wasser trafen sie sich. Der König hat den Arzt untergetaucht, bis er sich seiner entledigt hatte, und ist dann weiter hinausgegangen.

Und dann? Hier schweigt der Chronist und geht wieder auf die Ereignisse nach der Überführung der Leichen in der Nacht auf Dienstag ein. Dafür gibt Wedekinds Tochter Kadidja (1911–1994) in ihrem vor kurzem erstmals in Buchform erschienenen »Tatsachenroman« *König Ludwig und sein Hexenmeister* (1954) eine plausible Erklärung für den weiteren Gang:

Es ist denkbar, daß sein Herz, durch seine Korpulenz und durch die Anstrengungen und seelischen Erschütterungen der letzten Tage ohnedies überansprucht, dem grausigen Ringkampf mit Gudden nicht mehr standhielt, und daß er – nach einem Moment des Aufatmens – einen Anfall erlitt, der, da er sich bis zur Brust im Wasser befand, zu seinem Tod durch Ertrinken führte.

Einer ähnlichen, ungleich drastischeren Version gibt Oskar Maria Graf in seiner Erzählung *Das Leben meiner Mutter* den Anschein der Authentizität durch »die zwei Berger Fischer, der Lidl und der Kramer-Jakl, welche die königliche Leiche entdeckt und geborgen hatten« und nun nach jahrelangem Schweigen erklärten:

›Sie ist vollgepumpt und aufgebläht gewesen wie ein Luftballon. Am Ufer, wie die Doktoren und Sanitäter Wiederbelebungsversuche gemacht haben, ist dem Toten nichts wie Seewasser wie ein Springbrunnen aus dem

Maul gelaufen, fort und fort. Aber zum Leben ist unser Ludwig nicht mehr gekommen. Aus war's für ewig mit ihm.‹

Der Fischer Jakob Lidl gilt allerdings auch als Kronzeuge für die weder völlig belegbare, noch völlig widerlegbare Theorie, daß König Ludwig mit zwei Schüssen getötet wurde, daß sein Tod sogar ein kalkulierter Mord gewesen sei. Diese Version vertritt zumindest das bis 1918 offiziell verbotene »König-Ludwig-Lied« in wörtlicher Entsprechung zum Lied auf den Wildschützen Georg Jennerwein, den ein Jäger am 6. November 1877 erst »von hintenher« erschoß, bevor er mit zwei weiteren Schüssen einen Selbstmord vortäuschte.

Wie auch immer der König und sein Arzt umkamen – mit Ludwigs Tod beginnt sein zweites, sein legendäres Leben. Dazu gehörte natürlich vor allem die Vermutung, der König lebe noch, sei, wie Oskar Maria Graf im *Leben meiner Mutter* Volkes Meinung wiedergibt, »schwimmend über den See entkommen und entflohen (...) und werde eines Tages aus der freiwilligen Verschollenheit auftauchen, um ein verdienstes, zerschmetterndes Strafgericht gegen seine hinterlistigen Widersacher abzuhalten.« Apollinaires Vision vom alten König hatte also einen konkreten Anlaß.

Die – gewissermaßen offizielle – Verklärung des Königs war dann die Aufgabe der Poesie. Schon drei Wochen nach dem »Schicksaldrama« (Jakob Lidl) schrieb der französische Dichter Paul Verlaine ein Gedicht für die Pariser »Révue wagnerienne«, das er zwar als »vaguement loufoque« (leicht verrückt) entschuldigte, das aber dennoch die »apothéose«, die Verklärung Ludwigs zum Märtyrer des Königsgedankens in der Poesie, dem Gesang, den Künsten insgesamt gegenüber der Politik und dem Wahn einer ins Haus eindringenden Wissenschaft feiert:

Vous fûtes un poète, un soldat, le seul Roi
De ce siècle où les rois se font si peu de chose
Et le Martyr de la Raison selon la Foi.

Salut à votre très unique apothéose,
Et que votre âme ait son fier cortège, or et fer.
Sur un air magnifique et joyeux de Wagner.

Ihr wart ein Dichter, ein Kämpfer, ein königliches Blut
In einer Zeit, wo Könige nichts bedeuten als Entehrung,
Ein Märtyrer jenes Rechts, das im Glauben ruht.

Gruß Euch in dieser einzigartigen Verklärung!
Mög Eure Seele wahren ihren strahlend stolzen Flug,
Zu dem Wagners Musik empor sie trug.

Verlaines Verse bilden wiederum das Motto zu Klaus Manns Novelle *Vergittertes Fenster* (1937) über die letzten Stunden des Königs auf Schloß Berg. Abgesehen einmal davon, daß zum Zeitpunkt der Internierung Ludwigs in seinem Schloß zwar die Türklinken abgeschraubt und Beobachtungslöcher in die Türen geschnitten, aber eben noch keine Fenstergitter angebracht waren, läßt Klaus Mann in sehr persönlich gehaltener Weise den König im inneren Monolog Rückschau halten auf sein Leben und gibt das Bild eines verzweifelten Mannes voller Widersprüche. Der Sprung ins Wasser, die grotesken Bemühungen des Arztes um Rettung und der gemeinsame Untergang bilden den Übergang ins eigentliche »Reich« des Königs aus Wasser, Nacht und Tod.

Die Frage, ob Ludwig II. nun als »Märchenkönig« zu bezeichnen sei oder eher kritisch als »maßloser Phantast und störrisches Kind«, wie ihn Oskar Maria Graf im *Leben meiner Mutter* sieht, stellt sich beim toten König nicht mehr. Er ist zur Legende geworden, beinahe sogar zu einem Heiligen, dem schließlich auch, als fälliges Gegenstück zum geplanten Bismarck-Turm auf der Rottmannshöhe, eine Gedächtniskapelle gebaut wurde, oberhalb der mit einem Kreuz im Wasser bezeichneten Unglücksstelle und oberhalb der Totenleuchte von 1887, die Königin Marie von Preußen ihrem Sohn stiftete. Das Bildprogramm in dieser neuromanischen, dem Heiligen Ludwig am 13. Juni 1900 geweihten Kapelle, verbindet, laut Kunstführer von 1901, »Vaterländisch=Dynastisches mit dem Religiös=Kirchlichen«, eine Verbindung, die den patriotischen Kult um König Ludwig II. erklären hilft.

Ein wunderschönes Epitaph, schwärmerisch und leicht ironisch, stehe am Ende dieses Blickes auf den »Mondkönig«. Guillaume Apollinaire hat es dem König an etwas versteckter Stelle gesetzt. Die drei Strophen sind dem letzten Binnengedicht »Voie lactée« (Milchstraße) des Poems »La Chanson du Mal-Aimé« (Das Lied des Ungeliebten) im Gedichtband *Alcools* (Alkohole, 1913) entnommen:

Près d'un château sans châtelaine
La barque aux barcarols chantants
Sur un lac blanc et sous l'haleine
Des vents qui tremblent en printemps
Voguait cygne mourant sirène

Un jour le roi dans l'eau d'argent
Se noya puis la bouche ouverte
Il s'en revint en surnageant
Sur la rive dormir inerte
Face tournée au ciel changeant

Juin ton soleil ardente lyre
Brûle mes doigts endoloris
Triste et mélodieux délire
J'erre à travers mon beau Paris
Sans avoir le coeur d'y mourir

Schloß ohne Herrin eine Szene
Mit Barke und mit Barkenlied
Ein See auf dessen weißer Mähne
Im Frühlingswinde schwankend zieht
Der Sterbe-Schwan und die Sirene

Im Silbersee der König fand
Den Tod stieg dann mit offnem Munde
Zum Licht empor und trieb an Land
Regloser Schlaf auf sandigem Grunde
Gesicht zu Himmelshöhn gewandt

O Juni Sonnenleiern kerben
Die Finger die ich spielen hieß
Ich bad in Klängen traurig-herben
Irr durch mein herrliches Paris
Und hab das Herz nicht dort zu sterben

Zwei Blaue Reiter in Berg: Arnold Schönberg und Wassily Kandinsky

Postskriptum zur »Weltensinfonie« des »Mondkönigs« – Apollinaire hat nichts erfunden, nur die Begegnung der modernen Malerei mit der modernen Musik auf seine Weise vorausgesehen. In Berg kam es am Dienstag, den 31. August 1911, zu der ersten persönlichen Begegnung zwischen dem Wiener Komponisten und Erfinder der sogenannten atonalen, später Zwölfton-Musik Arnold Schönberg (1874–1951) und dem russischen Maler und Erfinder der abstrakten Malerei Wassily Kandinsky (1866–1944). Schönberg hatte zu diesem Zeitpunkt eine Ferienwohnung im bis heute nahezu unveränderten Haus (Nr. 40) an der Seeshaupter Straße 34 gemietet. Seitdem Kandinsky im Januar 1911 in München ein Konzert mit Schönbergs Streichquartett op. 10 (1907/08) und den Klavierstücken op. 11 (1909) gehört hatte, fühlte er eine geistige

Verwandtschaft mit dem Komponisten. Für sein briefliches Lob der Dissonanz und des Unlogischen dankte Schönberg bewegt und wies darauf hin, daß er selbst ebenfalls male. Da Kandinsky wiederum synästhetisch begabt war, also Farben als Töne empfand, sah er in Schönberg bald den kongenialen Partner. Groß war daher Ende August 1911 Kandinskys Hoffnung, Schönberg möge von Berg aus nach Murnau reisen und von dort mit ihm nach Sindelsdorf zu Franz Marc wandern; Kandinsky schrieb seinem Gast sogar alle wichtigen Abfahrtszeiten von Dampfer und Bahn auf. Schönberg aber wollte nicht so lange von seiner Arbeit weg und sah sich daher postwendend mit der Selbsteinladung Kandinskys konfrontiert, der sich für Dienstag, den 31. August, zwischen 11.40 Uhr und 17.35 Uhr anmeldete. Den fälligen Gegenbesuch machte Schönberg, nach einigem Hin und Her, wohl am Donnerstag, dem 10. September, fuhr dafür von Leoni mit dem Dampfer nach Tutzing und von dort mit der Bahn nach Murnau. Diese Begegnung sollte die künstlerische Zusammenarbeit fördern. Mit großer Zustimmung las Schönberg Mitte Dezember 1911 Kandinskys soeben erschienenes Buch *Über das Geistige in der Kunst*; kurz vorher hatte er Kandinsky seine ebenfalls druckfrische *Harmonielehre* mit einer aufschlußreichen Widmung geschickt, worin er den gemeinsamen »Weg« zum »›Geistigen in der Kunst‹« betonte. Schönberg war schließlich im Almanach *Der Blaue Reiter* (1912) vor zwei Liedern seiner Schüler Alban Berg und Anton Webern mit dem Lied »Herzgewächse« (op. 20), dem Aufsatz »Das Verhältnis zum Text« in der Musik und Reproduktionen zweier Gemälde vertreten.

Im Sommer 1914 setzten Kandinsky und Gabriele Münter noch einmal alle Hebel in Bewegung, um Schönberg ein passendes Ferienhaus ganz in ihrer Nähe in Uffing am Staffelsee zu verschaffen. Die hochherzige Freundschaft erlitt 1923 einen schweren Schaden, als Kandinsky versuchte, Schönberg für das Bauhaus in Weimar zu gewinnen, aber von ihm eine schroffe Absage wegen angeblicher antisemitischer Äußerungen Kandinskys erhielt.

Nach langen Jahren schrieb Kandinsky am 1. Juli 1937 aus seinem Pariser Exil in Neuilly sur Seine an Schönberg in dessen amerikanisches Exil und erinnerte sich wehmütig:

Erinnern Sie sich noch, lieber Herr Schönberg, wie wir uns kennen lernten – am Starnberger See – ich kam mit dem Dampfer und kurzer Lederhose an und sah eine schwarz-weisse Grafik – Sie waren ganz weiss angezogen und nur das Gesicht war tief schwarz. Und später der Sommer in Murnau? Alle unsren damaligen Zeitgenossen seufzen bei Erinnerungen an diese verschollene Zeit tief auf und sagen: »Eine schöne Zeit war es«. Und sie war wirklich schön, mehr als schön. Wie wunderbar es damals pulsierte, was haben wir für baldige geistige Siege erwartet. Ich erwarte sie auch heute noch und mit vollster Sicherheit. Nur weiss ich, dass noch lange, lange Zeit dazu gehört.

Fremde Heimat: In der Landschaft von Oskar Maria Graf (I)

Eine besondere Geschichte, wie aus dem Bäckersohn und Brotbuben, dem wilden »Dorfbanditen« und begeisterten Leser Oskar Graf aus Berg der selbsternannte »Provinzschriftsteller« und 1960 sogar amerikanische Ehrendoktor Oskar Maria Graf (1894–1967) werden konnte. Noch merkwürdiger, daß dieser Autor im eigenen Land, am Schauplatz der meisten seiner Bücher, bis vor kurzem nicht viel galt; daß eine Straße im Geburtsort lieber allgemein nach der Familie als konkret nach ihm benannt wurde (die Straße passiert allerdings die später zum Oskar-Maria-Graf-Platz ernannte Dorfmitte vor dem Geburtshaus) und daß noch 1984, zum 90. Geburtstag, im Gemeinderat von Berg allen Ernstes vorgeschlagen wurde, mit einer öffentlichen Ehrung lieber bis zum 100. Todestag – im Jahr 2067 – zu warten. Doch schon im Jahr seines 100. Geburtstages raffte man sich zur Ehrung Grafs auf, gab der neuen Volksschule in Aufkirchen seinen Namen und setzte ihm dort am Ortseingang ein

Denkmal (nach einem Entwurf des Starnberger Malers und Bildhauers Max Wagner). Da sitzt er nun, in Lederhose und Janker, mit Hut und derben Schuhen auf einem Koffer, dem Requisit des Emigranten, und richtet den Blick auf »seine« Landschaft, die er zweimal verlassen mußte: 1911 auf der Flucht vor Bruderprügeln; und 1933 endgültig für ein 34jähriges Leben im Exil.

Wandel einer Welt

Die Gründe für die Entstehung dieses Werkes ebenso wie für seine Ablehnung im eigenen Land liegen tief. Anders wäre es auch kaum verständlich, daß ein literarisches Werk, das den epochalen Wandel der Seelandschaft zwischen 1850 und 1930 so eindringlich schildert und darüber hinaus kritisch gegen kriegerische Bedrohungen aller Art Stellung bezieht, in weiten Zügen einfach nicht bekannt ist. Statt dessen wurde Graf gerade das zum Vorwurf gemacht, was im vergleichbaren Fall des Romans *Buddenbrooks* (1901) von Thomas Mann in Lübeck mittlerweile als größte Ehrung verstanden wird: Daß er für sein literarisches Werk nicht nur die eigene Familien- und Lebensgeschichte, sondern vor allem den Ort seiner Herkunft als »sinnfälliges Beispiel« heranzog. Was damit in seinem Fall konkret und ohne Beschönigung gemeint ist, zeigt Graf in der Geschichte vom »Kaslmeier, oder von einem, der nicht umzubringen ist« aus den *Kalendergeschichten* (1929):

Ein Dorf, solange es nicht durch besondere Umstände als Ganzes von außen her eine Einnahmequelle erschlossen bekommt, bleibt eine gute Gemeinschaft. Die Menschen darin leben verträglich nebeneinander. Gemütlich verläuft der Tag und das Jahr. Wenig oder gar keine Neuerungen gibt es. Ein Bäcker ist da, vielleicht noch ein Krämer, aus ist's.

Fängt aber beispielsweise wo der Fremdenverkehr an, zeigt sich auf irgendeine andere Weise, daß mit bisher unbeachteten Dingen ein Ge-

schäft zu machen ist, dann spukt es. Der einfache Landmensch wird sofort zum Händler, er verändert sich und wird ein widerwärtiges Gemisch von Städter und Ländler, er entwickelt sich zum gierigen, muffigen Provinzler. In solch einem ›aufblühenden‹ Dorf taucht neben dem Bäcker gleich ein Konditor, neben dem Krämer ein Konkurrent, neben dem Wirtshaus ein ›Restaurant‹ auf. Die Leute werden verlogen und servil, einer mißgönnt dem andern das Geschäft, am liebsten möchten sie einander auffressen. Neid, Bosheit und Mißgunst fangen ihr Unwesen an. Und weil es in den meisten Fällen so ist, daß die Einheimischen einander gegenseitig alle erlaubten Hindernisse in den Weg legen, passiert es stets, daß Fremde kommen, sich einnisten, Geschäfte eröffnen und dabei gewinnen. Jener böse, kleine Krämergeist, dessen Ausgangspunkt die zänkische Raffgier ist, zieht ins Dorf und zerstört die einstige Gemeinschaft. Aber das ist schließlich auf der ganzen Welt so. Im Großen nicht anders als im Kleinen. Meinetwegen also kann man Himmelberg als sinnfälliges Beispiel dafür nehmen.

Kein Wunder also, daß Grafs kritische Sicht wenig Gegenliebe fand. Sein Hauptwerk, die Erzählung *Das Leben meiner Mutter* – geschrieben im mährischen und amerikanischen Exil, erschienen 1940 in amerikanischer Übersetzung, 1946 in der deutschen Originalausgabe –, umfaßt durch die erzählte Zeit zwischen den Lebensdaten der Mutter (1857–1934) und dem eigenen Leben bis zur Rußlandreise 1934 die Spanne dieses epochalen Wandels. Es geht dabei zum einen um die angedeuteten Veränderungen in der »Seegegend« der Fischer und Bauern durch den Fremdenverkehr nach dem Aufkommen von Dampfschiff und Eisenbahn; es geht aber auch um die Auswirkungen der ›großen‹, meist kriegerischen Politik, auf den harten ländlichen Arbeitsalltag. Ein weiteres wichtiges Thema bei Graf sind die Folgen des Ersten Weltkriegs mit der gescheiterten Revolution von 1918/19 und dem Aufkommen des Nationalsozialismus, so in dem viel zu wenig bekannten Roman *Unruhe um einen Friedfertigen* (1947). Meisterhaft stellt Graf dar, wie ein Dorf durch die nationale

Feindbildhetze moralisch und sozial schon zerstört ist, bevor der alte und bis dahin geschätzte jüdische Schuster erschlagen wird. Das »sinnfällige Beispiel« geht hier über den lokalen Bereich, ohne den es nicht denkbar ist, weit hinaus.

Emigranten am Anfang!!

Bleibt die Geschichte, wie aus dem Bäckersohn der politische »Provinzschriftsteller« wurde. Viel Erhellendes dazu schildert Graf in der schonungslos bekenntnishaften Autobiographie *Wir sind Gefangene* (1927) und ihrer Fortsetzung *Gelächter von außen. Aus meinem Leben 1918–1933* (1966). Die Erzählung *Das Leben meiner Mutter* schildert dazu die frühere Geschichte seiner Familie und läßt die tieferliegenden sozialen Gründe für die besondere Rolle der Grafs in Berg erkennen.

Der erste Grund ist der wichtigste: Die Familie Graf stammt nicht aus der Gegend. Die Ahnen Oskar Maria Grafs sind väterlicherseits, als Abkömmlinge von Waldensern, aus dem Salzburgischen vertriebene Lutheraner gewesen, deren freigeistiges, obrigkeitswidriges Denken im erzkatholischen Bayern auf Widerspruch stoßen mußte. In einem Brief an seine Schwester Therese vom 16. November 1937 aus dem Exil in Brünn erinnert sich Graf, »wie unser Vater gegen das Katholische unserer lieben Mutter voreingenommen war. Von unserem Vater selig haben wir Kinder unsere Freidenkerei, nicht von der Mutter!« Gleich darauf zieht Graf im gleichen Brief das Resumée seiner Familiengeschichte:

Wir Grafs waren also eigentlich ›Eingewanderte‹, waren Vertriebene, waren Emigranten *am Anfang!! Und wir haben uns durch Vaters Heirat mit Mutter mit Eingesessenen vermischt. Das ist eine ganz wichtige Sache für die Entwicklung unserer Familie, für die Ansichten, die wir alle (wir Kinder!) haben, das ist der geistige Grundstock unserer Charaktere!*

Von Salzburg wanderten Grafs in alle Richtungen aus. Einige gelangten schon damals nach Amerika; angeblich im Haus eines Jacob Graff in Philadelphia, so erzählt Graf stolz, entwarf Thomas Jefferson (1743–1826), der dritte Präsident der Vereinigten Staaten von Amerika, 1775 die amerikanische Unabhängigkeitserlärung. Ein anderer Graf kam an den Starnberger See.

Wie Oskar Maria Graf bei den Forschungen für seine Familiengeschichte herausfand, lebte sein Urgroßvater Andreas Graf (1786–1841) als Stellmacher und Pferdehändler mit seiner Frau Theresia Anna Reiser (1791–1861) in Münsing bei Ammerland. Laut Kataster-Protokoll im Staatsarchiv München (Nr. 20478) kaufte Andreas Graf – hier bezeichnet als »Madger [Mäher] von Ammerland« – am 15. März 1831 das »Bäckenanwesen« (Haus Nr. 15, später 17) in Berg von dem Vorbesitzer Joseph Neumayr für 916 Gulden. Auf dem Haus aus dem Jahr 1776 lag, wie schon aus dem Namen hervorgeht, eine sogenannte Bäckergerechtigkeit, also die Möglichkeit, bei Bedarf dort eine Bäckerei einzurichten.

Dieser Katastereintrag entspricht nicht ganz der Angabe Grafs im *Leben meiner Mutter*, sein Urgroßvater habe das Haus samt Bäcker-»Gerechtsame« von »einem gewissen Abenthum« erworben. Tatsächlich erwarb Jakob Abenthum das Bäck-Anwesen 1825 vom Vorbesitzer Joseph Hirschvogel; am 3. Februar 1831 kaufte Johannes Grünwald das Haus, einen Tag darauf ging es an Joseph Neumayr über, der es einen Monat später an Andreas Graf verkaufte. Graf könnte den Namen Abenthum genannt haben, weil er ihn schon 1925 in seinem tragischen Dorfroman *Die Chronik von Flechting* als nach dem Verkauf neidischen und zerstörerischen Vorbesitzer des Bäck-Hauses angibt. Dieser Dorfroman ist im übrigen an die Ortsgeschichte Flechting=Berg und die Familiengeschichte der Fargs (Graf rückwärts gelesen) nur angelehnt. Der Prozeß gegen Abenthum sowie Brand und Untergang des Hauses sind offenbar freie Erfindungen Grafs.

Kastenjakl – Chronist und Bauherr

Der Stellmacher Andreas Graf hatte zwei Söhne, Andreas (1814–1885), genannt »Kastenjakl«, der Zimmermann wurde, und Lorenz (1816–1874), der als Stellmacher das Bäck-Anwesen übernahm. Der »Kastenjakl« ist der ›literarische‹ Ahne Oskar Maria Grafs. Seine ausführliche Chronik der Familie und ihrer Vertreibungen ist das erste literarische Zeugnis der Grafs und, neben den Pfarreibüchern und Gemeindematrikeln, die wichtigste Quelle für *Das Leben meiner Mutter*. Der Kastenjakl machte sich aber vor allem einen Namen als waghalsiger und zuletzt gescheiterter Bauherr in der Zeit des großen strukturellen Wandels am Starnberger See. Am Beispiel dieser für die Struktur vom *Leben meiner Mutter* so wichtigen Figur läßt sich der Unterschied von Text und ›Wirklichkeit‹ in Grafs Erzählweise besonders gut erkennen.

So ›irrt‹ Graf beispielsweise, wenn er mehrmals erklärt, sein Großonkel habe »wegen seiner unbegreiflich waghalsigen Grundstücksspekulationen und wegen seiner fast anrüchig erscheinenden Baulust« oder, positiver formuliert, »wegen seines unruhigen Erfindungsgeistes und seiner geschäftlichen Weitsicht« den Namen »Kastenjakl« erhalten. Der Name wäre also ein etwas zweideutiger Spitzname. Doch auch die von Graf erwogene Ableitung des Namens von der Tatsache, daß der Zimmermann Andreas Graf »einige vielbewunderte Schränke« mit einem besonderen Schlüsselmechanismus versehen habe, kann aus einem einfachen Grund nicht überzeugen: Kastenjakl war ein Hausname in Berg.

Grafs »Kastenjakl«-Deutung verwundert um so mehr, als er selbst in seiner Geschichte »Der Anbinder« seines *Bayrischen Dekameron* (1928) erklärt: »Bei uns nämlich werden die eingesessenen Leute nach den Häusern genannt«. Hinter dem Hausnamen »Kastenjakl« verbirgt sich nun einiges: Ein möglicher Konflikt der Brüder Lorenz und Andreas wegen der Erbfolge beim Bäck-Anwesen und die tatsächliche Erklärung dafür, wie der »Kastenjakl« zu Hab und Gut und zur Basis für seine »Baulust« kam. Aber der Reihe nach.

Knapp ein halbes Jahr nach dem Tod ihres Mannes Andreas Anfang Dezember 1841 ließ seine Witwe Theresia Graf, die »Bäckin von Berg«, Anfang Mai 1842 das Haus Nr. 15 »nebst der Bäckergerechtigkeit« überraschenderweise nicht auf ihren älteren, sondern auf den jüngeren Sohn Lorenz überschreiben. Wenige Tage nach der Hochzeit von Lorenz mit Maria Anna (geb. Pollinger, 1814–1891) am 4. August 1842 meldete ein gewisser Georg Bäck, »Kastenjakl von Berg«, zusammen mit seiner Frau Erna an,

(...) daß er sein freieigenes Gütchen, Hsnr. 25 in Berg [bestehend aus einem Viertel-Tagwerk Wohnhaus, Nebengebäude und Garten und vier Tagwerken Waldungen] *an seine großjährige Tochter Viktoria Bäck übergeben habe. Dieselbe gedenkt sich aber hierauf mit Andreas Graf, Bäckensohn von Berg, zu verehelichen. Andreas Graf, angehender Besitzer benamten Gütchens, übernimmt die hierauf bestehenden Abgaben und unterzeichnet (...)* (Staatsarchiv München, Kataster 20478).

Durch die Heirat mit Viktoria Bäck bekam also der ältere »Bäkkensohn« Andreas Graf aus Berg den neuen Hausnamen »Kastenjakl«. Das Kastenjakl-Gütl stand übrigens, laut Schober, neben der heutigen Villa Poschinger in Unterberg, Seestraße 3, und mußte nach dem Verkauf 1864 der Villa des Theaterdirektors Schwaiger weichen, die wiederum erst vor wenigen Jahren dem heutigen Neubau Seestraße 5 Platz machte.

Epische Wahrheit

Soweit die Dokumente. Im *Leben meiner Mutter* heiratet der »Kastenjakl« Andreas Graf dagegen »die einzige, grundhäßliche Hupfauer-Tochter von der ›Maxhöhe‹« südwestlich von Aufkirchen. Schon bald ist er dort, wie er vorausgesehen hat, Witwer und kann mit dem erheirateten Grundbesitz seine Bautätigkeit beginnen. In Wirklichkeit aber starb die verarmte echte ehemalige »Kastenjaklin« Viktoria Graf erst 1882 im Alter von 71 Jahren.

Weiter heißt es im *Leben meiner Mutter*, der »Kastenjakl« habe gleich nach seiner Hochzeit im nahen Leoni das »›Seewiesenhaus‹« gebaut, das 1866 der Schriftsteller Friedrich Wilhelm Ritter von Hackländer kaufte. Dieser Bau ist aus dem Kataster nicht erkennbar und auch praktisch nicht möglich. Denn das Haus Hackländers – in der *Chronik von Flechting* ist er der »Romanschriftsteller Hofländer« – wurde schon 1827 vom Baurat Johann Ulrich Himbsel als Sommerhaus erbaut. Das unweit davon entfernte zweite Sommerhaus Himbsels, das vielleicht von Graf gemeinte »Landgut Seeheim«, entstand dagegen tatsächlich 1842, im Jahr der Hochzeit des »Kastenjakl«. Doch ist es sehr fraglich, ob das Haus nach seinen Plänen gebaut wurde. Immerhin war, laut Kataster, auf dem Grundstück auch eine »Zimmererwerkstätte« vorhanden. Vielleicht hat Andreas Graf als Zimmermann an dem Bau mitgeholfen, und Graf wertet hier auf.

Sicher nachweisbar ist Andreas Graf jedoch als gescheiterter Bauherr seines »Schlößchens« oberhalb von Leoni. Den Grund dafür erwarb er im Oktober 1863. Im Jahr darauf verkaufte er sein »Kastenjakl-Gütl« an die »Theaterdirektorsgattin« Anna Schwaiger, die Gattin des Direktors des Auer Vorstadt-Theaters, Johann Schwaiger. Mit diesem Geld konnte Andreas Graf seine Baupläne in die Tat umsetzen. Ausführlich schildert Oskar Maria Graf im *Leben meiner Mutter* die Geschichte des »Kastenjakl«-Schlößchens oberhalb von Leoni am Kreuzweg nach Aufkirchen (heutige Adresse: Am Kreuzweg 94). Das tatsächlich mit erheiratetem Kapital erbaute »Landhaus mit Garten« (Haus Nr. 28 1/2 in Berg) brachte dem Kastenjakl aber kein Glück. Er verspekulierte sich, das Haus mußte noch vor seiner Fertigstellung im Jahr 1865 verpfändet werden. Es ist heute eines der schönsten Häuser am Ostufer des Starnberger Sees.

Das »Kastenjakl«-Schlößl (1865)

Der Kastenjakl ist im *Leben meiner Mutter* demnach nicht historisch, sondern episch wahr. Die sachlichen Unschärfen können durch die mündliche Überlieferung und die Distanz des Exils erklärt werden. Die völlige Neuformung der Kastenjakl-Ehe in der Erzählung hat aber einen ganz konkreten Sinn: Graf will nicht historisch wahr erzählen, sondern das Bild des typischen, kompromißlosen Spekulanten episch verstärken; Lebensart und Schicksal seines Großonkels schienen ihm als Grundzug dafür am besten geeignet. In Grafs Erzählung bekommt daher mehr der Kastenjakl als der Bäcker Max Graf, Oskars Vater, die Funktion der Gegenfigur zur bodenständigen und realistisch dargestellten Mutter.

Auch die auffälligen zeitlichen Verschiebungen im Text dienen der erzählerischen Deutlichkeit. So fand das berühmte Seefest, das König Ludwig II. zu Ehren der Zarin Maria Alexandrowna im September 1868 mit einem prächtigen Feuerwerk vor Schloß Berg gab, einige Zeit *vor* und nicht, wie es die Erzählung suggeriert, *nach* dem deutsch-französischen Krieg statt; für Max Graf, der die Bäckerei erst nach dem Krieg aufbaute, hätte das Fest aber bestimmt die geschäftsfördernde Wirkung gehabt, die sein Sohn beschreibt. Und der Kastenjakl stirbt nicht kurz vor der Hochzeit von Max und Resl (1881), sondern erst lange danach (1885). In der Erzählung ist aber der Kontrast zwischen dem Tod und der Heirat kurz darauf wichtiger, und deshalb liegen die beiden Ereignisse in der neuen Reihenfolge eben nahe beinander.

Das Scheitern als Bauherr traf den Kastenjakl tief – Max Grafs Vergleich zwischen ihm und den Bauplänen König Ludwigs II. liegt nahe. Ohne sein Wissen finanzierte Max Graf dem Onkel ein Austragsstübchen im Gasthaus zur Post in Aufkirchen. Dort fand er nach dem Tod des Kastenjakl in der völlig verwahrlosten Kammer die schon erwähnte Familienchronik. Darin gibt es auch einen Ausblick auf die Zukunft, der Max und seine Kinder direkt betraf:

[Der Maxl] *wird weiter kommen als ich, und zu hoffen ist, daß er irgendein stockiges christkatholisches Weibsbild mit Geld hinters Licht führt und einfangt, das ihm Kinder bringt. Macht's er nicht ganz, so wird's eines der Kinder zu End' bringen.*

Gemeint ist damit »die Rachsucht gegen diese Menschensippschaft«, die den Nachkommen der Waldenser so viel Leid und den Verlust aller Zugehörigkeit gebracht hatte. Dieser Lebensplan mit seiner starken sozialen Differenz ging, ob gewollt oder ungewollt, auf eine sehr eigene Weise in Erfüllung.

Max und Resl

Max Graf (1846–1906), der älteste Sohn des Stellmachers Lorenz und Vater des »Provinzschriftstellers« Oskar Maria Graf, wurde Bäcker, übernahm das Bäck-Anwesen 1874 und hob den Schatz, der in dem Haus ruhte. Er profitierte von dem wirtschaftlichen Aufschwung der sogenannten Gründerzeit nach dem deutsch-französischen Krieg 1870/71, aus dem er selbst mit einer durchschossenen Hand zurückgekehrt war. Mit Hilfe des Kastenjakl und seines jüngeren Bruders Lorenz baute Max die Bäckerei trotz großer Widrigkeiten auf und hatte damit großen Erfolg – das arme Stellmacherhaus verwandelte sich in eine »Goldgrube«. Nicht nur die alten und neuen Hotels, Gasthäuser, Restaurants und Cafés nahmen ihm nach und nach seine röschen Semmeln ab; auch König Ludwig II. mit seinen bekannt schlechten Zähnen zählte während seiner Aufenthalte in Schloß Berg zu den dankbaren Abnehmern der eigens für ihn besonders weich bereiteten Graf-Semmeln.

Der Erfolg stieg dem Bäcker Graf jedoch nicht zu Kopf; den angebotenen Hoflieferantentitel lehnte er dankend ab, um den ohnehin schon aufkommenden Neid und die Mißgunst ihm gegenüber im Dorf nicht noch zu verstärken.

Seine Frau fand Max Graf in Therese (Resl) Heimrath (1857–1934) vom mehrhundertjährigen Heimrath-Hof in Aufhausen, unterhalb von Aufkirchen an der Straße nach Wolfratshausen gelegen. Auf sehr bezeichnende Weise machte Max der Resl den Heiratsantrag halb spontan, halb überlegt nach einem Geschäftsbesuch im Seehotel von Leoni. Max hatte sich dort von der Besitzerin Anna Strauch sagen lassen, daß er als Geschäftsmann bald heiraten müsse. Die Resl hatte ins Seehotel Eier geliefert und traf den Max, der sich das »Schlößl« des Kastenjakl anschauen wollte, zufällig auf ihrem Rückweg, dem steilen Schropp-Weg oberhalb von Leoni mit den Kreuzwegstationen. Sie kamen ins Gespräch. Er sagte ihr, daß er heiraten wolle, und sie lachte ihn aus, als er bekannte, noch keine Hochzeiterin zu haben. Max musterte sie nun und faßte Mut:

›Resl‹, sagte der Max jetzt lebhafter und ließ sie nicht aus den Augen, ›laß dir was sagen! Meine Bäckerei steht gut. Bei mir hat's eine nicht schlecht … So ein ordentliches, fleißiges Weibsbild wie du tät passen für mich … Dich möcht' ich heiraten, Resl!‹ Es klang nicht die geringste Schüchternheit aus den Worten, auch nichts drangvoll Verliebtes. Sie hörten sich nüchtern und wohlüberlegt an. Und sie schreckten die Resl nicht, im Gegenteil, ganz ohne Scheu, mit der ihr eigenen, zweifelnden Ironie sagte sie: ›Jetzt da schau her! Deswegen laufst also mit mir mit? … Hm, heiraten! Was du im Sinn hast, geht doch mich nichts an.‹

Doch als Max ihr sagt, daß sie auf dem Heimrath-Hof keine Zukunft habe, denkt sie nach und weist ihn an ihre Mutter. Der gegenüber tritt Max listig auf, tut so, als sei die Resl schon einverstanden und gewinnt die Heimrath-Bäuerin mit seinen sachlichen Argumenten. Der Hochzeit im Mai 1881 steht nichts mehr im Weg – zwei Welten geraten aneinander.

Das Elternhaus

Das »Durchbrechen« der beiden Eheleute vor der Hochzeitsnacht in ihrem Bett, dessen Seitenteile nach altem Brauch heimlich ausgehängt waren, galt als Glückszeichen. Nach außen hin war es auch ein guter »Zusammenstand«: Das Paar bekam elf Kinder, von denen acht überlebten. Auch die Rollen waren, zum Nachteil der Frau, klar verteilt: »Der Maxl regierte und die Resl ackerte.« Ihre religiösen Ansichten waren freilich »grundverschieden«: Resl war tiefgläubig und gehörte sogar der strengen katholischen »Gürtelbruderschaft der ›Heiligen Monika‹« an. Dagegen stand die »Ungläubigkeit der Grafs«, der aus vielen leidvollen Erfahrungen gewachsene Zweifel an einem gerechten Gott. Doch überwogen die Toleranz und der nach außen hin gewahrte katholische Schein. Ein echter Streitgrund aber war

Resls Angst vor Änderungen, besonders vor den Umbauten am Haus. Schon kurz nach der Hochzeit erweiterte Max die Bäckerei zum ersten Mal, richtete eine Krämerei ein und baute das »zerfallene Wäscherhäusl« nebenan zu einem Nebenhaus um; die ängstliche Resl sah sich unterdessen »schon am Rande des Verderbens, am sicheren Bettelstab«. Dabei brachten erst diese Umbauten und Erweiterungen den materiellen Gewinn, der den sozialen Aufstieg der Grafs befestigte:

Stolz und breit und sehr augenfällig stand das ausgebaute Bäckerhaus mit seinem hohen, mächtigen Kamin in der Dorfmitte von Oberberg. Es war nicht mehr wegzudenken. Die Ladenglöcklein bimmelten den ganzen, lieben Tag. Weithin sichtbar, an der Hausmauer, oberhalb der zwei Auslagenfenster des Ladens, prangte eine cremegelbe, lange Holztafel mit den fettschwarzen Buchstaben:

Bäckerei, Mehlberei und Kolonialwarenhandlung
von
Theres und Max Graf
gegründet 1776.

In einem Firmenbriefkopf der Jahrhundertwende kam übrigens noch eine »Schreibwaren-Handlung« dazu. Der hohe soziale Rang des Bäckers zeigte sich auch daran, daß seine beiden jüngsten Kinder Oskar und Anna als Taufpaten »die Leoniger Hotelbesitzerseheleute Oskar und Anna Strauch« bekamen, die damit die alte Geschäftsbeziehung ins Familiäre erweiterten. In der Geschichte »Die Gratulation« aus der Sammlung *Dorfbanditen* (1932) berichtet Oskar Maria Graf über seinen alljährlichen Gang mit seiner Schwester zur Patin, um ihr zum Geburtstag »einen schönen Gockel« und »eine wunderschöne Torte« zu überreichen. Ganz im Trend der neuen Zeit bot dann der Bäcker Max Graf (Sohn) sogar schon Graham-Brote an, vermittelte Zimmer und engagierte sich im von ihm gegründeten Verschönerungsverein.

Der zweite Umbau kurz nach der Jahrhundertwende gab anfangs erneut Anlaß zu erschreckenden Wutausbrüchen des Vaters. Als aber alles neu und sauber dastand, ging die Sorge der Mutter bei einem Gang durch das neue Haus endlich auch in Freude über:

In die neue, saubere Backstube kam sie und betrachtete sinnend den ansehnlichen, blank getäfelten Ofen. Der gutgewölbte, vergrößerte Stall schien ihr besonders zu gefallen. Er war luftig und hell, und die Schwalben nisteten bereits wieder über dem Kuhstand, was Glück und Segen bedeutete.

(...) Sie ging aus dem Stall und stieg die Stiege hinauf. Da war wieder die ›warme Kammer‹ der ›alten Resl‹ über dem Backofen, neu und größer als früher. Das Bett der [Magd] *Marie stand jetzt auch darin. In dem hellgrau getünchten Zimmer daneben schliefen Theres* [die älteste Tochter, 1884–1969] *und Emma* [1889–1917]. *Es roch frisch nach jungen Mädchen darin. Dann kam die zweibettige Gesellenkammer. Gegenüber vom Gang führte eine Türe in die Heutenne, die nun viel umfänglicher war.*

Der Vorderteil des Hauses war unverändert geblieben. Im großen, zweifenstrigen Zimmer über der Kuchl waren Eugen [1885–1965], *Maurus* [1890–1971] *und Lenz* [1891–1977] *untergebracht. Es kam ein kleiner Durchgangsraum mit drei Türen, in welchem, solange wir Kinder waren, die Gitterbetten für Anna* [1896–1976] *und mich standen. Durch die rechte Tür gelangte man in die elterliche Schlafkammer, die linke führte in die sogenannte ›gute Kammer‹, wo zufällige Besucher untergebracht wurden. Diese Kammer hatte Wände mit einer blauen Tapete, in der große Blumen prangten. Der Vater war stolz darauf und meinte oft, da könnte auch eine Fürstlichkeit übernachten. Vor dem Haus streckte eine uralte Esche ihre Äste aus, und nachts rauschten deren Blätter ganz leise ...*

Graf fährt fort: Die Jahre bis zum Tod des Vaters 1906 waren eine »reiche Zeit«. Vieles änderte sich in diesen Jahren am See. Neben den vielen Ausflüglern und Sommergästen siedelten sich immer mehr »fremde Herrschaften aus allen Ländern an.« Für die Handwerker, die Wirte und natürlich auch die Berger Bäckerei gab es viel zu tun. Die älteren Graf-Kinder machten sich oft schon in aller Frühe »mit dem vollbeladenen Brotwägelchen« auf die Brotwege nach Unterberg, Leoni und Kempfenhausen. Mit den Fremden kamen Automobile und besonders »Stöße von illustrierten Zeitungen und Zeitschriften« ins Dorf, die von den Kindern mit großem Interesse erst betrachtet, später gelesen wurden.

Der »eifrigste Leser« war dabei Oskars älterer Bruder Maurus. Wie Graf mehrfach erzählt, lebte Maurus, der insgeheim Kunstmaler werden wollte, förmlich in der Literatur, kannte aus zahlreichen Reclam-Heften schon als Dreizehnjähriger die Hauptwerke der Weltliteratur und wußte viele Stellen aus Shakespeares Dramen oder aus Cervantes' *Don Quijote* sogar auswendig. Sein lebhaftes Interesse an der Literatur drängte nach Mitteilung. Auf lauschigen Sonnenplätzen im Wald las er seinem jüngeren Bruder Kleists Novellen, Ibsens Dramen, Lessing, Heine und »die Russen, Tolstoj hauptsächlich«, vor, den Graf später zusammen mit Gotthelf einen seiner Leitautoren nannte. Oskar mußte, ob er wollte oder nicht, zuhören und profitierte sehr davon, wie er in »Der Quasterl« (1945) gesteht: »Ich verdanke diesem Bruder, der heute als Konditor in meinem Heimatdorf lebt und noch immer so viele Bücher liest, eine gründliche Kenntnis der Literatur und die Fähigkeit, auch in schwierige geistige Probleme einzudringen.« Die literarische Begeisterung erfaßte ihn bald ganz. Und als am 9. Mai 1905 in der Aufkirchener Volksschule der »Schillertag« am 100. Todestag des Dichters gefeiert wurde, erlebte der zehnjährige Oskar sogar »den schönsten Augenblick meiner ganzen Schulzeit«, wie er in seiner Geschichte vom »Lehrer Männer« (1949) berichtet. Schon beim Vortrag des Lehrers über Schillers Leben hatte Oskar mehrmals zustimmend genickt, weil er das alles schon kannte. Als der Lehrer schließlich fragte, wer aus der Klasse schon ein eigenes Buch zu Hause habe, kam erst keine Antwort. »Mir aber«, meldet sich Graf, »– durch meinen Bruder Maurus bin ich damals aufs Klassikerlesen verfallen – ist das Blut ins Herz gestoßen, gezittert habe ich, und über und über rot bin ich aufgestanden und habe übereifrig und keck gesagt: ›Ich Herr Lehrer! Ich habe das, was Sie uns erzählt haben, schon alles gelesen, ich habe neunzehn Bücher, drei vom Schiller ...‹.« Der ebenfalls ältere Bruder Lorenz (Lenz) las dagegen bloß Karl May und interessierte sich für berühmte Naturforscher, Weltreisende und Detektive. Er war Chef einer Räuberbande, die mit kleinkalibrigen Flobertstutzen wilderte und in leerstehende Villen einbrach. Er nannte sich selbst »Henry Bull«, führte geheime Zeichen und sogar eine geheime Sprache ein, in der es so großartige Sätze gab wie »›Ottawa in finis, of Lakes Starnbergivo by Henry Bull Unitat Amerigo‹«.

Max Radler, Holzschnittvignette zu O.M. Grafs »Dorfbanditen«, 1930

Zwischen diesen beiden brüderlichen »Großmächten« wuchs Oskar heran. Da starb der Vater überraschend 1906; der älteste Sohn Max (1882–1915) kehrte vom Militärdienst heim, übernahm die Vormundschaft und führte ein brutales Prügelregiment ein. Graf sieht darin den Anlaß für sein Rebellentum: »Mir ist – um mit Gorki zu reden –, ›mein Sozialismus von Kind an auf den Rücken geprügelt worden‹. Das hat mich – nicht etwa aus einem inneren Wagnis, sondern gleichsam instinktiv und zwangsläufig – zum Rebellen gemacht«. Jetzt trugen die Abenteuer der »Dorfbanditen« im Ausgleich zu den erlittenen Prügeln geradezu kriminelle Züge. Und die von Max verbotene Literatur im Haus bekam den Charakter einer Gegenwelt.

Was Oskar für Maurus war nun die jüngste Schwester Anna (»Nanndl«) für Oskar. Sie, die später wie die Geschwister Eugen und Lenz und lange vor Oskar nach Amerika emigrierte, durfte an dem Geheimnis der Bücher teilnehmen, und die ungeliebten Brotgänge der beiden dauerten, etwa in Begleitung der Gedichte Walt Whitmans und Hermann Hesses, länger und länger: »Sehr oft gab es dann Prügel von Max.«

Als Maurus zur Konditorlehre nach Karlsruhe geht und seine Bücher mitnimmt, lassen sich die mittlerweile völlig vom »Drang nach jenen Welten« der Literatur besessenen Oskar und Nanndl heimlich über die Adresse ihres Schusters aus einem Prospekt von »Bongs Klassikern« die Werke Lessings, Schillers, Lenaus, Mörikes, Grabbes und des ungarischen Revolutionsdichters Sándor Petöfi schicken. Um die Gefahr einer Entdeckung ihrer angesammelten und wohlverwahrten Bücherschätze zu vermeiden, bauen die beiden einen Kleiderschrank so um, daß sie auf seiner Rückseite die Bücher unbemerkt einstellen können.

Die Begeisterung an den Texten nimmt rauschartige Züge an; nebenbei lernen die Geschwister lange Gedichte wie Schillers

»Glocke« auswendig. Unvermeidlich kommt eines Tages auch Oskars erstes eigenes Gedicht pathetisch zum Vortrag, wird von Nanndl sehr gelobt und vom Dichter selbst mit Schiller und Uhland verglichen. Die Magd Leni, Oskars erste große Liebe, setzt noch einen drauf: »›Goethe wirst du doch noch.‹«

Ab 1908 geht Oskar Graf ebenfalls in die Bäckerlehre; zwei Jahre später gewinnt er bei einem literarischen Preisausschreiben des Reclam-Verlags für eine Rezension der *Gedichte in Prosa* von Iwan Turgenjew eine Ausgabe der Werke Walt Whitmans. Oskars phantasievolle Pläne, Erfinder – zwei seiner Pläne wurden patentiert – oder Tierarzt zu werden, prallen dagegen am geistfeindlichen Einspruch des ältesten Bruders ab.

Erste Flucht

Das Ende dieser Zeit ist die Entdeckung der Bücher durch Max, seine blindwütige Zerstörung des Bücherschranks und die brutale Mißhandlung Oskars. Der zieht die Konsequenz und begibt sich 1911 auf die schon länger geplante und vorbereitete Flucht nach München. In der ersten Zeit tappt er dort unsicher als tumber Tor durch die Stadt, schließt sich den anarchistischen Kreisen um Erich Mühsam an und lebt als Hilfsarbeiter in der Schwabinger Bohème. Mit seinem Freund, dem Maler (und ehemaligen Konditorgehilfen) Georg Schrimpf (1889–1938), reist Oskar als Vagabund nach Ascona. Er weiß nur, daß er Schriftsteller werden will – das erste gedruckte Zeugnis ist die Visitenkarte »Oskar Graf, Schriftsteller« –, aber nicht genau, was er schreiben soll. Seine beiden ersten gedruckten Gedichte erscheinen 1914 in der führenden expressionistischen Zeitschrift »Die Aktion«.

Im Ersten Weltkrieg wird Graf als »Trainreiter« eingezogen, hat aber mit einer Verweigerungstaktik Erfolg und wird mit einer halb simulierten, halb tatsächlichen Nervenzerrüttung Ende 1916 entlassen. Fortan bringt sich Graf in München mit

Schiebereien und spektakulär inszenierten Künstlerfesten durch.

1917 erscheint sein erster Gedichtband *Revolutionäre*. Auf Wunsch des gleichnamigen Malers Oskar Graf, der sich immer wieder unangenehm mit dem Autor in Verbindung gebracht sieht, ändert der junge Autor 1918 gegen 500 Mark seinen Namen in Oskar *Maria* Graf. Er nimmt aktiv an der November-Revolution 1918 teil und wird kurz inhaftiert. Finanzielle und ideelle Unterstützung erfährt er in diesen unruhigen Tagen durch den Universitätsprofessor Roman Woerner und dessen ehemalige Frau Hertha Koenig. Auch Rainer Maria Rilke, der mit Graf nach dessen Schilderung in diesen Tagen ein Gespräch über den »Riß« zwischen dem »Volk« und den Revolutionären führt, setzt sich für den inhaftierten Kollegen ein.

Thema Provinz

Aus seiner ersten, nach kurzer Zeit gescheiterten Ehe mit der älteren Karoline Bretting (1889–1947) stammt die Tochter Annemarie (geb. 1918). Lebensgefährtin Grafs wird ab 1918 bis zu ihrem Tod Mirjam Sachs (1890–1959), die Cousine der Dichterin Nelly Sachs und Freundin Rilkes; 1944 hat er sie, wiewohl selbst nicht geschieden, in New York geheiratet. Mit Mirjam lebt Graf in München ab 1919 bis zum Beginn des Exils in der Barerstraße 37 im heute nicht mehr vorhandenen Ateliergebäude.

Nach drei Gedichtbänden – *Die Revolutionäre*; *Amen und Anfang* (1919); *Ua-Pua ...! Indianer-Dichtungen* (1921) – und Monographien zu den Malern Georg Schrimpf und dessen frühverstorbener Frau Maria Uhden (1892–1918) erscheint 1922 Grafs erste eigenständige Prosaveröffentlichung unter dem Titel *Frühzeit* im Berliner Malik-Verlag. Graf findet hier sein eigentliches Thema: Die kritische Sicht auf die heimatliche Umgebung. Das Buch geht 1927 im ersten Teil von *Wir sind Gefangene* auf.

Thomas Mann lobt das Buch und gibt zugleich ein treffendes Bild seines Autors, den er damit literarisch etabliert:

Ich kann nicht sagen, wie die Originalität des Buches mich gereizt und belustigt hat, die eins ist mit der Natur des erlebnistragenden ›Helden‹, ungeschlacht und sensibel, grundsonderbar, leicht idiotisch, tief humoristisch, unmöglich und gewinnend. Sein Blick liegt auf Menschen und Dingen, volkhaft dumpf, wie es scheint, scharfsichtig in Wahrheit, verschmitzt in verstellter Blödheit und läßt sich nichts vormachen, von keiner Seite. (...) Ein ringendes Trachten ist in ihm, grotesk, hilflos und edel, aus dem Lehm empor zum Licht, zur Menschlichkeit und zu Gott. Er treibt es unmöglich und erregt Lachen und Kopfschütteln; aber er gewinnt dabei unser Herz, und wenn Kunst, wie ich wahrhaben möchte, das Unmögliche ist, das zu gewinnen weiß, so ist es ein wahres Kunstwerk, das ungefüge Buch, in dem er sich erlöst. (»Verjüngende Bücher«, Erstdruck Frankfurter Zeitung, 17. April 1927)

Die Jahre 1924 bis 1933 sind die erfolgreichen, die ›gut versilberten‹ Jahre Grafs. Der Autobiographie gehen voraus: *Bayerisches Lesebücherl. Weißblaue Kulturbilder* (1924) und vor allem der Dorfroman *Die Chronik von Flechting* (1925), in dem bereits die Hauptthemen von *Das Leben meiner Mutter* anklingen, sowie die sechs *Dorfgeschichten* unter dem Titel *Finsternis* (1926). Darin ist die fast einhundert Seiten lange »Wachelberger Geschichte« der Entstehung und Vernichtung eines Kurhauses auf dem Land von eben der ungeschminkt realistischen Art, die das Gemeingefährliche des sogenannten kleinen Mannes entlarvt und Graf schon damals, zum Leidwesen der Einheimischen, gerade *nicht* zum Paradeautor seiner Landschaft machte.

Weniger bekannt sind die warmherzigen Erinnerungen Grafs an *Wunderbare Menschen* (1927) während seiner Zeit als Dramaturg bei dem leider gescheiterten Projekt einer selbständigen Münchener Arbeiterbühne.

Grafs erfolgreichster und bis heute bekanntester Titel ist *Das Bayerische Dekameron* (1928), das angeblich rein aus Geldgründen in der unglaublich kurzen Zeit von zwei Wochen entstand. Möglicherweise kam dem Autor dabei sein Talent als »Stegreiferzähler« zugute, der er, seinem eigenen Urteil in *Gelächter von außen* nach, viel eher sei als ein Dichter oder Schriftsteller. Vom Verkauf dieser »direkt« erzählten Geschichten ländlicher Liebe lebte Graf, nach eigener Aussage, in den Jahren bis 1933. Doch das Buch ist, gemessen an den anderen Titeln, beinahe eine Ausnahme, und noch wenige Monate vor seinem Tod bekannte Graf, das *Dekameron* sei ihm zuwider.

Das erfolgreiche Buch lenkte von den eigentlichen Absichten des Autors ab. Sein literarisches Ziel sei es, so Graf 1930 in einer »Antwort an einen und viele Genossen«, »den Menschen darzustellen, wie er in Wirklichkeit ist, mit seinen Schwächen, seinem Dreck, seiner Verlogenheit und all seinen inneren und äußeren Hemmnissen«. Die zweibändigen *Kalendergeschichten* (1929) in der von Graf angestrebten Tradition Hebels und Gotthelfs kamen diesem Ziel schon näher; ebenso *Bolwieser. Roman eines Ehemanns* als tragischer Pantoffelheld (1931). Gleichzeitig konterte Graf schon damals Versuche, ihn literarisch zu vereinnahmen, durch den Gestus des ungestümen Naturburschen. Im Programmheft der »Starnberger Seewoche« vom 27. Juli bis 6. August 1929 kündigte er seinen Beitrag für den etwas spitzmündig als »Literarischer Tee in Feldafing« im Hotel »Kaiserin Elisabeth« geplanten Leseabend am 29. Juli betont provokant unter dem Titel »Krawalle« an und ließ sich im Programmheft als eigenwilliger Gaudibursch so zitieren: »Dös, was i schreib, kann an Anderer gar net vorlesn. Dös muaß i scho selber macha«.

Summe. Zweite Flucht. Exil

Kurz vor der Emigration stellte Graf 1932 in drei Büchern noch einmal seine wesentlichen Themen vor. *Einer gegen Alle* schildert im Wasserburger Land nach dem Ersten Weltkrieg das Schicksal eines Soldaten, für den der Krieg nicht aufhören kann. Der Titel *Dorfbanditen* einer Sammlung von Erlebnissen aus seinen Schul- und Lehrlingsjahren läßt zwar an Ludwig Thomas berühmte und erfolgreiche *Lausbubengeschichten* (1905) denken. Und diesen Eindruck verstärkt noch der von Graf 1962 nach einer gründlichen Revision der *Dorfbanditen* neu gewählte und für die sechziger Jahre aktualisierte Titel *Größtenteils schimpflich. Von Halbstarken und Leuten, welche dieselben nicht leiden können*. Doch Grafs Geschichten sind viel persönlicher und existentieller gehalten als die Thomas, haben Gewalt und Tod zum Thema und zeigen die großen Risse in der vermeintlich heilen ländlichen Welt. Das Buch endet abrupt mit der Geschichte, wie der junge Oskar auf seinen Brotwegen nach Kempfenhausen innerhalb weniger Jahre zwei Selbstmörder – einen wahnsinnig gewordenen Theologiestudenten und die auf dem Aufkirchener Friedhof bestattete Baronesse Elisabeth von Kap-Herr – zufällig auffand und darüber selbst beinahe den Verstand verlor.

Das *Notizbuch des Provinzschriftstellers Oskar Maria Graf 1932* mit dem einleitenden selbstparodistischen Brief an den Verlag (»Werter Herr Verlag«), worin er als seine »›Spezialität – Ländliche Sachen‹« angibt; das *Notizbuch* vom dörflichen Hin und Her bei der Frage, ob ein Artikel Grafs im »Simplicissimus« über Berg und König Ludwig II. nun eine (politische) Schande oder eine (Reklame-) Ehre sei – dieses *Notizbuch* erklärt in einem Vorspann die Jahreszahl im Titel damit, daß

Anonyme Titelzeichnung

der Verfasser nicht ganz sicher sei, »ob er in den nächsten Jahren noch die gleiche Meinung haben wird, oder eine solche überhaupt noch haben darf«. Er durfte sie haben – nur nicht mehr in Deutschland. Als die Nazis am 10. Mai 1933 öffentlich die Bücher ihrer Gegner verbrannten, waren Grafs Bücher nicht dabei. Von Wien aus, wo er sich zu einer Vortragsreise aufhielt, richtete er daher am 12. Mai den Aufruf »Verbrennt mich!« als einzigen Protest gegen diesen Frevel an die neuen Machthaber in Deutschland:

Nach meinem ganzen Leben und nach meinem ganzen Schreiben habe ich das Recht, zu verlangen, daß meine Bücher der reinen Flamme des Scheiterhaufens überantwortet werden und nicht in die blutigen Hände und die verdorbenen Hirne der braunen Mordbanden gelangen!

Verbrennt die Werke des deutschen Geistes! Er selber wird unauslöschlich sein, wie eure Schmach!

Mit diesem Aufruf begann auch für Oskar Maria Graf die Zeit des Exils. Er ging über Wien zunächst nach Brünn. Drei Romane entstanden in diesen Jahren: *Der harte Handel. Ein bayrischer Bauern-Roman* (1935); *Der Abgrund* (1936) und *Anton Sittinger* (1937), der den Opportunisten, den »Spießbürger ganz nackt« darstellt: »Man *soll* sich übrigens, wenn man *Sittinger* liest, schämen! Für den Sittinger und für sich selbst.« (Brief an Kurt Rosenwald, 5.XI.1937).

Heimat ist Sprache

Seine »unverlierbare Heimat« fand Graf jetzt allein in der Sprache und im Bild seiner Mutter. »Heimat ist Sprache«, befand Graf 1962 in seiner Erklärung »Was mich abhält, nach Deutschland zurückzukehren« und wunderte sich, »daß man statt Muttersprache und Mutterlaut nicht Vatersprache und Vaterlaut sagen kann!«. So wie er nach seiner ersten Flucht aus Berg die

Welt seiner Herkunft autobiographisch radikal zum Thema gemacht und wiedergewonnen hatte, so sollte ihm jetzt sein »Mutterroman« das verlorene Land, die verlorene Zeit und die verlorene Sprache retten. Er faßte den Plan zu diesem Buch im Anschluß an eine Reise 1934 durch die Sowjetunion. Überall auf dieser Reise hatte er in vielen Momenten des schweren, handwerklichen Alltags seine Mutter wiedergesehen; auf ihr Wohl ließ er in Tiflis nach einem kurzen Bericht über diese Reise die Gläser erheben. Nach seiner Rückkehr erfuhr er, daß seine Mutter an eben diesem Tifliser Abend gestorben war.

Der von Oskar Maria Graf hoch verehrte Emigranten-Kollege Thomas Mann gab dem Buch in einem Brief an Graf vom 19. Juni 1948 das größte Lob: »Das ist ein wahres Monument der Pietät und Liebe und in seiner Art ein klassisches Buch. Gewiß werden später die deutschen Schulkinder Stücke daraus in ihren Schulbüchern finden.« Dem war in Westdeutschland leider nicht so. Dort war sein Buch, wie Graf an Josef Felder schrieb, wegen der Rußland-Thematik im Schlußkapitel »gut begraben« (28.XII.1955). In Ostdeutschland wurde dagegen immerhin Grafs »Episode von Troglberg« (1933) aus dem Umkreis der *Kalendergeschichten* in die Schulbücher der 9./10. Klasse aufgenommen. Kein Wunder daher, daß Graf im eigenen Land bis heute schlicht als »Roter« gilt. Dabei stand Graf, der Sozialist aus dem Kreis Gustav Landauers und Erich Mühsams, jeder Parteiideologie fern und relativierte gerade im Schlußkapitel vom *Leben meiner Mutter* den Personenkult um Stalin sehr deutlich. Der kam bei Graf schon aus einem einfachen Grund nicht an: »Er sah aus wie der ›Schmauzbauer‹ von Kempfenhausen, und das war ein niederträchtiger Rohling. Ich gehe heute noch nach Gesichtern.« (Brief an Eugen Graf, 30.IX.1963).

Großartig ist Grafs satirische Demaskierung des philosophischen Existentialismus der fünfziger Jahre durch die erhellend kontrastierenden Vergleiche der Thesen des »Heidegger-Martl« und des »Sarte-Pauli« mit den Denkformen des bayerischen Dialekts in seiner Sammlung *An manchen Tagen* (1961). Heideggers Begriff der existentiellen »Geworfenheit« des Menschen pariert Graf so: »›Geworfen‹ hat mich meine Mutter selig nicht, sie hat mich geboren. Werfen tut bei uns bloß eine Sau, und zwar einen Wurf Ferkel, der gewiß nicht als ›Gegenwurf‹ aufgefaßt werden kann.« Diese komische Darstellung täuscht leicht über die großen, wirklich existentiellen Schwierigkeiten Grafs in diesen Nachkriegsjahren hinweg, als seine Bücher zwar verstärkt in Ostdeutschland erschienen, aber keine nennenswerten Honorare einbrachten.

Erst 1958, ein Vierteljahrhundert nach seiner Emigration, konnte Oskar Maria Graf erstmals wieder nach München zurückkehren. Seine für die Rückreise notwendige amerikanische Einbürgerung hatte sich zum einen aufgrund von FBI-Spitzeleien gegen den von Emigranten-Kollegen als Kommunisten denunzierten Graf lange verzögert, zum anderen aber auch deshalb, weil er sich weigerte, bei der Einbürgerungszeremonie den Passus zu unterschreiben, das Land im Kriegsfall mit der Waffe zu verteidigen; eigens für ihn wurde der Passus bei der Vereidigung nicht gesprochen. Mit dem für ihn überlebenswichtigen ›re-entry-permit‹ kam Graf also 1958 als amerikanischer Staatsbürger nach München – und die Stadt bereitete dem Heimkehrer einen skandalösen Empfang. Seine Lesung im Cuvilliés-Theater, selbstredend in der Lederhose, und nach dem Händeringen des Kulturreferenten aus Ärger und Trotz erst recht, brüskierte die Münchener Honoratioren, die sich noch zusätzlich unangenehmen Fragen Grafs zu ihrer Rolle während der Nazizeit ausgesetzt sahen. Das offizielle München blieb der Lesung fern; Erich

Kästner, dessen Bücher seinerzeit auch verbrannt worden waren, verweigerte Graf sogar die einführenden Worte.

Die Frage von Büchners Danton, ob man sein Vaterland an den Schuhsohlen mitnehmen könne, bekam durch Grafs Lederhose eine neue Dimension. Nun galt er, für den der Begriff »Vaterland (…) seit jeher ein Lesebuch-Schlagwort ohne greifbaren Inhalt, und der Begriff der ›Nation‹ (…) immer etwas Abstraktes« gewesen war (Brief an Thomas Mann, 6.VI.1945), der aber überall im Exil seine bayerische Tracht getragen und darin etwas Heimatliches in die Fremde mitgenommen hatte, in eben dieser Tracht im eigenen Land als nicht mehr gesellschaftsfähig. Es war absurd und zugleich entlarvend. Graf sah sich darin bestätigt, daß er, wie er schon am 29. April 1950 in einem Brief an Rudolf Adrian Dietrich geschrieben hatte, »nach Bayern (…) zwar *landschaftlich*, aber politisch gar nicht hingehöre!!«.

Heimat überall

Grafs literarisch-politische Perspektive war alles andere als die des käuflichen »Provinzschriftstellers«, als den er sich selbst noch auf seinen New Yorker Briefbögen sarkastisch anbot. Skeptisch stand er poetischer Selbstgefälligkeit gegenüber, weil für ihn der »Dichter« – »Ein Ding aus Augenblick und Atemzug/ zur Lust gemacht wie heitrer Vogelflug« – einer Wesensschau ausgeliefert ist, die nichts mit Programm oder Doktrin oder gar persönlichem Wunsch zu tun hat: »Denn bleiben mußt du Vogelflug,/ ein runder Augenblick, ein voller Atemzug!« (»Meditationen über den Dichter«, 1962). Und skeptisch beurteilte Graf erst recht die politischen Entwicklungen nach dem Krieg. Aus der Distanz des Emigranten bemerkte er die Schwächen der Bundesrepublik im Aufbau besonders deutlich. Seine Begründung »Was mich abhält, nach Deutschland zurückzukehren« enthält unangenehme, teilweise sehr aktuell gebliebene Wahrheiten, etwa die Wiederaufrüstung und vor allem das scheinheilige Verhältnis zur »Wiedervereinigung« betreffend. Mit dem Schlußkapitel im *Leben meiner Mutter*, dem Amerika-Roman *Die Flucht ins Mittelmäßige* (1959) und der Neuausgabe der *Erben des Untergangs* (1949/59) hatte Graf seine literarische Landschaft endgültig kosmopolitisch erweitert. Er war nun, wie er bei seinen späteren Besuchen in der alten Heimat erfahren mußte, im Exil mehr daheim als in Bayern. In seiner New Yorker Wohnung hatte er es oft so still »wie auf einem mittleren einstigen bayrischen Dorf« (an Therese Graf und Annemarie Koch, 1.VII.1962). »Glückliche Heimatlosigkeit« heißt das letzte Gedicht in dem Band *Altmodische Gedichte eines Dutzendmenschen*, den Graf 1962 anonym veröffentlichte. Wie sehr er aber bis zuletzt das Leid spürte, seine Heimat bei einem seiner wenigen Besuche als vollständige Fremde erfahren zu müssen, zeigt ein anderes Gedicht:

Heimat überall
So grün hab ich das Gras noch nie gesehen,
noch nie den See so blau.
Ich muß verwundert stehenbleiben
und frage mich: ›Was ist geschehen?‹
Ich kenne doch die Gegend so genau
und könnte blind das kleinste Ding beschreiben.
Ich denke nicht ans Weitergehen
und schaue nur in dieses Grün und Blau – – – /
Mir ist, als stünde ich wie in den Kindertagen
erstaunt und dennoch tief bekannt
vor diesem fremden Wasser und den Wiesenstreifen,
und ich vermag es nicht zu sagen,
wie mich das Wiedersehen übermannt
mit diesem Gras, mit jedem Wellenschlagen,
als würde meine Heimat eine Welt umgreifen,
als wär ich nicht mehr fremd in diesem Land – – –.

Sinn und Zweck der Literatur sah Graf schon 1930 darin: »Das Wissen um den Menschen und das Wissen um die Hintergründe der Welt vermehren.« Er hatte bei sich selbst damit angefangen und endete auch dort. Den zweiten Teil seiner Autobiographie *Gelächter von außen. Aus meinem Leben 1918–1933* konnte er noch 1966 erscheinen lassen; der dritte Teil, der unter dem Titel *Vom Exil zur Diaspora* geplant war, blieb Fragment. Oskar Maria Graf heiratete am 28. Juni 1962 die Juristin Dr. Gisela Blauner. Auf den Tag genau fünf Jahre später starb er in New York. Ebenfalls auf den Tag ein Jahr später wurde seine Urne auf den Münchener Friedhof Bogenhausen überführt. Es war seine »letzte ›Emigration‹, nach Deutschland«, wie er sie am 24. November 1950 in einem Brief an Erich Lissner vorhergesehen hatte.

In der Landschaft von Oskar Maria Graf (II) – Stationen

Was läßt sich noch erinnern, was ist noch vorhanden bei einem Gang durch die Landschaft von Oskar Maria Graf? Trotz vieler Veränderungen ist vieles noch sichtbar oder kann sichtbar gemacht werden. Einige Stationen gibt Oskar Maria Graf selbst im Kapitel »Schlechte Saat und bittere Ernte« des zweiten Teils von *Das Leben meiner Mutter* vor, andere sind zu ergänzen. Der Weg geht von Starnberg über den See nach Berg zum Geburtshaus Grafs und führt über Aufkirchen zum Geburtshaus der Mutter.

Der See

Der Ausflug beginnt in Starnberg, 1923, während der Inflation. Oskar Maria Graf kommt mit dem Zug aus München an, steigt aufs Dampfschiff und fährt über den See.

Zwei Ansichten gibt es, je nach Wetter: »Die auseinanderfallenden Wellen am Bug schäumten weiß. Die bewegte Wasserfläche lag graublau da. Ein grämlicher Nebel lastete auf ihr und verhüllte die umliegenden Ufer.« Ansicht: Melancholie. »Oder es war ein heller, heiterer Sommertag. Dann glänzte die spiegelglatte Wasserfläche blaugrün. Die ewig junge Sonne strahlte im hohen, klaren Himmel. Die saftgrünen Uferhänge mit den stillen Dörfern und den vielen Herrschaftssitzen lächelten friedlich, und in der Ferne zackten sich die leicht umdunsteten, blauen Berge.« Ansicht: Kitschpostkarte.

Unterberg

Graf steigt aus. Und gleich wird es thematisch brisant: »Da stand noch immer das klotzige, inzwischen etwas verwitterte ›Grand Hotel am See‹ von Wolfgang Bock.« Der kühne Unternehmer war während des Krieges verdächtigt worden, Engländer zu sein; seine Hotelfenster wurden eingeworfen. Trotz einer Ehrenerklärung blieb »der Stachel (...), die Bocks wurden nie richtige Berger« und die durch die Inflation reich gewordenen Bauern lieferten keine Lebensmittel mehr an das Hotel.

Graf biegt um die Ecke. »Ich ging eine kurze Strecke am Ufer entlang, an der ehemaligen ›Knecht-Villa‹ vorüber« – die Villa der Hotelbesitzerin Eleonora Knecht aus dem Jahr 1895 und das nahe Seehotel gehörten einst zusammen. Graf erzählt anschaulich und in stilisierter Buben-Grammatik, wie diese Fremden den Geschäftssinn der kleinen »Dorfbanditen« oder besser »Unsere Freundlichkeit« (so die Kapitelüberschrift) angeregt haben:

Besonders umlauert ist von uns ein Fräulein Knecht worden. Das war eine große, hochbusige, immer sehr auffällig gekleidete Dame, die wo immer schon von weitem geduftet hat. Sie hat blitzende Halsketten umgehabt, ihre Hände waren voller Ringe, jeden Tag ist sie durch das Dorf stolziert und hinter ihr her liefen zwei ganz kleine, langhaarige Schoßhunde. Es ist auch manchmal ein älterer Herr mit Zwicker und grauem Vollbart mit ihr gegangen und gewohnt hat sie in einer eigenen

Villa am See. Im Dorf ist gesagt worden der Herr ist ihr Galan und sie lebt im Konkubinat. Wir haben uns unter dem letzteren etwas undenkbar Reiches vorgestellt und da muß schon etwas dran gewesen sein. Wenn wir nämlich dem Fräulein Knecht die Hand gedrückt haben, dann hat sie sehr freundlich gelächelt, ihre silberne Handtasche aufgemacht und uns meistens zwanzig Pfennig, sehr oft aber sogar ein Fufzgerl geschenkt. Der Kramerfeichtmartl, mein bester Freund, ist alsdann auf die Idee gekommen, daß man dem Fräulein Knecht wegen einer solchen Freigiebigkeit schon mehr bieten muß. Und auf das hin haben wir ihr meistens einen Büschel Schlüsselblumen oder Anemonen gegeben. Das hat sehr gewirkt und jetzt sind die geschenkten Fufzgerl viel öfter geworden.

Die Fremden, die fremden Worte, das Geld – in der kleinen Szene versammelt Graf die wesentlichen Begriffe für den Wandel der Starnberger Seegegend um 1900.

Zwei Schritte weiter kommt Graf »beim Fischer Liedl vorbei, der einst dabeigewesen war, als man den König Ludwig II. aus dem See gezogen hatte. Noch immer kam sich der Liedl als gewichtige Persönlichkeit vor, denn – so verbreitete er stets – ›das, was in derselbigen Nacht passiert ist, muß ich als Geheimnis mit ins Grab nehmen‹. Es hieß, er habe als Schweigepreis vom damaligen Prinzregenten das schöne Fischerhaus geschenkt bekommen, und er bestritt es nie.« Im folgenden stellt Graf den Fischer als kuriosen Kauz dar, der während des Krieges den See mit dem Fernglas nach U-Booten abgesucht habe. Das Tragische, das Geheimnisvolle und das Komische liegen, laut Graf, bei diesem Einheimischen dicht beisammen.

Schloß und Schloß-Wirtschaft

Anstelle des alten Kastenjakl-Gütls baute sich 1864 der Theaterdirektor Johann Schwaiger ein Landhaus; es befand sich an der Stelle des historisierenden Neubaus (Seestraße 5). Unterhalb des Schlosses sieht Graf verwitternde, ungepflegte Kavaliersgebäude gegenüber frisch gestrichenen Fischer- und Bauernhäusern; das Schloß selbst wirkt wie »ein verwunschenes Idyll aus längst gestorbenen Zeiten«.

Vorbei geht es an der März-Mühle (von wo Grafs Großmutter stammte) und dem, etwas von der Straße versetzt, auf gleicher Höhe mit dem Schloß gelegenen ehemaligen Marstallgebäude. An der Straßengabelung etwas nach links lag einst die »Wiesmaier-Wirtschaft«, die 1923 schon lange nicht mehr bestand; eine Spielwarenfabrik machte dort später einem Landschulheim Platz. Die »Wiesmaier-Wirtschaft ›Gasthof zum König Ludwig‹« war einst Schauplatz der vielbestaunten Begegnung Ludwigs II. mit der kleinwüchsigen Therese, dem »Zwerg« der Familie Graf gewesen. Zurück an der Abzweigung nach Oberberg sind am Hausgiebel noch die Buchstaben »Schlosscafé« des Kaffeehauses »Zum Weißen Rössl« zu lesen, das den »Wiesmaier« ablöste.

Oberberg

Nach dem steilen Berg geht es oben an der Kirche St. Johann Baptist vorbei. Der schöne kleine Bau hat einen romanischen Grundriß, vermutlich aus dem 9. Jahrhundert, und ist wohl die älteste Kirche im Landkreis Starnberg. Direkt gegenüber liegt das Haus »Kramerfeicht« der Fischer-Familie Andrae aus dem Jahr 1796. Der Kramerfeicht-Martl war der beste Freund des jungen Oskar Graf: »Mein bester Spezi in der Werktagsschule ist der Kramerfeicht-Martl gewesen, weil man sich auf ihn absolut verlassen hat können. Wenn wir etwas angefangen haben, da ist nie nichts herausgekommen (...)«. So harmlos beginnt die Geschichte »Schulfeme« der *Dorfbanditen*; und sie endet dramatisch damit, daß der Bäck-Oskar und der Kramerfeichtmartl dem »Herrschaftsbürscherl« namens »Baron-Alfred« Reddelin, ihrem Nachbarn im ehemaligen, dem »Kramerfeicht« gegenüber gelegenen Schloß Eltzholz einen schlimmen Streich spielen. Aus Rache dafür, daß er sie verraten hat, fesseln sie ihn, legen ihn auf den Bauch, verbinden ihm die Augen und bieseln ihm »direkt in das offene Maul«. Als »›Mäubiesler‹« haben die beiden Freunde von da an einen schlimmen Schandnamen weg.

Wenige Schritte weiter steht das Geburtshaus von Oskar Maria Graf mit einer Gedenktafel (Grafstraße 9). Graf selbst sieht es 1923 schon sehr verändert. Pius Kindersberger, seit 1917 der neue Ehemann der Witwe Monika Graf, hatte »die alte hohe Esche vor unserem Vaterhaus gefällt. Der flache Platz vor dem Laden war jetzt weit, eine Tankstelle stand da, und ankommende Autos parkten hier.« Eine Fremde hat das Haus gepachtet und das Schild »›Künstler-Wein-Diele, Café und Teesalon von Mary Hofmann‹« anbringen lassen. Maurus Graf regt sich bei seinem Bruder darüber auf, daß die Fremde ihre Kaffeehaus-Konzession leichter und schneller bekommen habe als er, der Ortsansässige. Neue Besitzer hat auch das nachbarliche Gasthaus (einst »Tutzinger Hof«, jetzt »Berger Stuben«); die zugehörige Brauerei ist zum Mietshaus umgebaut worden.

Café Maurus

Im Kramerhaus (Grafstraße 18) schräg gegenüber vom »Vaterhaus« Grafs lebten seit Anfang der zwanziger Jahre die Mutter Therese und ihre gleichnamige Tochter, die Näherin, zusammen mit Maurus, der dort erst eine Konditorei, später auch ein weithin berühmtes Kaffeehaus betrieb:

Wie in einer kleinen, beengenden Nußschale spielte sich das Leben im Kramerhaus ab. Der Maurus hatte endlich die Konzession für einen

Kaffeehausbetrieb erhalten und baute neben der Backstube einen Raum für die Gäste aus. (...) Heftige Streitereien brachen immer wieder aus. Die Nußschale drohte manchmal zu zerspringen. Bruder und Schwester trennten schließlich den Haushalt. Mutter, die durch all diese giftigen Reibereien sehr mitgenommen worden war, zog mit der Theres in den ersten Stock und wirtschaftete für sie und die Annamarie [Oskar Maria Grafs Tochter]. *Maurus nahm sich eine Helferin, und der Lenz, vom gefallenen Maxl der jüngste Sohn, arbeitete als Lehrling bei ihm.*

Maurus war ein erstklassiger Konditor; sein Hefeteig und seine Prinzregententorte sind noch heute in bester Erinnerung. Er war, wohl nicht nur nach Meinung von Ludwig Marcuse, dabei »der teuerste und literarisch versierteste Konditor (...). Nie hat jemand Sternheim gründlicher analysiert als er. Nie habe ich irgendwo kostspieliger konditort als bei ihm.« So Ludwig Marcuse in seiner Autobiographie *Mein zwanzigstes Jahrhundert* (1960).

Ins Holz

Vorbei am ehemaligen Schatzl-Hof geht es hinunter und über die Straße zum Kapellenweg. An seinem Ende steht die kleine St.-Anna-Kapelle aus dem Jahr 1826. Bei einem Besuch in Berg während des Krieges im Sommer 1916 kommt Graf mit seiner Mutter auch zu »der Anna-Kapelle vor unserem Holz«. Gerade erst hat die Schatzl-Bäuerin die Kapelle neu streichen lassen; sie hat im Krieg einen Sohn verloren, der zweite ist »im Westen«. An dieser Stelle geht die Verbindung Krieg und Glauben über zur Verbindung von Krieg und »Holz«. Auch im *Leben meiner Mutter* erzählt Graf »jene unvergeßliche kleine Episode, bei welcher ich viel nützliches Mißtrauen gewann und den meisten Respekt verlor«, wie er in einem Aufsatz über den bayerischen Humor in der Sammlung *An manchen Tagen* (1961) schreibt.

Vater Max ließ sich von seinem Sohn oft den Inhalt eines Buches erzählen, das der gerade ausgelesen hatte. Nach einem begeisterten Bericht über die Feldherren Tilly und Wallenstein winkte der Vater jedoch zur Verblüffung seines Sohnes nur ab. Die Geschichte sei ganz anders gewesen: Die Parteien hätten nur deshalb Krieg geführt, weil sie sich gegenseitig das »Holz« streitig machten. Diese einfache Erklärung hat dem jungen Oskar zwar nicht gefallen, aber er mußte später einsehen, daß sie sich immer wieder bestätigte: Es ging noch bei jedem Krieg nur ums »Holz« – »Es hat nur jedesmal einen anderen Namen gehabt ...«.

Lindenallee nach Aufkirchen

Oskar und seine Mutter sind aus dem Gottesdienst in Aufkirchen gekommen, wo der Pfarrer unter den Namen der Gefallenen auch den des Bruders Max vorgelesen hat. Sie gehen die alte Lindenallee entlang, den »Hügelkammweg«, von wo aus es einen schönen Blick auf die Landschaft (und das »Kastenjakl«-Schlößl) gibt: »Von hier aus sah man über die hängenden Felder, hinunter nach Oberberg. Friedlich lag das sommerlich umgrünte Dorf da. Lieblich schimmerte tiefer der blaue See. Oft und oft mußte die Mutter stehen bleiben.« Sie verschnauft, blickt auf die gemähten Felder und fragt: »›Muß denn jetzt der Krieg sein?‹« Und Oskar antwortet: »›Er muß nicht! Keiner will ihn, aber das ist ja das Sonderbare – keiner macht was dagegen‹ (...). Doch das schien sie nicht zu begreifen.«

Die Lindenallee, der Rest der alten Straße nach Wolfratshausen, führt zum Wallfahrtsort Aufkirchen. Gleich am Eingang wartet das neue Denkmal für Oskar Maria Graf von Max Wagner (1994); unweit davon befinden sich das alte Schulhaus, Schauplatz der ausführlichen Geschichte vom »Lehrer Männer« (1949), und die neuere »Oskar Maria Graf Volksschule Aufkirchen«. Gleich neben dem alten Schulhaus steht die Kirche

St. Mariae Himmelfahrt, ein spätgotischer Bau, 1500 geweiht und innen frühbarock umgestaltet. Den Streich der *Dorfbanditen* in dieser Kirche »Anläßlich der ewigen Anbetung« gesteht Graf auf zwei Seiten; aus Rache dafür, daß sie im Glockenhaus nicht mehr läuten und Unsinn machen durften, schütteten sie Tinte ins Weihwasser und bekreuzigten sich damit zur Vorsicht selbst. Es kam nie auf.

Max Radler, Holzschnittvignette zu O.M. Grafs »Dorfbanditen«, 1930

Auf dem Friedhof sind im Familiengrab all diejenigen begraben, die direkt zum Bäck-Haus in Berg gehörten. So Oskar Maria Grafs Eltern Max und Therese, die Großeltern Lorenz und Anna Maria neben Crescentia wohl einer Schwester von Lorenz und dem Kastenjakl, Bruder Max, die Schwestern Emma und Therese und auch Grafs erste Frau Karoline Bretting. Nebenan, im Übergang zum neuen Friedhof mit dem Grab von Maurus Graf, liegen drei Opfer des Todesmarsches aus dem KZ Dachau vom 29. April 1945 bestattet. Gegenüber, im Gasthof zur Post, starb der Kastenjakl. Sein Grab ist verschwunden.

Aufhausen

Zum Heimrath-Hof nach Aufhausen geht es an der Autostraße entlang. Eine Erinnerung an den Todesmarsch der KZ-Häftlinge ist das Denkmal von Hubertus von Pilgrim direkt neben der Straße. Der mehrere hundert Jahre alte Hof in Aufhausen ist das Geburtshaus von Therese Heimrath, der Mutter des »Provinzschriftstellers«. Dem heutigen Besitzer, dem Bildhauer und

Restaurator Joachim Böhm, ist es zu verdanken, daß der Hof nicht der Sanierungswut in den sechziger und siebziger Jahren zum Opfer fiel. Im Garten steht seit 1973 ein Backofen, der an den historischen, von Graf im *Leben meiner Mutter* erwähnten Backofen erinnert, der wiederum einst auf der gegenüberliegenden Straßenseite stand. Hier buk die Heimrath-Resl schon lange, bevor sie Bäckin in Berg wurde, das Brot für die fünfzehn Menschen auf dem großen Hof.

Abschied

Die Welt der Heimraths war enger als die der Grafs: der Kirchgang nach Aufkirchen; ab und an einmal nach Berg und Leoni; nach Starnberg, Wolfratshausen oder gar München beinahe nie. Die Heirat bildete daher für die Heimrath-Resl nicht nur eine zeitliche Zäsur in ihrem Leben, sondern bedeutete für sie viel mehr den endgültigen Abschied von ihrer bisherigen Welt. Als der Bräutigam Max sie in Aufhausen abholte, weinte die Resl »fassungslos« und konnte erst in der Hochzeitsnacht etwas lachen, als sie mit ihrem Mann im Bett laut krachend »durchbrach«. Später, bei ihrem letzten Besuch auf dem Heimrath-Hof, sieht sich die Resl noch einmal alles an,

(...) was ihr von Kind auf so vertraut gewesen war: die Stube mit dem Tisch und der umherlaufenden Holzbank an den vier Wänden, die tickende Pendeluhr, die paar Spinnräder, den mächtigen Kachelofen und das angeschwärzte Kruzifix mit den zwei Heiligenbildern, dann – im Hinausgehen – die verrußte Kuchl mit dem großen Herd, den Pfannen und Schüsseln im Holzrahmen, den Milchkübeln am Boden, den paar Bänken, Stühlen und dem besudelten Tisch. Es war, als nähme sie erst jetzt endgültig Abschied von all dem.

Von ihrem Sohn Oskar gibt es auch solch einen Abschiedsblick. Nach der furchtbaren Mißhandlung durch seinen Bruder Max entschließt er sich 1911 zur Flucht nach München. Es ist ein

Abschied vom Ort ebenso wie von der Kindheit. Wie er in *Wir sind Gefangene* schreibt, nimmt er den Weg hinter dem Geburtshaus ins Etztal hinunter zum Dampfersteg und begegnet seiner Schwester Nanndl, die ihn nur fragt, ob er jetzt gehe.

Ich nickte bloß und sah sie schmerzlich an. Noch lange winkte sie mir. (...) Ich schaute noch einmal über die Pferdeweide, die inmitten des Talkessels lag, erinnerte mich an alles, an das Schießen, Indianerspielen, Zerstören und Pferdejagen und mir wurde jämmerlich weich zumute. Aber zwischen diese Gedanken rannen andere von der Stadt, von der Zukunft, alles unklar durcheinander. Ich schluckte fest und ging entschlossener weiter.

Ihm blieben die Sprache und die Erinnerung. Die Heimat wurde fremd, die Fremde keine Heimat mehr.

Leoni und die Rottmannshöhe

Villen, Hotels und Literaten: Friedrich Wilhelm Hackländer – Michael Georg Conrad – Hanns Johst

Villa Leoni

»Am linken Ufer des Sees liegt eine Leoni, kurz genannt Leoni.« Dieser Satz von Karl Valentin aus seinem Monolog »Neues vom Starnberger See« (1938) klingt nur beim ersten Hören absurd. Tatsächlich hat der Name Leoni am Starnberger See mehrere Bedeutungen: Er war ein Familienname, wurde ein Ortsname und von dort ein Schiffsname. Valentin kombiniert in seinem Satz diese verschiedenen Bedeutungen und bringt damit die großen Veränderungen der Seegegend im 19. Jahrhundert auf einen konkreten und prägnanten Begriff.

Leoni hieß zunächst Assenbuch. Hier ließ sich der bayerische Staatsrat Franz von Krenner 1810 die erste klassizistische Villa am See erbauen. Auf dem berühmten Gemälde »Ostufer des Starnberger Sees« (1813) von Max Joseph Wagenbauer im Münchener Lenbachhaus ist die Villa mit einem Landungssteg zu erkennen, an dem ein kleines Segelboot liegt. Krenner vermachte seine Villa dem italienischen Sänger Giuseppe Leoni. »Wie mancher Sänger und Dichter wünscht sich wohl einen solchen Staatsrath zum Freunde!«, kommentiert Ludwig Steub 1860 in seinem Buch *Das bayerische Hochland* dieses folgenreiche Vermächtnis zu Recht und fährt fort:

Der wackere Leoni liebte es aber, was sich bei italienischen Sängern nicht selten findet, in seinen Mußestunden vor dem Herde zu stehen und das

Innere der Kochkunst zu studieren (...) – und auf diese Weise kam er (...) allmählig dazu, die feinsten Geheimnisse zu erfürwitzen, so daß, wie manche Journale nur für Fürsten, Diplomaten und Staatsmänner schreiben, auch er nur für solche höhere Naturen kochen wollte. Die Münchner Vornehmheit, die Diplomaten, Staatsmänner und alle jene, welche als Feinschmecker mit Recht berühmt waren, wußten hier nicht allein einen geistreichen Menschen, sondern, was ihnen wohl bedeutender schien, auch einen guten Koch zu treffen und erhoben durch ihren zahlreichen Besuch das Häuschen bald zum elegantesten Orte an dem fünf Stunden langen See.

Die vornehmen Gäste kamen seit 1825 zu Giuseppe Leoni und seiner Frau Rosina in das zum Restaurant und zur Pension umgebaute Haus, und die Fahrt der Gourmets nach »Leonihausen« oder kürzer »zum Leoni« gab dem Ort nach und nach seinen neuen Namen.

Adolph von Schaden hat 1832 die »allerliebste, im italienischen Geschmacke angelegte und mit einem bedeckten Balkone versehene Villa«, die zudem »mit englischen Parthien« umgeben war, näher beschrieben:

Das Innere der Villa ist höchst geschmackvoll eingerichtet und hat mehr Raum, als der Schein hoffen läßt. Im Erdgeschoße befindet sich der freundliche Speise= und in der Belle=Etage der Konversationssaal und etliche Gastzimmer. Aus dem Konversationssaale tritt man auf den sehr geräumigen Balkon, von welchem aus man der herrlichsten Aussicht genießt, und mit Herrn Leoni's trefflichem Fernrohre selbst in dem weit entlegenen Gebirge Gegenstände unterscheiden kann.

König Ludwig I. habe bei seinem Besuch im gleichen Jahr die Wahl des Platzes und die schöne Aussicht besonders gelobt. Tatsächlich, so bestätigt der Autor, sei »das Lust=Haus (...) so vortheilhaft situirt«, daß nahezu alle Ufer von dort zu überschauen wären. Schließlich geht die Beschreibung in einen veritablen Werbetext über, den sogar ein Vierzeiler krönt:

Man findet in Leonihausen *schöne Zimmer, herrliche Betten und eine Bedienung, welche nichts zu wünschen übrig läßt; bei günstiger Witterung versammelt sich hier viele Gesellschaft aus den gebildeten Ständen der Haupt= und Residenzstadt* München*; es wird* table d'hôte *gespeist, und Madame* Leoni *sucht als Köchin ihres Gleichen; überhaupt fühlt man sich in* Leonihausen *bald heimisch, und man glaubt nicht in einem Gasthause, sondern im Zirkel einer befreundeten Familie zu leben. Herr* Leoni *überreicht den Fremden Karten, auf welchen die Villa, in Kupfer ausgeführt, dargestellt ist und die Worte zu lesen sind: ›Erfrischung; Aufenthalt mit Freundlichkeit gepaart; / Ein unbeschränktes Thun, nach Jedens eigner Art; / Und den Naturgenuß vom schönsten Standpunkt aus – / Erbiethet, sonder Zier, dieß freundlich=kleine Haus.‹*

Ludwig Steub kennt die weitere Entwicklung: »Und so blühte es manche Jahre, wurde allerdings immer demokratischer, artete zuletzt soweit aus, daß es seine Hallen sogar dem gewöhnlichen Publikum öffnete, bis Leoni starb, worauf seine Wittwe die Wirtschaft fortführte bis auf den heutigen Tag. Das Häuschen sieht noch immer vielen Besuch bei sich, obwohl manche schätzbare Tradition aus der guten alten Zeit verloren sein soll.« Das »Häuschen« wurde in den achtziger Jahren durch den Neubau des großen Seehotels ersetzt, das um 1900 Oskar Strauch und seine Frau Anna führten, die Paten der beiden jüngsten Kinder des Bäckers Graf aus Berg.

Die erste Villa Himbsel und der Hack

Unweit der Villa Leoni baute 1827 der kgl. Baurat Johann Ulrich Himbsel (1787–1860) sein erstes Landhaus; zusammen mit dem Garten und einer Steinterrasse am Ufer galt das Ensemble als »englisches Paradieß« (von Schaden). Das Haus ist heute weitgehend ursprünglich erhalten; nur der große gußeiserne Balkon kam Ende des 19. Jahrhunderts dazu. Als Himbsel

»Starnbergersee. Drahtseilbahn. Leoni-Rottmannshöhe mit Gebirgspanorama«. Ansichtskarte, um 1910

1842 in sein nebenan erbautes, weitaus größeres Landhaus »Seeheim« umzog, vermietete er das kleine Haus zeitweise an seinen Freund, den Maler Wilhelm von Kaulbach. Sechs Jahre nach Himbsels Tod kaufte 1866 der Erfolgsschriftsteller Friedrich Wilhelm (seit 1860 Ritter von) Hackländer (1816–1877) aus Stuttgart das Haus als Sommersitz; hier ist er auch gestorben.

»Der Hack«, wie er kurz genannt wurde, war nach den Worten von Theodor Heuss, der ihm 1948 eine seiner *Schattenbeschwörungen* widmete, schon Ende des letzten Jahrhunderts »ziemlich vieux jeu« und ist heute völlig vergessen. Einspruch dagegen könnte allenfalls Arno Schmidt einlegen, der im 8. Bild seiner »MärchenPosse« *Abend mit Goldrand* (1975) seine Figuren ausführlich über das »Plumpsal verblichener Worte« Hackländers diskutieren und für Schmidt unvermeidliche, aber dennoch erstaunliche Parallelen zu James Joyce und Karl May ziehen läßt.

Aus ärmlichen Verhältnissen im Rheinland stammend, hatte sich Hackländer in Stuttgart zu einem erfolgreichen Unterhaltungsschriftsteller emporgearbeitet, der mit dem von ihm geschaffenen Genre der »harmlosen Militärhumoreske« (Heuss) pointiert einen Nerv der Zeit traf. Der geradezu industriell produzierende Autor brachte es zu Lebzeiten auf sechzig Bände, von denen am ehesten noch die als Parodie auf *Onkel Tom's Hütte* gedachten vier Bände *Europäisches Sclavenleben* (1854) zu erwähnen sind. Der »Hack« avancierte schon 1843 zum Hofrat, Sekretär und Reisebegleiter des Kronprinzen Karl von Württemberg. Nach seiner Entlassung 1849 war er Kriegsberichterstatter, dann Bau- und Gartendirektor in Stuttgart. Den Publikumsgeschmack traf Hackländer besonders mit den beiden von ihm begründeten Zeitschriften »Hausblätter« (1855–1867) und »Über Land und Meer« (1857–1923), letztere erschien im Verlag von Eduard Hallberger in Stuttgart. Den Starnberger See als Kulisse bemüht Hackländers 1872 ebenfalls bei Hallberger erschienener ausschweifender Künstlerroman *Der Sturmvogel*; die vier Bände sind König Ludwig II. gewidmet.

Die zweite Villa Himbsel und Carl Rottmann

Hackländer erwarb 1866 sein Haus in Leoni von der Witwe des Augsburger Baumwollfabrikanten Hugo Frommel, der 1865 auch die zweite Himbsel-Villa, das »Landhaus Seeheim«, gekauft hatte, das von nun an seinen Namen trug. Vorbei waren die Zeiten, da in Himbsels gastfreundlichem Haus die ›besseren‹ Künstler Münchens zu Besuch kamen, rauschende Feste feierten und das Haus im großen Stil mit ihren Werken schmückten. So hatte Wilhelm von Kaulbach dem Haus auf der Seeseite ein imponierendes Gesicht gegeben: Johannes, der Namenspatron des ersten Hausherrn Himbsel, steht im härenen Gewand mit der Fahne, auf der die Buchstaben »E[cce] A[gnus] D[ei]« zu lesen sind, vor einer stilisierten Seelandschaft; links schützt der hl. Florian das aufgemalte Haus; rechts hütet der hl. Leonhard die Tiere und unten betet die hl. Ottilie, Namenspatronin der einstigen Hausherrin. Auf der Südseite, von der Straße nicht einsehbar, malte Kaulbach noch eine Madonna, Christus mit Jüngern und einige kluge und törichte Jungfrauen. Im Inneren des Hauses führte Clemens Zimmermann großformatig den Zyklus der vier Jahreszeiten aus; Carl August Lebschée und Carl Rottmann ergänzten dazu die Tageszeiten mit Bildern über den Türen. Unter den dargestellten Figuren sind auch Franz Graf Pocci und Moritz von Schwind zu erkennen.

Wenige Jahre vor seinem Tod rief Johann Ulrich Himbsel auch noch eine Stiftung ins Leben, die 1856 den alten Wallfahrtsweg von Leoni nach Aufkirchen mit 14 Kreuzwegstationen aufwertete. Die erste Station steht genau vor dem Kastenjakl-Schlößl, noch oberhalb der vom See aus sichtbaren Station, die dem hl. Jakob, dem Patron der Pilger, gewidmet ist. Im Park der Villa »Seeheim« haben sich noch eine hölzerne Kapelle und ein Probebau für die Kreuzwegstationen erhalten.

Die Rottmannshöhe

Von Himbsels zweitem, künstlerisch so gastfreundlichen Haus als würdigem Nachfolger der Villa Leoni ging die wichtige Benennung des Höhenzugs oberhalb des Ortes zur »Rottmannshöhe« aus. Der Maler Carl Rottmann (1797–1850) war unter König Ludwig I. der Erfinder der ›heroischen‹ Landschaft geworden; sein Bild »Der Eibsee« (1825) begründete eine eigene, funktionale Landschafts-Tradition. Seine italienischen Arkadenfresken (1823–1833) im Hofgarten und der Griechenlandzyklus der ehemaligen Neuen Pinakothek (1838–1850) ergänzten das städtebauliche und architektonische Programm der ›Kunststadt‹ München als ›Isar-Athen‹ nachdrücklich. Rottmanns Name war bald so sehr ein Begriff, daß ein strahlend blauer Himmel über München noch bis in unsere Tage als »Rottmann-Himmel« gepriesen wurde.

Während seiner Besuche in Leoni hatte Rottmann immer wieder die Anhöhe aufgesucht und die Aussicht von einem erklärten Lieblingsplatz aus als die schönste am See gelobt. Rottmanns Enkelin erinnert sich, wie ihr Großvater seine Entdeckung noch in der alten Villa Leoni bekanntgab:

Entzückt kehrte er heim und erzählte bei Tisch von dem neu entdeckten Aussichtspunkt. Gegen Abend führte er die ganze Gesellschaft hinauf. Auf dem Weg dahin sollte niemand reden noch aufschauen, bis Großvater ›Jetzt‹ riefe. Alles brach in Bewunderung aus beim Anblick der Landschaft in der prächtigsten Abendbeleuchtung und Großvater rief: ›Ich habe viel großartigere Gegenden gesehen im Leben, aber eine lieblichere kenne ich nicht‹, anderntags ließ er eine Holzbank auf dem Aussichtspunkt aufstellen.

Was lag also näher, als den Lieblingsplatz des prominentesten Landschaftsmalers seiner Zeit im Jahr nach seinem Tod durch ein Denkmal mit Inschrifttafel und Ruhebank zu würdigen und den Höhenzug oberhalb von Leoni durch den Namen »Rottmannshöhe« aufzuwerten?

Der neue Name fiel zusammen mit dem Beginn der neuen Zeit am See, die der Kunstfreund Himbsel durch das erste Dampfschiff 1851 und den Bau der Eisenbahn nach Starnberg 1854 einläutete. Genau zwanzig Jahre später begann die Rottmannshöhe endgültig zum Begriff zu werden durch ein imponierendes palastartiges Hotel, das nicht nur den Namen Rottmannshöhe übernahm, sondern auch das Denkmal am Fuß der Freitreppe in den Garten wirkungsvoll zur Geltung brachte. (Heute steht das Denkmal, seiner Inschrifttafel beraubt, deplaziert unter den Bäumen neben der Auffahrtsstraße.)

Literaten im Hotel

Die Rolle des Künstler- und Literatentreffs übernahm nun, nach der Villa Leoni und der Villa Himbsel, das neue Hotel. Der Schriftsteller Michael Georg Conrad, als Herausgeber der Zeitschrift »Die Gesellschaft« der seinerzeit maßgebliche Naturalist

»Hôtel Rottmannshöhe«, Ansichtskarte, um 1910

in München, erinnert sich 1912 im Gedenkband für den zwei Jahre vorher verstorbenen Dichter Otto Julius Bierbaum an die erste Begegnung mit dem Freund:

Es war auf der Rottmannshöhe, dem freiesten Aussichtspunkt am Starnberger See. Ein ehemaliger Chorist vom Gärtnertheater in München, der menschenfreundliche Herr [Anton] *Kisser, hat den schönen Waldgipfel mit Terrassen, Parkanlagen und einem großen Gasthaus gekrönt. Hier weilte ich in den Jahren 1890 bis 1892 zur Sommer= und Herbstfrische mit Weib und Kind. Ich empfing viel Besuch aus dem literarischen und künstlerischen München – und eines Tage brachte* [der Dramatiker und Experte des Münchner Kaffeehauslebens] *Julius Schaumberger den Otto Julius mit.*

Doch der Künstler-Trubel im Hotel verhindert das erste Gespräch: »Bei unserer ersten persönlichen Begegnung kam es zu keiner intimeren Aussprache. Die Unruhe war zu groß. Eine Menge Bekannter hatte sich ein Stelldichein gegeben, der Zurufe war kein Ende.« Erst bei einem späteren Besuch kommen sich Conrad und Bierbaum auf einem Spaziergang in den Park von Schloß Berg näher.

Conrad nennt sodann einige Werke, die trotz der lebhaften Stimmung auf der Rottmannshöhe entstanden oder hier bearbeitet wurden. Es sind zwar weitgehend vergessene Titel und Namen, sie gehören aber zu einer literarischen Übergangszeit mit ihrer eigenen Atmosphäre. Da ist Conrads eigener dreibändiger Roman *Die klugen Jungfrauen* (1889) aus seinem »Münchener Roman-Cyklus«; zu ergänzen wäre sein »Königsroman« *Majestät* (1902) zum Schicksal Ludwigs II. Professor Gustav Floerke sah seine Erinnerungen an den Maler Arnold Böcklin (1901) durch, und der Dichter Hans Hopfen beendete ein Stück, »das ihm 1888 den persönlichen Adel durch den bayerischen Kron=Orden eintrug.«

Conrads Blick geht sodann in die nähere und weitere Umgebung: »Zwischen Rottmannshöhe und Dorf Aufkirchen saß der Kammersänger Eugen Gura in seinem reichen Künstlerheim, zeichnete, malte und dichtete an seinen Lebensblättern«. Die um 1900 entstandene »Villa Gura« des renommierten Kammer- und Wagner-Sängers Eugen Gura (1842–1906) mit dem markanten Turm hat sich auf der Maxhöhe 17 bis heute erhalten. »Von seinem Turm aus konnte er [= Gura] über den See nach Deixlfurt [über Tutzing] blicken, der landwirtschaftlichen Besitzung seines Kollegen Heinrich Vogl.« Heute wohnt auf der Maxhöhe ein lyrischer Bariton von Weltrang, der 1925 in Berlin geborene Dietrich Fischer-Dieskau. In seiner Nachbarschaft lebten wiederum der Schauspieler Heinz Rühmann (1902–1994) und lange vorher der Münchener Kabarettist Fred Endrikat (1890–1942).

Noch einmal Conrad: »Näher am See, unfern der Stelle, wo später der Bismarckturm errichtet wurde, einsiedelte die große Tragödin Klara Ziegler [1844–1909] und verfaßte kleine Erzählungen und Bühnenspiele.« Diese ›Einsiedelei‹ mit großem Park mußte inzwischen einem Neubau weichen; immerhin erinnert der »Zieglerweg« in Allmannshausen an die einst prominente Bewohnerin des Ortes. Die Titel der Schriften Klara Zieglers sprechen für sich: das Lustspiel *Flirten* (1895) und der Schwank *Furcht vor der Schwiegermutter* (1897).

Bismarckturm

Eine künstlerisch fragwürdige Attraktion ist der Bismarck-Turm, der schon seit 1890 auf Anregung des Malers (und eifrigen Bismarck-Portraitisten) Franz von Lenbach geplant war. Nach einem Entwurf des Architekten Theodor Fischer sowie mit Relieffiguren des Bildhauers Joseph Floßmann wurde der Turm 1899 bei Assenhausen errichtet. Das insbrünstig patriotisch gedachte Denkmal für den im Vorjahr verstorbenen Reichsgründer und Münchener Ehrenbürger Otto Fürst von Bismarck nötigte der Seelandschaft an einer ihrer schönsten Stellen den Bismarck-Kult geradezu gewaltsam auf:

*Protzenhaft und so, als stieße es gleichsam mit den derben, eckigen Ellenbogen seines Quadersockels die kunstvoll angelegten Zedern rundherum beiseite, so stand es da. Gewaltsam, drohend und unschön wirkte es in der friedvollen Landschaft. (*Das Leben meiner Mutter*)*

So erlebte es Oskar Maria Graf um 1919 bei einem Spaziergang mit seiner Mutter und seiner zweiten Frau Mirjam. Die im Jugendstil gehaltenen Relieffiguren geben der inszenierten Verbindung von germanischen Allegorien mit auf Bismarcks Leben bezogenen Symbolen einen kleinen Charme; doch der preußische Adler mit den offenen Schwingen auf dem fensterlosen und nicht begehbaren Turm wirkt wie das Ensemble selbst deplaziert; wenigstens ist der Baumbestand um das Denkmal mittlerweile so üppig, daß darin das Denkmal ebenso wie die erwartet schöne Aussicht verschwinden.

Hanns Johst

Nahe dem Bismarck-Denkmal in Oberallmannshausen wohnte seit 1918 der Lyriker, Erzähler und Dramatiker Hanns Johst (1890–1978), seit 1936 in der eigenen Villa am Zieglerweg 15. Johsts Werdegang vom ekstatischen Expressionisten zum »nationalsozialistische(n) Hof-Literat(en)« (Thomas Mann) und Präsidenten der Reichsschrifttumskammer (1935–1945) zeigt auf beispielhafte Weise, wie literarisches Mittelmaß und ideologischer Wahn eine menschenverachtende Geistfeindlichkeit zum Programm und zur Institution machen konnten. Die noch kaum untersuchte Figur des politischen Funktionärs als Totengräber von Literatur und Kultur in den totalitären Systemen des 20. Jahrhunderts fand in Johst einen ihrer einflußreichsten Vertreter.

Johsts Lebensweg markieren literarische Abgrenzungen. Gegen das Grabbe-Drama *Der Einsame. Ein Menschenuntergang* (1917) stellte Bertolt Brecht (1898–1956) sein Drama *Baal* (1920). Thomas Mann, der Anfang der zwanziger Jahre den jungen Johst mehrmals brieflich seiner herzlichen literarischen Zuneigung versichert hatte, sollte auf Wunsch des Literaturfunktionärs im Herbst 1933 im KZ Dachau interniert werden. Das war die geplante Entgegnung auf die wirkungsvolle Nazi-Kritik der von Klaus Mann in Amsterdam herausgegebenen Monatsschrift »Die Sammlung«. Johst half zwar dem anfänglichen Nazi-Sympathisanten Gottfried Benn zwischen 1934 und 1938, als Kampagnen gegen ihn angestrengt wurden, doch sah Johst in der ambivalenten Haltung des nihilistischen Dandys Benn vermutlich eher eine Parallele zu der tödlichen Kulturkritik, die in Johsts Propaganda-Drama *Schlageter* (1933) die Figur des geist- und politikfeindlichen Friedrich Thiemann äußert: »›Wenn ich Kultur höre … entsichere ich meinen Browning!‹«. Die Vernichtungspolitik der Nazis sah sich durch solche Sätze ›künstlerisch‹ gerechtfertigt; Hanns Johst unterstützte als literarischer Schreibtischtäter die Politik des Völkermords.

Mit der Drahtseilbahn ins Sanatorium

Während sich das Hotel Rottmannshöhe zwischen 1875 und 1900 zu einem neuen literarisch-künstlerischen Treffpunkt entwickelte, verwandelte sich unten am Dampfersteg die ehemalige Villa Leoni in ein neues »Seehotel«. Und es kam noch besser. Im Sommer 1896 erhielten der Seehotelbesitzer Oskar Strauch und der neue Besitzer des Hotels Rottmannshöhe, Joseph Sigl, die Konzession zum Betrieb einer Drahtseilbahn auf die Rottmannshöhe. Die 85 Höhenmeter wurden auf einer 856 Meter langen Schienenstrecke den Hang hinauf und, nach einem Bogen, geradeaus durch den Wald in neun Minuten überwunden; auf halber Strecke gab es eine Ausweichstelle. Laut Oskar Maria Grafs Erzählung *Das Leben meiner Mutter* war »der alte Spekulant Siegl« nun ganz in seinem Element und sagte hoffnungsvoll, »indem er mit Daumen und Zeigefinger die Nase zusammenzwickte und wohlig zu schnuppern begann, ›die, die jetzt daherkommen, das sind die Meinigen! Die Luft riecht jetzt immer so gut! Ein ganz besondrer Geruch ist das! Ich riech' den Profit!‹«

Das Hotel Rottmannshöhe wurde 1903, wie Oskar Maria Graf weiter schreibt, in ein »Sanatorium für Nervenkranke« umgewandelt, dessen leitender Arzt Dr. Matzen angeblich eine »ganz neuartige Diätkur« verschrieb: »›Der ist der Dümmste noch lang nicht‹, sagten die Bauern von diesem schlauen Doktor, wenn die schwerreichen Damen und verfetteten Herren aus aller Welt zu ihm kamen. Schon im ersten Sommer hatte er keinen einzigen Raum mehr frei.«

Doch die Verbindung Leoni-Rottmannshöhe zahlte sich nicht so aus wie erwartet. Die Bahn, deren Dampfmaschine mit dem billigen Torf aus dem Vilz bei Höhenrain betrieben wurde, erreichte nie die Fahrgastzahlen vergleichbarer Bahnen etwa in der Schweiz; 1919 wurde die Anlage abgebrochen. Von der Bahn hat sich der »Seilbahnweg« mit der alten Trasse durch den Wald erhalten, und am »Waldcafé« vor dem ehemaligen

Hotel prangt ein Preisschild mit den alten Fahrpreisen der Drahtseilbahn. Das alte »Seehotel« unten in Leoni mit seinen zwei romantischen Türmen mußte 1977 einem flachdachigen Neubau weichen.

Prophetischer Rückblick

Auf eine merkwürdige, fast schon prophetische Weise kombiniert Friedrich Wilhelm Hackländer in seiner »Künstlergeschichte« *Der Tannhäuser* (1860) zwei Motive, die das alte (künstlerische) Leoni mit der neuen (therapeutischen) Rottmannshöhe verbinden. Hintergrund der Geschichte ist ein Künstlerfest, das zu Ehren Rottmanns am 23. September 1858 am Ende einer fröhlichen Wallfahrt nach Leoni auf der Höhe stattfand. Dem Helden der Geschichte, einem gemütskranken Künstler, verhilft das Fest zu einem neuen Aufschwung:

Hier in Leoni, und zwar in dem Hause dort am Landungsplatz – es hat eine hellgelbe Farbe mit grünen Läden und liegt so heimlich versteckt – wohnte jener junge Mann, den man vor kurzem, als er von einer schweren Krankheit kaum hergestellt war, hierher gebracht hatte, damit er hier in dieser herrlichen Natur seine völlige Genesung finde.

Das lange erwartete »Wunder« der Rückkehr seiner künstlerischen Kraft tritt ein bei dem Künstlerfest auf der Rottmannshöhe:

Ein Arm schiebt sich in den unsrigen und wir ziehen nach dem schönsten Platz der Rottmannshöhe (...). Es war das ein Platz, von dem aus man hätte der weiten Landschaft predigen können, die sich in so malerischer Schönheit wie aufmerksam und aufhorchend umher gruppierte.

Damit gibt Hackländer, wenn auch nur ironisch, noch ein drittes Stichwort vor, das religiöse, das für die Rottmannshöhe rein zeitlich das wichtigste werden sollte.

Jesuitische Exerzitien

Von 1920 bis 1940 und von 1944 bis 1964 war das ehemalige Hotel ein Exerzitienhaus der Jesuiten. Wie Oskar Maria Graf in seinem *Notizbuch eines Provinzschriftstellers 1932* erklärt, hatten die Jesuiten für ihre Exerzitien das gleiche praktische Prinzip wie einst der Arzt des Sanatoriums:

Exerzitien kann man machen, das heißt die Jesuiten gehen herum und halten die Leute wirkungsvoll zur Buße an. Du zahlst 12 oder 14 Mark, gehst zur Rottmannshöhe, mußt drei Tage fasten und beten und kannst gereinigt wieder abziehen. Das Geschäft blüht. Allerdings, wenn man meint, daß bei der Geistlichkeit kein Konkurrenzneid herumgeistert, irrt man. Die Jesuiten haben eine heizbare Kirche und man kann dort in den Stühlen sitzen. Kein Wunder, die umliegenden Bauern gehen lieber zur Rottmannshöhe als nach Aufkirchen in die eiskalte Pfarrkirche. Außerdem predigen die Jesuiten viel unterhaltsamer als der hochwürdige Herr Pfarrer. Der ärgert sich.

Die Kapelle war hinter dem Hotel durch den Umbau und die Zusammenlegung des Nebengebäudes mit dem Maschinenhaus der Drahtseilbahn entstanden. Im übrigen spielen die Jesuiten eine sehr zweifelhaft geldgierige Rolle in Grafs wichtigem politischen Dorfroman *Unruhe um einen Friedfertigen* (1947).

Ein Zeitzeuge

Ganz anders hat die Exerzitien ein Teilnehmer als Zeitzeuge erlebt. Der spätere Romanist und Gymnasiallehrer Johannes Heitzmann (geb. 1906) war im Sommer 1928, als Student und Hauslehrer in München, erstmals auf dem Weg zu den akademischen (und durch gute Verpflegung ausgezeichneten) Exerzitien auf der Rottmannshöhe. Schon die Anfahrt war besinnlich:

Wenn man mit einem der guten alten Raddampfer von Starnberg hinüberfuhr nach dem östlichen Ufer des Sees, erreichte man in zehn

Minuten Schloß Berg, nach weiteren zehn Minuten den kleinen Ort Leoni. An einem stillen Werktage und im Vorfrühling war es eine äußerst geruhsame und besinnliche Fahrt, voller Stimmung und Poesie. Kaum sichtbar stieg der Rauch, leicht sich kräuselnd, aus dem schlanken Schlot, ruhig und gleichmütig arbeitete drunten die mächtige Dampfmaschine, sanft klangen die Wellen an der eisernen Bordwand. Bald richtete sich der Bug des Schiffes auf den kuppelgekrönten Eckturm des ockerfarbenen Hotels ›Leoni‹, das man in der Zeit der ›Seehotels‹ und der ›Alpenrosen‹ hier errichtet hatte.

Gleich hinter dem Hotel führte ein steiler Fußpfad hinauf auf das Hochufer. Man gelangte nach zwanzig Minuten zur Rottmanshöhe, so benannt nach dem Landschaftsmaler Karl Rottmann, dem die Münchener Künstler hier ein Denkmal errichtet hatten. Der Baedeker von 1890 erwähnt ein einfaches Gasthaus, der von 1898 bereits ein mit Stern versehenes Hotel-Restaurant, zu dem eine inzwischen gebaute Drahtseilbahn von einem Kilometer Länge in großer Kurve hinaufführte. Doch schien sich das Restaurant so wenig rentiert zu haben wie die Bahn, denn letztere war nunmehr abgebaut, das Hotel aber in den Besitz der Jesuiten übergegangen, die in dieser stillen abgelegenen Gegend, inmitten des Alpenvorlandes, einen Ort der inneren Einkehr schufen. Man hatte seitwärts hinter dem alten Hause eine kleine Kapelle und einen schlichten einstöckigen Gästebau errichtet, das alte Hotel aber dominierte, ein schön proportioniertes, hohes Haus mit großen Fenstertüren und Balkons, von denen man eine herrliche Aussicht auf die weite Landschaft, den See und die Alpen hatte. Die Atmosphäre im Haus war – mutatis mutandis – ganz die eines Hotels aus der Zeit der Jahrhundertwende, denn das Mobiliar war zum großen Teil dasselbe – Betten, Waschtische, Sessel und Stühle. Vor dem großen Speisesaal im Erdgeschoß lag eine riesige verglaste Terrasse, die mit altmodischen Korbsesseln und Polsterbänken ausgestattet war und nach drei Seiten prachtvolle Aussicht bot. Man fühlte sich in eine längst vergangene Welt versetzt, eine Welt, die mir aus verblichener Unterhaltungsliteratur vertraut war und die ich liebte.

Wegen Personalmangels wurde das Exerzitienhaus Rottmannshöhe 1964 geschlossen, verpachtet und 1972 an den Bezirk Oberbayern verkauft. Es schien, als könne das alte Hotel bestenfalls noch als Filmkulisse dienen wie im Fall der *Lina Braake* (1974) von Bernhard Sinkel.

Der Plan, das mittlerweile ruinös gewordene und nach einem Mord endgültig in Verruf geratene Gebäude zu einem Zentrum für Sehbehinderte umzubauen, scheiterte 1975 am Einspruch der Nachbarn. Trotz anfangs heftiger Einwände konnte jedoch das folgende Projekt, in dem alten Haus eine Abteilung der Kinder- und Jugendpsychiatrie der Münchener Heckscher Klinik mit einer Sonderschule einzurichten, 1985 verwirklicht werden.

Unten in Leoni ging das erste Himbsel- und spätere Hackländer-Haus nach dem Tod des Schriftstellers 1877 in den Besitz des Münchener Papierfabrikdirektors Louis Weinmann über; der baute 1882 oberhalb der alten Villa das neue Haus Buchenried und ließ sich südlich davon 1903 nach einem Entwurf Theodor Fischers, des Architekten des Bismarck-Denkmals, ein jüdisches Mausoleum errichten. Nach Weinmanns Tod gehörten die beiden Häuser erst einer Erbengemeinschaft, dann einem Frankfurter Fabrikanten. Von einem Nürnberger Kaufmann erwarben 1928 Kurt Wolff, der einstige Verleger von Gustav Meyrinks *Golem*, und seine erste Frau Elisabeth die Häuser; dem Machtwechsel in Deutschland entzog sich Kurt Wolff nach der Scheidung von seiner Frau und der Liquidation seiner Verlage durch die Emigration Anfang März 1933.

Haus Buchenried und das Hackländer-Haus standen während der Nazizeit Lehrkräften zur Verfügung, die etwa zweihundert im nahen Hotel untergebrachte Kindergärtnerinnen ausbildeten. Nach dem Krieg scheiterte ein Versuch des Eigentümers, im Haus Buchenried ein Café einzurichten. Die Landeshauptstadt München konnte die Liegenschaft Leoni 1953 für die Volkshochschule erwerben, allerdings waren die alten Häuser erst drei Jahre später bezugsfertig. Der neue Anbau kam 1961 dazu. Seither ist Leoni wieder zu einem kulturellen Treffpunkt geworden, ganz ähnlich wie damals, als Giuseppe Leoni hier kochte, sang und lockte.

Ammerland

Zwischen der Hofmark Ammerland und dem Dorf Schwabing bei München bestand einmal eine wenig bekannte feudal-amouröse Verbindung. Das kleine Schwabinger Schloß Suresnes, 1715/17 erbaut für Franz von Wilhelm, den Kabinettssekretär des Kurfürsten Maximilian II. Emanuel, diente zwischen 1727 und 1741 dem Kölner Erzbischof Clemens August aller Wahrscheinlichkeit nach als Ort für heimliche Liebesabenteuer. Voraussetzung dafür war, daß Clemens August im Gegenzug Wilhelm sein Schloß Ammerland mit dem Recht zur Jagd, zum Fischen und zum Nutzen des Gartens überließ. Das Schloß war zwischen 1681 und 1685 von Albrecht Sigismund, dem Bischof von Freising und Regensburg, errichtet worden; es ging danach an den Kölner Erzbischof Joseph Clemens und von ihm an seinen Neffen und Nachfolger, den erwähnten Clemens August. Aus dem Besitz des Ministers Graf von Paumgarten kaufte das Schloß 1815 ein Schweizer namens Jerôme de Mayer.

Im Jahr darauf bot Schloß Ammerland einem politischen Flüchtling aus Frankreich Exil. Der spätere Graf Antoine-Marie Lavalette (1769–1830), Napoleons Generalpostmeister, zeigte sich bei der Rückkehr seines Kaisers von Elba in den hundert Tagen bis Waterloo als einer seiner treuesten Anhänger. Nach der Verbannung Napoleons auf St. Helena zum Tod verurteilt, konnte Lavalette einen Tag vor der Hinrichtung in den Kleidern seiner Frau aus dem Gefängnis fliehen. Über Belgien kam er nach Bayern, wo der Cousin seiner Frau, der Stiefsohn und Adoptivsohn Napoleons sowie Schwiegersohn von König Max I., Eugène de Beauharnais, im Jahr 1817 Landgraf von Leuchtenberg und Fürst von Eichstätt wurde. Inkognito lebte Lavalette ein Jahr auf

Schloß Ammerland, lobte die Schönheit der Seelandschaft, die Redlichkeit der Bauern, die Güte des Königs. Bald durfte er als freier Mann durch Bayern reisen, wurde 1821 begnadigt und kehrte nach Frankreich zurück. Golo Mann hat dieser »Episode aus napoleonischer Zeit« 1987 eine aufschlußreiche kleine Studie gewidmet.

König Ludwig I. kaufte das etwas heruntergekommene Schloß Ammerland 1841 dem kgl. Advokaten Lengriesser ab und vermachte es seinem Generalleutnant und Oberhofmeister der Königin Therese, Fabricius Evaristus Graf von Pocci.

Der Kasperl-Graf: Franz von Pocci

Der Vater des Kasperl-Grafen war 1781 aus seiner Geburtsstadt Viterbo als Page an den Hof des bayerischen Kurfürsten Karl Theodor gekommen und beendete eine steile Offizierskarriere als Generalleutnant. Die Hochzeit im Jahr 1806 mit Xaveria Franziska Karoline Baronin von Posch, Tochter des ehemaligen Gesandten an den Höfen von Berlin und Dresden, befestigte die erworbene hohe gesellschaftliche Stellung. Im Wohnhaus am Promenadeplatz 4 (heute Hotel »Bayerischer Hof«) kam 1807 der Sohn Franz zur Welt. Begabt mit dem lebhaften Temperament des Vaters und dem musischen Talent der Mutter, lebte Franz von Pocci zeitlebens im Widerstreit mit sich selbst; seine schnelle Auffassungsgabe und Begeisterungsfähigkeit verhinderte eine geduldige künstlerische Schulung. Sein Wesen, das er selbst als »zersplittert« bezeichnete, seine »zappelnde Ungeduld« (Dreyer), die sich schon früh zeigte und sich in vielen Formen ausdrückte, erscheint merkwürdig modern. Seine Fluchtversuche ins Mittelalter und in die Welt der Kinder, seine spöttischen Attacken als »Schnak von Ammerland« auf die höfische Gesellschaft ebenso wie auf den Beamten als »Staatshämorrhoidarius«, vor allem die närrischen Sprachspiele des Kasperl

Larifari sind vielleicht nicht so sehr Capricen eines liebenswerten Dilettanten als vielmehr Reaktionen auf eine allmählich untergehende Welt.

Pocci war als »Diener dreier Könige« – so der Titel der auf seinen Wunsch nach seinem Tod verbrannten Memoiren – direkter Zeuge des Auf und Ab der bayerischen Monarchie im 19. Jahrhundert. König Ludwig I. machte den Juristen nach dessen Studium in Landshut sowie einem Rechtspraktikum in Dachau und Starnberg 1830 zu seinem Zeremonienmeister. Während er das heikle Hofamt mit Loyalität und Diplomatie vertrat, wirkte seine körperliche Erscheinung wie die Karikatur dieses Amtes. Der lange magere Graf hätte als »Monsieur le Maigre« zudem eine vortreffliche Besetzung des Zeremonienmeisters in Georg Büchners Lustspiel *Leonce und Lena* (1838) abgeben können, einem Stück, das zum feudalistischen Ennui der Epoche Poccis einiges Erhellende beiträgt. 1847, im Jahr vor seiner Abdankung, erhob Ludwig I. Pocci noch zum Hofmusikintendanten; und König Max II. lud ihn zu seinen poetischen Symposien ein. Poccis dritter König, Ludwig II., ernannte bald nach seiner Thronbesteigung 1864 den mittlerweile auch zum Ehrendoktor der Universität München promovierten Pocci zum Hofkämmerer.

Pocci trat als Dichter, als Zeichner und als Komponist hervor. Der Dichter Pocci konnte satirisch spöttisch, christlich moralisch und tief melancholisch sein; der Zeichner strichelte sich, als verspäteter Romantiker, auf kaum noch zählbaren Blättern in ein Phantasieland mittelalterlicher Burgen zurück, illustrierte aber auch, neben anderen Werken wie etwa den Märchen Hans Christian Andersens und den *Alten und neuen Kinderliedern*, die eigenen Kasperl-Komödien und studierte, was weniger bekannt ist, als stiller, geduldiger Beobachter die verschiedenen Lichtstimmungen am Starnberger See. Der Erstling des Komponisten, der hinter dem Dichter bald zurücktrat, war das Lied »Wenn ich ein Vöglein wär'«.

Die zwei Seelen in seiner Brust sorgten bei Pocci auch für so unterschiedliche Freunde wie den Mineralogen und bayerischen Mundartpoeten Franz von Kobell und den Arzt und schwäbischen Dichter Justinus Kerner, der sich mit Parapsychologie beschäftigte und den Roman *Die Seherin von Prevorst* (1829) über die medialen Erscheinungen einer Frau aus seiner Umgebung schrieb. Pocci fand sich da in vertrautem Gebiet, wie er seinem Freund Kerner in einem Dankgedicht gestand:

Wir halten zu den Geistern,
Ihr Gruß ist uns bekannt;
Uns trägt ein kleines Schifflein
Ins unbekannte Land.

Die beiden wichtigsten Orte im Leben Poccis waren München und Ammerland. In München engagierte er sich in der »Gesellschaft für deutsche Altertumskunde zu den drei Schilden«, die 1838 in den Historischen Verein von Oberbayern aufging; ihr Mitglied Hans Freiherr von Aufseß gründete später das Germanische Nationalmuseum in Nürnberg. Pocci profilierte sich zudem als bissig karikierender »Pasquillant« in der Gesellschaft »Alt-England« und in der noch heute bestehenden Gesellschaft der »Zwanglosen«. Sein Spott machte vor ihm selbst nicht halt; die eigene »Selbstverhöhnung« erreicht, wie sich der Biograph Aloys Dreyer wundert, ein erstaunliches Maß. Am eindringlichsten wirkt dabei das berühmte Selbstporträt: Der Narr hält sich eine übergroße Gesichtsmaske des Grafen vor – also war auch der Graf nur eine Erscheinung des Narren. Von hier aus hatte der »Pasquillant« freie Bahn; dennoch verdarb Pocci es sich nie mit seinen königlichen Herren. Er bestätigte mit seinen Versen eine Welt, die er künstlerisch durchschaute und in Frage stellte.

An seinen zweiten Ort, auf Schloß Ammerland, zog sich Pocci während der Sommerferien ins Private und zum »Windfeiern« oder »Windhorchen« mit seiner Familie zurück. Aus der 1834 geschlossenen Ehe mit der Reichsgräfin Albertine Marschall auf

Burgholzhausen aus Wien gingen drei Kinder hervor, die Tochter Maria Elisabeth, der Sohn Friedrich Evarist und der Nachzügler August Carl Franz. In Ammerland war Pocci ein beliebter Gastgeber für Jagden in seinem Revier; das von ihm gestaltete Gästebuch gibt davon vielfach Kunde.

Die Welt der Kinder spielte für ihn schon früh eine große Rolle. Seit 1833 gestaltete Pocci als Illustrator und Texter zusammen mit Guido Görres, dem Sohn des katholischen Publizisten Joseph Görres, den »Festkalender in Bildern und Liedern geistlich und weltlich«. Die zahlreichen Folgen des Kalenders setzten wesentliche neue Akzente in der Jugendliteratur und hatten einen überragenden Erfolg. Die Biedermeier-Motive seiner Zeichnungen führte Ludwig Richter, der sich darin ausdrücklich auf Pocci beruft, später in großem Stil aus.

Lustiges
Komödienbüchlein
von
Franz Pocci.

München, 1859.
Verlag der J. J. Lentner'schen Buchhandlung.
(E. Stahl.)

Franz von Pocci, Titelvignette zum Lustigen Komödienbüchlein *(1859)*

Am freiesten wurde er in seinen Kasperlkomödien. Als sich der Puppenspieler Josef Leonhard Schmid (1821–1912), genannt Papa Schmid, 1858 mit der Frage an ihn wandte, ob er ihm Stücke für sein neues »Marionettentheater für Kinder« schreiben könne, ergriff Pocci die einmalige Gelegenheit zu einer Kombination aus Kinderspaß und Belehrung, fand er doch, wie er in seiner Antwort an Schmid vom 19. September 1858 schrieb, daß »eine etwa superfeine Sentimentalität ebenso schädlich auf die Gemüter wirkt als die Rohheit des Dultcasperl, dem ich aber stets als der aufmerksamste und theilnehmendste Zuschauer angehöre«. Der große Erfolg dieser Idee führte im Jahr 1900 zum Bau des Marionetten-Theaters an der Blumenstraße in München.

Poccis Kasperl Larifari ist eine Figur des Spiels, vor allem des Sprachspiels, das nicht mehr weit entfernt ist vom verdrehten Humor Karl Valentins. So ist »Kasperl als Porträtmaler« in dem »malerischen Lustspiel« von 1859 der »Nichtbusitzer einer Uhr« und sagt, sein Geburtsort liege »zwischen St. Niklas und Nimmermannstag, grad eine Viertelstund hinter dem ersten April.« Und früh Dadaistisches enthält im Stück »Kasperl unter den Wilden« (1859), freilich aus abwertender europäischer Sicht, der Gesang der Menschenfresser, die sich auf den Kasperl freuen: »Spißi, Spaßi, Kasperladi, / Hicki, Hacki, Karbonadi, / Trenschi, Transchi, Apetiti, / Fressi, Frassi, Fetti, Fitti.« Die Kasperlkomödien Poccis sind zwar für Kinder geschrieben; bei Stücken wie dem »Eulenschloß« (1871), einer Persiflage des Hofschranzentums oder »Der artesische Brunnen oder Kasperl bei den Leuwutschen« (1875), einer Satire auf die Bayern, die als »Leuwutschen« einen Maßkrug als Nationalheiligtum verehren und den Kasperl, in einer Mischung aus Mozarts *Zauberflöte* und Goethes *Faust*, in ihr Geheimnis einweihen wollen, ist aber auch an das Amüsement der großen Kinder gedacht.

Den Kasperlkomödien entgegen stehen die ernsthaften, christlich moralisierenden Dichtungen wie die Sammlung der *Herbstblätter* (1867). Obwohl modern »zersplittert«, war Franz von Pocci ein konservativer, rückwärtsgewandter Dichter. Walther von der Vogelweide stand ihm näher als Richard Wagner, über den er seinen Kasperl sagen läßt: »Was das wieder so ein schönes wässeriges Lied ist! Einzig! Als hätt's der Richard Wagner komponiert.« Seine letzte Publikation, das Bilderbuch mit Versen *Viola Tricolor* (1876), zeigt acht komische Szenen, in denen die Personen anstelle des Kopfes jeweils eine Stiefmütterchenblüte mit markanten ›menschlich naturalistischen‹ Zügen tragen. Diese verspielte Bilderfindung hielt Pocci bei einem humoristischen Vortrag als polemisches Argument der naturalistischen Malerei eines Gustav Courbet entgegen und nahm zugleich weitere moderne Tendenzen, die auch vor Schloß Ammerland nicht haltgemacht hatten, wie die Dampfschiffe und den Massentourismus, aufs Korn. Seinen Blütenfund hat er

(...) während meiner diesjährigen sommerlichen Einsamkeit gemacht (...) an dem – man kann wohl nicht mehr sagen ›stillen‹ Starnbergersee, jetzt schon von zwei Dampfschiffen durchfurcht, welche sogar auf die ruhebegehrlichen Renken, wie die der schmalzbestrichenen Glutpfanne des Fischmästers von Ambach gefaßt harrenden anderen Fische inkl. der Sieboldischen von störendstem Einflusse sind, abgesehen davon daß synagogische Beweglichkeit die idyllische Ruhe alteriert, und die friedlichen Völkerschlachten auf den langen Landungsstegen durch das Drängen und Wogen der Aussteigen-Wollenden und nicht Könnenden und der nicht Einsteigen-Könnenden aber Wollenden die Atome der niedrigsten Luft- und Duftschichte in nicht geringer Weise erschüttern, so daß der Denker und Forscher unter fächelnder Weide oder üppig dachender Buche in bedeutende Aufregung versetzt werden dürfte.

Franz von Pocci starb am 7. Mai 1876 in seinem Münchener Wohnhaus am Maximiliansplatz 5 (»Regina-Haus«). Er ruht im Familiengrab der Grafen Pocci an der Mauer der Münsinger Kirchenapsis. Die Pocci-Straße in München gibt es schon seit 1887; die Gedenktafel vom Geburtshaus am Promenadeplatz 4 befindet sich heute im Puppentheater-Museum. Franz Graf Poccis gleichnamiger Enkel (1870–1938) erwarb sich besondere Verdienste um die Neuausgabe und bibliographische Erfassung der Werke seines Großvaters; außerdem ordnete er das Ammerlander Pocci-Archiv.

Leider blieb es Poccis Nachlaß nicht erspart, unter seinen Urenkeln Hans Friedrich und Konrad geteilt zu werden. Eine Hälfte befindet sich heute in der Bayerischen Staatsbibliothek, die andere im Familienbesitz. Eine originelle Erscheinung war zuletzt Graf Konrad Pocci (1904–1985), der sich als Haflingerzüchter, Jazzschlagzeuger und Fußballschiedsrichter im Landkreis einen Namen machte und dafür bekannt war, daß er mit dem Unimog nach München ins Luxushotel fuhr; Hans Jürgen Syberberg hat 1967 mit seinem Film *Die Grafen Pocci. Einige Kapitel aus der Geschichte einer Familie* den buchstäblichen ›Verfall einer Familie‹ noch vor dem letzten Ende dokumentiert. Schloß Ammerland wurde verkauft und zu Eigentumswohnungen umgebaut.

Übrigens lebt nicht weit vom Schloß entfernt in Wimpasing ein adeliger Cartoonist und Autor, der, in seiner Art einzigartig, als moderner Kollege Poccis in Ammerland gesehen werden kann: Der 1923 geborene Vicco von Bülow, besser bekannt unter seinem Künstlernamen Loriot.

Die Kaiserin von Kalumina: Kadidja Wedekind

Kadidja Wedekind, die kongeniale Interpretin und streitbare Hüterin der Werke ihres Vaters, hatte als Schriftstellerin, Bühnen- und Drehbuchautorin auch einen eigenen Namen und schrieb schon mit zwanzig Jahren eines der schönsten und erfolgreichsten Jugendbücher ihrer Zeit über einen Kinderstaat in Ammerland. Weiter gab sie nicht nur die Anregung, sondern verfaßte auch das erste Drehbuch zu dem Film *Ludwig II.* (1954) in der Regie Helmut Käutners; und der Vorschlag, die Königsrolle mit dem Schauspieler O. W. Fischer zu besetzen, stammte ebenfalls von ihr.

Die nach Pamela (1906–1986) zweite Tochter des Dramatikers Frank Wedekind (1864–1918) und der Schauspielerin Tilly Newes (1886–1970) kam Anfang August 1911 im Haus an der Münchener Prinzregentenstraße 50/III zur Welt. Getauft wurde sie auf die Namen Epiphania (abgekürzt Fanny), Cadega (nach der Figur des Mädchens Kadidja di Santa Croce in der Tragödie *Die Büchse der Pandora*, 1902), Mathilde (nach der Taufpatin) und Franziska nach dem gleichnamigen neuen Stück des Vaters. Für die Mutter war das traute Familienleben kurz nach der Geburt »die glücklichste Zeit meines Lebens!«. Der Vater kümmerte sich intensiv um die körperliche und musische Erziehung seiner Töchter, sang und musizierte mit ihnen, gab ihnen Schauspielunterricht, lehrte sie rezitieren. Zu viert machten sie Ausflüge in die nähere Umgebung und in die Ferne wie 1917 an den Vierwaldstätter See auf den Spuren Wilhelm Tells. Wedekind las seinen Töchtern die Werke der Weltliteratur in illustrierten Ausgaben vor und erzählte mit Vorliebe vom Zeitalter der Französischen Revolution, besonders von Napoleon, dem zeitlebens auch Kadidjas große Verehrung gehörte.

Kadidja Wedekind, Carola I., Kaiserin von Kalumina. Eigenhändige Illustration in Kalumina *(1933)*

Anders als ihre Schwester Pamela war Kadidja anfangs noch zu jung, um im Kreis der Münchener Dichterkinder Erika und Klaus Mann die mehr oder minder ernsten Spiele mitzumachen – Pamela verlobte sich 1924 mit Klaus Mann, heiratete 1930 aber den Dramatiker Carl Sternheim, weil sie, wie Kadidja meinte, einen Vaterkomplex hatte. Sie selbst habe nach dem frühen Tod des Vaters und neben einer oft depressiven Mutter keine richtige Jugend gehabt. Sie mußte daher, wie sie sagte, ihre eigene Jugend nachholen, das Merkwürdige des Halb-Erwachsenseins noch einmal ganz bewußt erleben. Mit sechzehn Jahren gründete die glühende Napoleon-Verehrerin deshalb während der Sommerferien 1927 in Ammerland einen Kinder staat namens »Kalumina« und ließ sich von ihren Untergebenen zur Kaiserin krönen. In ihrem Buch *Kalumina. Der Roman eines Sommers* (1933) erweckt sie listig als vorgebliche Biographin der Kaiserin den Anschein, nicht sie selbst, sondern ihre mittlerweile berühmte Schwester Pamela sei mit der Kaiserin Carola gemeint.

Die Wahrheit schimmert durch in den Erinnerungen ihrer Mutter Tilly, einem Buch, das unter dem Titel *Lulu. Die Rolle meines Lebens* (1969) wiederum weitgehend Kadidja Wedekind als »ghost-writer« zu verdanken ist. Dort heißt es:

Kadidja schien uns allen immer sehr kindlich. Ihre Freundschaften, auch die mit den Reinhardt-Jungs [die Söhne des Regisseurs Max Reinhardt], *beruhten vor allem auf gemeinsamem Unsinn. Von jeher hatte sie mit einer Kinderschar, die sie anführte, irgend etwas organisiert, Indianerstämme oder Filmgesellschaften. Während der Ferien am Starnberger See gründete sie mit lauter jüngeren Buben ein Kaiserreich, das sie regierte. Die Anregung dazu, meinte sie, ginge noch auf ihres Vaters Erzählung der Geschichte Napoleons zurück. Mir schien alles recht infantil, denn immerhin war Kadidja sechzehn oder siebzehn Jahre, wenn sie auch manchmal wie dreizehn wirkte. Allmählich spielten auch die Erwachsenen bei dem Kaiserreich als fremde Potentaten mit; einmal nahm sogar der Dichter Jean Giraudoux an einer Flottenparade teil. Bald danach schrieb Kadidja über diese Geschehnisse ein Kinderbuch, das sie selbst illustrierte und mit dem sie Erfolg hatte.*

Das also war die Gegenwelt der zweiten Tochter Frank Wedekinds. Aber das eine waren die »Geschehnisse«, das andere ihre Darstellung im Buch. Das Kaiserreich Kalumina ist nicht bloß Erfindung. Es liegt am östlichen, dem »weniger vornehmen Ufer« des Starnberger Sees gleich hinter Ammerland im nahen Wimpasing. Dort »oben auf einem Hügel« am Sterzenweg steht noch heute das Landhaus der »Frau Dr. Brandt« und ihres Sohns »Lukas«. Gemeint sind damit Lilly Ackermann (1892–1976) und ihr 1919 geborener Sohn Georg, die gewissermaßen zur wahlverwandten Wedekind-Familie gehören. Denn Lilly war die Tochter eben jenes dänischen Malers und umstrittenen Kunsthändlers Willy Grétor, der Wedekind in seinen ersten Pariser Jahren zwischen 1892 und 1896 finanziell unterstützte, ihn mit dem Verleger Albert Langen zusammenbrachte und angeblich auch die Idee zur Zeitschrift »Simplicissimus« hatte. Willy Grétor ist das Vorbild für den Helden in Wedekinds tiefsinniger Komödie *Marquis von Keith* (1901).

Das Landhaus am Sterzenweg wird zur Kathedrale der Krönungsfeier und als das »Kaiserliche Hauptquartier« der Mittelpunkt Kaluminas. Nicht weit davon, über der Bushaltestelle an der Straße nach München, liegt der Fuchsberg, der den besten Rundblick über das Land zwischen Holzhausen und Ammerland ermöglicht. Damit sind die Grenzen Kaluminas abgesteckt. Einen Sommer lang besteht das Kaiserreich im ersten Jahr, von Mitte Juli bis Ende September 1927. Wie in einem Staat der Erwachsenen gibt es eine Gründungszeremonie mit Urkunde und Verfassung. Die Kaiserin ernennt Lukas (Georg Kahn-Akkermann) zu ihrem Generalstabschef. Otto (Rank) ist anfangs Kardinal-Erzbischof, fällt aber in Ungnade. Reichskanzler Detlev (Swoboda), Oberst Ludwig (Rank), Leutnant Heinz (Rank) und der kleine Rekrut Domini (Bernwieser) vom nahen Hitzler-(Maxler-)hof gehören weiter dazu. Ein wendiger Pressechef namens Ufo sorgt für wirkungsvolle Propaganda. Paraden, Manöver und Feldzüge, Konflikte und ein Krach füllen die schönen Tage aus, bei Regen ruhen die Staatsgeschäfte, im »Hauptquartier« wird gelesen. Ein Seefest ist der Höhepunkt des Sommers, Graf Guido Conti (Konrad Pocci), genannt »der schwarze Prinz«, läßt ein Feuerwerk abbrennen. Die Kaiserin reist ab.

Der einzigartige Charme des Buches liegt darin, daß diese mit viel Witz erzählte Geschichte auch als entlarvende Satire auf die Inszenierungen von Staat und Kirche gelesen werden kann. So erklärt die Kaiserin dem General, wie leicht es sei,

(...) den Menschen blauen Dunst vorzumachen! Ein bißchen Wolken und ein bißchen Sonnenschein und ein bißchen Glockengeläute – und schon würde das Publikum, wenn es vorhanden wäre, an meine schicksalhafte und übernatürliche Sendung glauben! Und dabei ist es doch eigentlich nur ein vollendeter Mumpitz!

Und bei einem Zug der »kaluminäischen Armee« durch die Gemeinde erteilt »Kardinal Otto, ohne die Miene zu verziehen, mit einer nachlässigen und dennoch äußerst würdevollen Bewegung seiner rechten Hand den Segen« so imponierend sicher, daß ein junger ›echter‹ Geistlicher am Straßenrand »fassungslos« staunt. Die »Staatsratssitzungen im Holzschuppen«, die Feldzüge gegen die Münsinger Feinde, aber auch die heimliche Liebesgeschichte zwischen der Kaiserin und dem Kardinal, der aus Enttäuschung über einen kleinen Verrat unglücklich aus Kalumina verbannt wird, sind als große Welt im Kleinen gar nicht so kindlich.

In ihrer Gründungsrede nennt die Kaiserin vor ihren jüngeren Untergebenen Kalumina »das Kaiserreich unserer Kindheit« und mahnt, die Erinnerung daran sei das Kostbarste, was sie alle miteinander »bis in den Tod« verbinden werde. Teils selbstironisch, teils ernst hat Kadidja Wedekind diese Rolle auch wirklich bis zuletzt gespielt. Kalumina ist demnach zweierlei, der konkrete damalige Kinderstaat und eine Parabel über die Grenzen der Kindheit hinaus. Auch wenn die Untergebenen der Kaiserin das nicht gleich verstehen, vor allem nicht den Ausruf »Kalumina aeterna« – sie spüren, daß da etwas Wichtiges gesagt wurde, das sie unmittelbar angeht.

Kalumina fand schon bald Befürworter aus der Welt der Erwachsenen, so den »Kammersänger« Hans Andreß alias Karl Erb, oder »Karl den Großen«, den Baumeister Rank, der die Kaiserin mit einem Papierorden ehrt, oder die »Hexenmuru«, die Witwe Stora des Malers Corneille Max (1875–1924). Stora Max komponierte die »Nationalhymne« von Kalumina und bekam dafür von der Kaiserin auch ein richtiges Honorar. Dieses Lied, das Kadidja Wedekind selbst gern vorgesungen hat, darf hier nicht fehlen:

Die Kaiserin von Kalumina

Die Kaiserin von Kalumina,
Die hatte schwarzes Haar ...
Für alle ihre Soldaten
War dieses Haar Gefahr.

Die Kaiserin von Kalumina
Die hatte Augen grün ...
Wer sie einmal regieren sah,
Der mußte mit ihr ziehn.

Die Kaiserin von Kalumina
Die hatt' ein Herz zu rot ...
Gar mancher ihrer Soldaten
Brannt' sich daran zu Tod.

Doch einmal – hu! da kam ein Prinz,
Der Schwarze Prinz genannt;
Der nahm der stolzen Kaiserin
Das Haar, das Herz, das Land.

Gegenstimmen kamen von beunruhigten Eltern, die fürchteten, ihre Kinder könnten monarchistisch verdorben werden. »Oberst« Ludwig Rank versuchte gar eine Revolution anzuzetteln und bot dafür 20 Pfennig. Diese Angriffe stärkten den Kinderstaat aber nur.

Am Ende des zweiten Sommers 1930 – Pamela Wedekind und Carl Sternheim wohnten damals im nahen Seeheim bei Ambach – wurde Kalumina feierlich aufgelöst. Vorher gab es noch eine Flottenparade, bei der neben Titus, dem Sohn des Malers Conrad Felixmüller, auch der französische Schriftsteller und Diplomat Jean Giraudoux mitspielte. Als der prominente Gast dem Arzt

Heini Weber, Kaluminas »einzigem Volk«, einen Tannenzapfenorden mit rotem Band anstecken wollte, erschrak er vor der nackten Heldenbrust: »Mais le peuple est nu!«

Das 1933 in erster und 1935 in zweiter Auflage erschienene Buch wurde im Ausland und in Emigrantenkreisen als eine Persiflage der Hitler-Diktatur gelesen. Davon aber, so die Autorin, könne überhaupt keine Rede sein, denn in *Kalumina* gehe es darum, zu zeigen,

> *(...) daß Kinder nichts anderes sind als kleine Menschen – unbewußter und unverbildeter als die erwachsenen, aber mit genau denselben Trieben, Wünschen und Gefühlen, wie sie die Bewohner der Welt nun einmal seit Urzeiten und bis in alle Ewigkeit haben werden.*

Die Geschichte der Auflösung Kaluminas unter dem Titel *Der Schwarze Prinz* bekam jedoch, von den neuen Machthabern als nicht »zeitgemäß« beurteilt, keine Druckerlaubnis mehr. Kadidja Wedekind schrieb danach in Berlin, wie es im Buch ihrer Mutter heißt, »für verschiedene Zeitungen Kritiken, Interviews, Reportagen und Kurzgeschichten« und begann »an Filmdrehbüchern mitzuarbeiten«. Sie hatte zudem Engagements an Max Reinhardts »Deutschem Theater« und in Werner Fincks »Katakombe«. Ohne Not, aber aus Ehrgefühl emigrierte sie 1937 in die USA. Eine schwere Zeit als Verkäuferin und Dienstmädchen begann. Doch auch in dieser Verkleidung blieb die Kaiserin von Kalumina wach; sie übernahm die Leitung eines Kindertheaters in New York und inszenierte dort klassische Dramen. Außerdem arbeitete sie beim Sender »Voice of America« und heiratete ihren Verehrer Ulrich Biel. Nach ihrer Rückkehr 1949 lebte sie anfangs im ehemaligen »kaiserlichen Hauptquartier« ihrer Ammerlander Freunde, danach mit der Familie um Tilly, Pamela, deren zweiten Mann Charles Regnier und den Kindern im »Malvenhaus« bei St. Heinrich.

Aus der Arbeit an dem ersten Drehbuch für den Film *Ludwig II.* entstand ihr »Tatsachenroman« *König Ludwig und sein*

Hexenmeister (1954). Für König Ludwig hatte Kadidja Wedekind schon als Kind geschwärmt; sein buntes Bild hing über ihrem Bett, und sie träumte von ihm. Mit ihrer erfolgreichen politischen Komödie *Eine kleine Staatsaffäre* (1952) und dem Fernsehspiel *Die Dynastie hat Ausgang* (1955) variierte sie wiederum ihr Grundthema, den skeptischen Blick auf die inszenierten Formen der Macht. Anfang Oktober 1994 starb die Kaiserin von Kalumina in ihrer Schwabinger Wohnung; sie ruht im Grab ihrer Eltern auf dem Münchener Waldfriedhof.

Ambach

Auf der Seeuferstraße in Ambach ist ein künstlerisch-literarischer Spaziergang durch mehr als ein Jahrhundert möglich. Am Dorfeingang, von Ammerland aus gesehen, stand bis 1983 die ehemalige Villa des berühmten Historienmalers Karl von Piloty (1826–1886). Er bekam sie 1877 von Ludwig II. geschenkt und baute sich hier ein Atelier an, in dem er einen Monat nach dem Tod des Königs gestorben ist. Eines seiner berühmtesten Gemälde, »Seni an der Leiche Wallensteins« (1855), besitzt die Neue Pinakothek, München.

Nicht weit davon entfernt steht, gleich neben der Dorfkirche, das Blockhaus des ungarischen Piloty-Schülers, des Historienmalers Gyula (Julius) Benczúr (1844–1920), erbaut 1888 durch den Bruder des Malers, den Architekten Béla Benczúr (1854–1941). Gyula Benczúrs Vorliebe für das französische Rokoko verschaffte ihm 1875 eine Reise im Auftrag Ludwigs II. nach Paris und Fontainebleau, Gemäldeaufträge für die Königsschlösser Linderhof und Herrenenchiemsee sowie 1876 den Professorentitel der Münchener Akademie. Nach dem Tod seiner ersten Frau Karoline, der Schwester des mit ihm befreundeten Malers Gabriel von Max, heiratete Benczúr 1892 die Ungarin Piroska Boldizsàr. Um das große Heimweh seiner Frau zu lindern, ließ Benczùr 1894 ein sogenanntes Szekler-Tor aus Siebenbürgen am Eingang zu seinem Grundstück aufstellen. Dieses Tor, im oberen Teil ein verwaister Taubenschlag, hat drei ungarische Inschriften. Über dem großen Tor steht: »Gyula Benczur und seine Frau Piroska Boldizsar haben dies gebaut im Jahre des Herrn 1894«. Ganz oben links lautet der Gruß: »Wenn du Gott und deine Heimat liebst, magst du eintreten; mit tückischer

Das Szekler-Tor in Ambach

Seele sollst du draußen bleiben«. Dazu kommt über dem kleinen Tor links der Gruß: »Friede den Hineingehenden«.

Keine Biene Maja: Waldemar Bonsels

Von dem Haus mit dem schönen Tor und dem großen Garten mit den alten Bäumen war der Dichter Waldemar Bonsels (1880–1952) angeblich so fasziniert und überzeugt, daß er das zum Verkauf stehende Haus 1918 erwarb, ohne es von innen gesehen zu haben; ihm genügte es bei seinem ersten Besuch, unter der alten Linde zu sitzen, auf den See zu schauen und die Umgebung auf sich wirken zu lassen. Bonsels konnte sich diese Entscheidung leisten. Sein Kinderbuch *Die Biene Maja und ihre Abenteuer* (1912) war auf dem besten Weg, ein millionenfach verkaufter Welterfolg zu werden; und auch die nachfolgenden Bücher *Himmelsvolk. Ein Buch von Blumen, Tieren und Gott*, die

Indienfahrt (beide 1916) und *Menschenwege. Aus den Notizen eines Vagabunden* (1917) erreichten sehr schnell hohe Auflagen. Bei seinem ersten Besuch in Ambach war Bonsels ein gemachter Mann; die Titel seiner Bücher standen für wichtige Stationen eines abenteuerlichen Lebens.

Der Sohn eines Zahnarztes aus Ahrensburg bei Hamburg war mit siebzehn Jahren von zu Hause geflohen und hatte schon Erfahrungen als Vagabund gesammelt, bevor er 1903 mit der Basler Missionsgesellschaft bis nach Indien kam. Sein lange danach geschriebenes Buch *Indienfahrt* vermeidet den kolonialen Blick und preist die indische Verbindung von Natur und Religion. Ab 1904 Verleger in München, dann freier Schriftsteller in Schleißheim, eröffnete ihm die *Biene Maja* die Unabhängigkeit. Im Ersten Weltkrieg arbeitete Bonsels als Kriegsberichterstatter in Galizien und im Baltikum.

Auch nach dem Kauf des Ambacher Hauses war Bonsels viel unterwegs; Reisen führten ihn 1924 an den Amazonas, nach Ägypten und in den Sudan (1928), nach Amerika (1935/36) sowie nach Griechenland und in die Türkei (1938/39). Dazu hatte er eine Stadtwohnung für den Winter in Berlin und ein Haus auf Capri. Am liebsten aber, so sagte er selbst, hielt er sich in Ambach auf. Hier war er seinem Ideal von Natur am nächsten:

Im Süden des Ostufers, im weiten Umkreis des kleinen Ambach, reicht fast überall der Wald bis an die Seeufer, sodaß sich dem wandernden Blick ein Gebilde der Natur darbietet, das von Menschen unbewohnt und von aller Zivilisation unberührt erscheint. (...)

Niemand würde, entzückt und befriedigt von der urweltlichen Abgeschiedenheit dieser Landschaft, glauben, daß kaum eine Stunde von diesen Gefilden entfernt, eine Weltstadt mit mehr als einer halben Million Menschen atmet.

In seinem Aufsatz »Am Starnberger See« im »Starnberger Land- und Seeboten« vom 22. Februar 1931 suggeriert Bonsels mit dieser Wortwahl eine heile Welt, ja das Paradies am See. Das Grundthema der Werke Bonsels' klingt wieder an: ein naturreligiöses Ideal im Konflikt mit der zerstörerischen Zivilisation. Die Ambacher Landschaft wurde zum Schauplatz seiner »Mario-Trilogie«: *Mario und die Tiere,* 1928; *Mario und Gisela*, 1930; *Marios Heimkehr*, 1937. Mario ist ein Junge, dem sich die Natur im Zusammenleben mit der alten Dommelfei nach und nach wie ein Wunder erschließt; Vorbild für den Jungen war Bonsels Sohn Kay.

Als die Nazis 1933 nicht die Erfolgstitel, sondern die frühen Bücher Bonsels' verboten, dachte er zunächst an eine Emigration nach Amerika. Nachdem aber Hanns Johst als Präsident der Reichsschrifttumskammer das Buchverbot wieder aufheben konnte und Bonsels protegierte, blieb der erfolgreiche Autor im Land und gab, ganz im Sinn der nationalsozialistischen Rassenideologie, 1943 öffentlich antisemitische »Begründungen«. Nach dem Krieg versuchte Bonsels noch eine Synthese seiner Naturmystik mit christlichen, griechischen und naturdämonischen Aspekten in seinem Roman *Dositos. Ein mythischer Bericht aus der Zeitenwende* (1949). Die geplante Autobiographie mit dem Titel »Die Sieben Sachen« über die schönsten Fundstücke seiner vielen Reisen kam nicht mehr zustande.

Waldemar Bonsels war dreimal verheiratet und hatte insgesamt fünf Söhne, von denen drei früh starben. Seine letzte Frau, die Ausdruckstänzerin und Mary-Wigman-Schülerin Rose-Marie Bachofen (1909–1993), lernte er 1931 kennen. Sie betreute Werk und Nachlaß nach seinem Tod, gründete 1977 die Waldemar-Bonsels-Stiftung (München) und gab die Werkausgabe (1980) sowie die Studienreihe der »Ambacher Schriften« (1986ff.) heraus.

Heute ist das Bonsels-Haus an eine Literatur-Agentur verpachtet, die sich um den »Pumuckl« von Ellis Kaut kümmert. In einem Gedenkraum, der mittwochs von 11 bis 12 Uhr besucht werden kann, erinnern etwas mehr als sieben Sachen an den einstigen Bewohner des Hauses. Im Garten befindet sich das

Urnengrab des Dichters gleich neben der großen Linde. Auf dem Grabstein ist der Schlußsatz seines Buches *Himmelsvolk* (1916) zu lesen: »Wir sind alle aus der Freude geboren und kehren zu ihr zurück.«

Zum Fischmeister

Den Namen des Gasthauses »Zum Fischmeister« am Dampfersteg erklärt der Schriftsteller Maximilian Schmidt – seit 1898 »Waldschmidt« genannt und im Ambacher Haus Kugelmühle 2 1/2 (heute Holzbergstraße 16) ansässig – in seiner Erzählung von der *Fischerrosl zu St. Heinrich* (1884):

Das Fischrecht gehört nämlich ausschließlich zu den landesherrlichen Regalien und alle Fischer hatten noch zur Zeit dieser Erzählung, 1843, die gefangenen Fische gegen einen bestimmten Preis an die beiden königlichen Fischmeister zu Ambach und Possenhofen abzuliefern. War der Bedarf für die königliche Hofküche gedeckt, dann durfte der Ueberfluß durch die obengenannten Fischmeister oder durch die Fischkäufler zu Seeshaupt oder Tutzing, nie aber durch die Fischer, öffentlich zu Markt gebracht werden.

Das große Anwesen befindet sich seit mehreren Generationen im Besitz der Familie Bierbichler; seit einigen Jahren ist es an ein Münchener Gastronomie-Kollektiv verpachtet.

Das Ambacher Exil: Herbert Achternbusch

Kein zeitgenössischer bayerischer Autor erfährt so heftig Zustimmung und Ablehnung wie der 1938 in München geborene und im Bayerischen Wald aufgewachsene Maler, Dichter, Dramatiker und Filmemacher Herbert Achternbusch. Für die einen ist er »die Poesie« (Hartmut Riederer), die anderen finden nur

Schimpfworte. Als erklärter Spieler in den Rollen seines Lebens, seiner Bücher und seiner Filme geht es Achternbusch im kleinsten Detail um alles; »der existentielle Sog von Achternbuschs Prosa ist enorm«, erkannte Heinrich Böll schon 1973. Selbstbewußt nennt Achternbusch eines der frühen Bücher *L'Etat c'est moi* (1972) und erklärt im *Ambacher Exil* (1987) den »Staat« zu seinem größten Feind. Achternbuschs erhellende Absurditäten und gezielte »Geschmacklosigkeiten«, mit denen er sich künstlerisch gegen Zumutungen und Zerstörungen jedweder Art zur Wehr setzt, stoßen mit klarem Verstand vor den Kopf.

In Ambach war Achternbusch anfangs Wirtshausgast an Wochenenden. Mit seiner Frau, einer Kunsterzieherin, und vier Kindern wohnte er seit 1965 erst in Starnberg, ab 1971 in Gauting und ab 1975 in Buchendorf. Anfang der achtziger Jahre zog er allein nach Ambach und von dort 1990 nach München.

Seine Reflexionen als Wirtshausgast beim Bierbichler hat Achternbusch 1975 in seinem Buch *Land in Sicht* (1975) unter dem Titel »Neues von Ambach« in direktem Bezug auf Karl Valentins Monolog »Neues vom Starnberger See« vorgestellt. Anders als Valentin spricht Achternbusch zwar nur von sich persönlich, macht sich aber zu einer ähnlich eigensinnigen Figur, wie sie Valentin in seinen Stücken und Filmen, erfunden und konkret, dargestellt hat.

Nach seinen ersten Filmen *Das Andechser Gefühl* (1975) und *Die Atlantikschwimmer* (1976) mit dem berühmten Motto »Du hast keine Chance, aber nutze sie!«, erregte der in Ambach und Grönland spielende Film *Servus Bayern* (1977) erstmals offiziellen Unmut im bayerischen Rundfunkrat. Der Film attackiert mit Klischee-Figuren eines schlechten Volksstücks wie dem Dichter-Wilderer und dem Schwager-Jäger sowie frechen bis zotigen Sprüchen das vereisende Lebensgefühl in der eiszeitlich geformten Landschaft. »Diese Gegend hat mich kaputt gemacht, und ich bleibe solange, bis man ihr das anmerkt«, sagt der »Dichter« Herbert. Der stilisiert sich wiederum in einer Pose, die, bis auf das Bier, das Gegenstück zum bayerischen »Provinzschriftsteller« Oskar Maria Graf ist: Im weißen Anzug mit weißem »Gletscherhut, der an einen Babyhut erinnert und an den Hut, den der Papst trägt, wenn er in seine Sommerresidenz reist«; vor sich auf dem Gartentisch neben der Schreibmaschine ein Weißbier und zu Füßen ein weißer Spitz. Vor seinen Häschern nach Grönland geflohen, trinkt sich der Dichter dort zu Tode.

Der Schauspieler Sepp Bierbichler und seine Schwester Annamirl aus dem »Fischmeister«-Haus übernahmen, fast wie im richtigen Leben, die Rollen des »Schwagers« und der »Dichter-Braut«. Sepp Bierbichler spielte zudem noch im gleichen Jahr den Mühlhiasl in dem Film *Herz aus Glas* (1977) von Werner Herzog nach einem Drehbuch von Herbert Achternbusch.

Die winterliche Landschaft am Starnberger See, genauer um das alte Undosa-Wellenbad kurz vor seinem Abriß 1978, ist der Schauplatz in einem der schönsten Filme Achternbuschs, *Der Komantsche* (1979). Die exotische Traumwelt des invaliden Komantschen, den seine Krankenschwester (Annamirl Bierbichler) im Rollstuhl die Starnberger Seepromenade entlangschiebt, ist im Fernsehen zu sehen und kollidiert extrem mit der bayerischen Landschaft, in der er lebt. Der Komantsche fragt:

›*Wo ist das Land? Wo sind die Bäume? Wo sind die Wolken? Wo ist die Sonne? Wo ist Gott? Wo ist das Volk? Wo ist das Wild? Wo sind die Frauen? Wo sind die Zigaretten?*‹

Die Zäsur seiner künstlerischen Entwicklung bildete für Achternbusch der Skandal um seinen Christus-Film *Das Gespenst* (1982). An ihm statuierte nach der damaligen politischen ›Wende‹ der neue Innenminister Zimmermann (CSU) ein Exempel. Da der Film angeblich religiöse Gefühle verletze, hielt Zimmermann widerrechtlich die schon bewilligte Förderprämie zurück. Erst nach langjährigem Rechtsstreit kam Achternbusch zu seinem Geld. In der Zwischenzeit ging er ins Exil, nach Ambach.

Der Dichter Herbert Achternbusch in »Servus Bayern« (1977)

Hier beendete er das Buch *Wellen* (1983) mit dem Drehbuch des *Gespenst*-Films und der Erklärung, daß er die Vision dazu im Gasthof zur Post in Aufkirchen bekommen habe: »Ich sah den nackten Christus mit Lendenschurz und Dornenkrone hinter der Theke stehen, wo sonst nichts los ist.« Das erste ganz in Ambach geschriebene Buch sind die an Hartmut Riederer gerichteten familiären Foto-Briefe unter dem Titel *Wind* (1984).

Diese Angaben macht Achternbusch selbst in seinem Buch *Das Ambacher Exil* (1987). Auf 180 Seiten gibt er im Kapitel »Ambach« eine ausführliche Beschreibung seines »Exils« im Fischmeister-Haus, angefangen von den Mitbewohnern bis zur literarischen Nachbarschaft des Sinologen und Romanautors Tilman Spengler und des Dramatikers Tankred Dorst. Seine Gegenwelt bildet er sich schreibend:

Wenn ich schreibe, bin ich der Kaiser von China. Ansonsten sitze ich im Gefängnis. Oder umgekehrt. Ambach kommt vom altdeutschen Auinpah, was auf neubayerisch Auwezwick heißen würde – aber wer würde einen schon im Namen Unheil verkündenden Ort aufsuchen, wer ihm ein paar Fische abkaufen? Der Fisch war von Auwezwick, würde man sagen, wenn jemand an Gräten erstickt ist. Oder wenn einer bei einem Fischessen auch nur hustet, würde jemand vorbeugend sagen: Na, hoffentlich ist der Fisch nicht von Auwezwick. So bildete sich Ambach, und die Fische sind ohne Gräten.

Das Haus seines Exils würdigt er ebenfalls:

Ohne das Bierbichlerhaus hätte ich [den Film] *Heilt Hitler!* [1986] *nicht drehen können. Es wurde 1840 gebaut, 1860 aufgestockt. Ich bin im 2. Stock auf Zimmer 18, Luisas Tochter hat eine Null dazu gemacht. Vom Atlantik zum Starnberger See, könnte man sagen.*

Von den anderen während der Ambacher Jahre gedrehten Filme sind besonders *Die Föhnforscher* (1985) zu erwähnen. Beim Blick aus seinem Fenster hinüber nach Tutzing sah Achternbusch den Karpfenwinkel als den Ort der von Karl Valentin angekündigten »Karpfenrennen«; die Ilka-Höhe darüber benannte er später in seinem Buch *Wohin?* (1988) in die poetischere »Inka-Höhe« um. Dagegen deutete er sich in seinem Buch *Es ist niemand da* (1992) den sofortigen Blick der Seeanwohner beim Betreten eines Zimmers auf das Wasser als Suche nach »ihrer Seele (..), die sie nur im See vermuten, und entsprechend seelenlos sind sie.« Mit dem Drehbuch *Oceanstreet* (1990) nahm Achternbusch literarisch Abschied von Ambach; den Namen »Oceanstreet« gaben angeblich die amerikanischen Besatzer der Straße um den Starnberger See, der wiederum in alten Atlanten »Bayerischer Meerbusen« genannt werde.

Begegnung 1935: Ernst Wiechert

Zurück an den nördlichen Ortseingang von Ambach. Zwischen 1933 und 1936 wohnte im dortigen »Waldschlössl« (heute Klinikum Wiedemann, Simetsbergweg 9) der Dichter Ernst Wiechert (1887–1950). Der ehemalige Studienrat lehnte den Nationalsozialismus aus christlichen Gründen ab. Seine 1935 im Auditorium Maximum der Universität München gehaltene couragierte Rede »Der Dichter und die Zeit« leitete seine ›innere Emigration‹ ein. Im Jahr zuvor hatte ihn der 1913 in München als Fritz Rosenthal geborene jüdische Schriftsteller Schalom Ben-Chorin in Ambach besucht. Auf der Flucht vor den Nazi-Häschern war er an den Starnberger See nach Bernried geflohen, wo er sich unter falschem Namen anmeldete. Als Lektüre hatte er Wiecherts Roman *Die Magd des Jürgen Doskocil* (1932) dabei. Die aufrechte Haltung Wiecherts gab Rosenthal den Mut, mit dem Ruderboot zu ihm nach Ambach hinüberzufahren – und er traf ihn im Wasser beim Baden:

Unter diesen Umständen mußte es bestimmt lächerlich wirken, daß ich in meinem Kahn zeremoniös aufstand (wobei ich halb das Gleichgewicht verlor) und, mich verbeugend, sagte: ›Habe ich die Ehre mit Herrn Wiechert?‹ – ›Derselbe bin ich‹, sagte der Schwimmer und reichte mir die nasse Hand ins Boot.

Die Begegnung verstärkt in dem jungen Mann den Eindruck, einen Mann mit Zivilcourage getroffen zu haben. Wiechert lebte seit 1936 auf seinem Hof Gagert bei Wolfratshausen, wo heute eine Straße an ihn erinnert. Er wurde 1938 für zwei Monate ins KZ Buchenwald interniert; seinen Bericht darüber, *Der Totenwald,* schrieb er im Jahr darauf und veröffentlichte ihn 1945. Das bekannteste Werk Wiecherts aus der Ambacher Zeit ist *Die Hirtennovelle* (1935). Danach entstanden der Roman *Das einfache Leben* (1939) und vor allem die ostpreußische Dorfchronik *Die Jerominkinder* (1945/47). 1948, zwei Jahre vor seinem Tod, übersiedelte er in die Schweiz. Im Ambacher »Waldschlössel« wohnten in den fünfziger Jahren auch die Schriftsteller Wolfgang Hildesheimer und Walter Kolbenhoff.

Die Geschichte von Herrn Sommer: Patrick Süskind

In der Nähe wohnte ab 1954 der Schriftsteller und Übersetzer Wilhelm Emanuel Süskind (1901–1970). Als enger Freund von Erika und Klaus Mann gehörte er fast zur Familie. Schon 1922 trat er als Übersetzer von Robert Louis Stevenson, Tania Blixen, Herman Melville und William Thackeray hervor. Klaus Mann bezog öffentlich Position für den »erstaunlichen, begabten Novellenband« *Tordis* (1927) seines Freundes. Große Beachtung fand auch der Debütroman *Jugend* (1930). Süskinds Entscheidung, nach Hitlers Machtübernahme nicht nur in Deutschland zu bleiben, sondern sich als leitender Redakteur der Zeitschrift »Die Literatur« zwischen 1933 und 1942 mit dem neuen Regime zu arrangieren, bedeutete das Ende seiner Freundschaft mit Klaus Mann. Nach dem Krieg wurde W.E. Süskind 1949 leitender Redakteur der »Süddeutschen Zeitung« – sein Sohn Martin E. Süskind ist heute Korrepondent der SZ in Bonn – und gab einige sprachkritische Bücher heraus, darunter, zusammen mit Dolf Sternberger, die Artikelsammlung *Aus dem Wörterbuch des Unmenschen* (1957).

Süskinds jüngster Sohn Patrick, 1949 in Ambach geboren, hat es geschafft, mit einem schmalen Werk einen großen Erfolg zu haben. Meistgespielter Text auf deutschsprachigen Bühnen der achtziger Jahre ist sein Einakter *Der Kontrabaß* (1981); sein Roman *Das Parfum – Die Geschichte eines Mörders* (1985) avancierte schnell zum Welterfolg. Dazu kommt eine Erzählung *Die Taube* (1987) und die Mitarbeit an den Drehbüchern zu den Fernsehserien »Monaco Franze. Der ewige Stenz« (1983ff.) und »Kir Royal. Aus dem Leben eines Klatschreporters« (1986ff.). Die tragikomische *Geschichte von Herrn Sommer* (1991) spielt vor einem autobiographischen Hintergrund. Der unentwegt durch die Geschichte eilende Herr Sommer hat tatsächlich so gelebt und ist dem Schüler Patrick auf seinem Weg nach Holzhausen begegnet. Die Geschichte ist das Psychogramm einer verstörten Kindheit. Der wie von seiner eigenen Vergangenheit gehetzte Herr Sommer rettet dem Jungen in der Geschichte unbewußt das Leben, als er sich das einzige Mal für eine kurze Brotzeit unter eine Fichte setzt, von der sich der Junge soeben in den Tod stürzen wollte; aus Rücksicht auf Herrn Sommer verzichtet der Junge auf den Todessprung. Zuletzt endet der Weg des Herrn Sommer dort, wo ein Gehetzter wie er am Starnberger See nur enden kann – im See selbst.

St. Heinrich

Zwei unterschiedliche, ja geradezu gegensätzliche Autoren haben sich den kleinen Ort St. Heinrich zum Schauplatz von Liebesgeschichten gewählt. Geht es in der älteren Geschichte konservativ und bieder über ein paar Hindernisse zum Happy End, fängt die modernere Geschichte eigentlich erst mit dem handfesten Ergebnis einer stürmischen Liebe an. Bezeichnend ist auch die unterschiedliche Art, wie in den beiden Geschichten die Herkunft des Ortsnamens erklärt wird.

Der »Waldschmidt«: Die Fischerrosl von St. Heinrich

Einen heute kaum noch vorstellbaren Erfolg hatte zu Lebzeiten der Schriftsteller Maximilian Schmidt (1832–1919) mit seinen volkskundlichen »Kultur- und Lebensbildern« aus dem Bayerischen Wald und dem Alpengebiet. König Ludwig II. ernannte ihn 1884 für seine Geschichte *Die Fischerrosl von St. Heinrich* zum Hofrat; Prinzregent Luitpold verlieh ihm 1898 für seine Verdienste um den Bayerischen Wald den Beinamen »genannt Waldschmidt«. Der hochgeehrte und mehrfach dekorierte Autor von zahlreichen Volkserzählungen, Dramen, Humoresken, Skizzen und Gedichtbänden ist zwar heute aus dem literarischen Bewußtsein nahezu verschwunden, sein Name ist dafür dauerhaft mit den Landschaften seiner Bücher verbunden: Seit 1909 erinnert ein Denkmal auf dem Riedelstein (Landkreis Regen) an ihn, und zum 80. Geburtstag 1912 wurden zwischen Zwiesel und Garmisch Wege, Straßen (u.a. in Starnberg und Ambach), eine Schlucht (in Tutzing), eine Steige, ein Park, eine Eiche und eine Quelle nach dem »Waldschmidt« benannt. Vielleicht haben die öffentliche Würdigung und die heute vergessenen Bücher damit zu tun, daß Waldschmidts Werke sehr zeitbezogen sind und seine wirtschaftlichen Anregungen, von denen das Land noch heute profitiert, mittlerweile für selbstverständlich gelten. Wer weiß denn schon, daß Waldschmidt mit der Parole »Bayern muß das von Fremden meist besuchte Land werden!« 1890 den Bayerischen Fremdenverkehrsverband gründete und daß dank seiner langjährigen Bemühungen als »Kostüm-Schmidt« 1895 das erste historische Volkstrachtenfest in München stattfand – Vorbild für den alljährlichen Trachtenumzug bei Beginn des Oktoberfests?

Der in Eschlkam an der bayerisch-böhmischen Grenze geborene Sohn eines Zollbeamten bekam schon früh über gesprochene Worte einen Sinn für die Literatur. Seine Mutter las ihm aus den Romanen Walter Scotts vor, und besonders beeindruckten den Jungen die Besuche in den »Rockenstuben« der Spinnerinnen mit ihren Liedern, Märchen und Sagen. Nach dem Gymnasium plante der junge Schmidt eine Karriere als Offizier. Eine besondere Begabung als Situationszeichner eröffnete ihm die Möglichkeit zur Arbeit im topographischen Büro des Generalstabs. Bei Terrain- und Detailaufnahmen in der Gegend von Beuerberg und Dietramszell schulte Schmidt einen Landschaftsblick, der ihm später für seine Erzählungen sehr nützlich war.

Erste literarische Erfolge hatte Schmidt mit Schwänken und Lustspielen als Leutnant in Ingolstadt und später beim Kadettenkorps in München. Anläßlich eines Faschingstheaters der Kadetten machte Schmidt 1860 als »maître de plaisir« erstmals die Bekanntschaft mit Kronprinz Ludwig; die Begegnung verschaffte ihm einen lebenslangen Freiplatz im Hoftheater. Sein eigentliches Debüt als Schriftsteller hat Schmidt selbst auf seinen 31. Geburtstag am 25. Februar 1863 datiert, als er in Audienz König Max II. seine ersten beiden »Volkserzählungen aus dem

Bayerischen Wald« in Buchform überreichen konnte. Der König war von dem Thema angetan und erkannte wohl auch, welche Aufwertung eine ganze Region dadurch erfahren könnte.

Im ersten Teil seiner Autobiographie (1902) erklärt Schmidt die beiden Hauptanliegen seiner Bücher. Mit schwärmerischen Schilderungen wollte er, als erklärter Nachfolger Westenrieders, »landschaftliche Schönheiten« wie am Starnberger See allgemein bewußt machen. Zugleich verstand er seine Bücher als religiös verbrämte Fluchtmittel aus dem Alltag, wie er Ludwig II. bei einer Audienz 1865 selbst erklärte:

›*Ein Leutnant kann von Großem ja nur träumen. Das thu ich zu rechter Zeit. Von dem Profanen, der Alltäglichkeit flüchte ich dann in das Reich der Ideale. Ich lasse mich von einer herrlichen Landschaft, von einer großartigen Tondichtung, von einer reizenden Lektüre begeistern und das sind Weihestunden, wie sie der Himmel nicht schöner bieten kann.*‹

Schmidts Erzählungen wie *Christkindlsingerin* (1863), *Brigitta* (1867) und *Die Glasmacherleut* (1869) fanden große Resonanz. Dank der finanziellen Hilfe seiner Frau Auguste, die er 1863 geheiratet hatte, konnte er in Tutzing schon 1864 die später als »Midgard-Haus« bekannte Villa kaufen und mit seiner Familie dort bis 1872 wohnen. Doch nach dem Scheitern als Unternehmer mit einer Holzstoff-Fabrik im Bayerischen Wald gingen die Tutzinger Villa und auch zwei Häuser am Münchener Karlsplatz verloren. Nach den Kriegen 1866 und 1870/71 nahm Schmidt, der erhebliche gesundheitliche Schäden davongetragen hatte, im Rang eines Hauptmanns seinen Abschied aus der Armee. Am Ende eines mehrfachen ›Leidensjahrzehnts‹ wagte Waldschmidt 1879 einen Neubeginn als Schriftsteller durch eine Ausweitung seiner Thematik auf die Alpen.

König Ludwig II. und die Fischerrosl

Schon die erste seiner oberbayerischen Erzählungen *Der Schutzgeist von Oberammergau* (1880) wurde für Waldschmidt trotz erheblicher Konkurrenz, etwa durch Ludwig Ganghofer, erneut ein großer Erfolg. Noch im gleichen Jahr erschien die an den Osterseen spielende Erzählung *Die Johannisnacht*; zum Volksstück umgearbeitet, fanden im nächsten Jahr Aufführungen im Augsburger Sommertheater und im Münchener Theater am Gärtnerplatz statt.

Schmidts Erfolge krönte ein großer Auftrag: Ludwig II. wünschte 1884 eine Geschichte von ihm, die direkt am Starnberger See spiele. Das kam wie gerufen, denn der See war schon lange Schmidts bevorzugte Gegend, »nirgends schien es mir so schön zu sein, wie hier«, schreibt er in seiner Autobiographie. Dem Autor, der gerade in Ambach im Haus des »Fischer-Pauli« wohnte, war der Wunsch seines Königs auf Schloß Berg also willkommener Befehl – und so begann er im Frühjahr 1884 die Geschichte der *Fischerrosl von St. Heinrich*, das erklärte »Lieblingskind« unter seinen Erzählungen.

Eine besondere Form von Fortsetzungsroman entstand: Kapitel für Kapitel in der säuberlichen Handschrift der Gattin Auguste wurden per Boten von Ambach nach Schloß Berg geschickt. Am Ende dankte Ludwig II. seinem Autor »für die genüßlichen Stunden« der Lektüre, bestellte gleich 100 Exemplare der sofort erschienenen Buchausgabe, verteilte sie in seiner Umgebung und verlieh dem Autor am 25. August 1884 den Titel eines königlichen Hofrats. Die Hochschätzung der Werke Maximilian Schmidts bewahrte sich der König buchstäblich bis an sein Lebensende. Das letzte Buch, in dem der König am Nachmittag seines Todestages gelesen hatte, war Schmidts Erzählung *Der Leonhardsritt*, ein »Kulturbild« aus dem Jahr 1881.

Die *Fischerrosl von St. Heinrich* bildete später zusammen mit der, in der Ambacher Gegend spielenden, Wilderergeschichte

Himmelbrand (1899) sowie den an den Osterseen angesiedelten Erzählungen *Johannisnacht* (1880) und *Der Erbe von Pollingsried* (1885) die Sammlung der *Starnbergersee=Geschichten*. In Ambach kaufte sich Maximilian Schmidt übrigens 1898 sein zweites Haus am Starnberger See; es wurde erst Ende der zwanziger Jahre wieder verkauft und gehört heute zum Kurzentrum Wiedemann.

Ein Lebensbild vom Starnberger See

Alle wichtigen Merkmale der Erzählungen Waldschmidts sind in seiner *Fischerrosl* versammelt: eine verhältnismäßig schlichte Story, eine detailgetreue Darstellung vom Schauplatz und seiner Umgebung, im Dialekt gehaltene für die Gegend typische Dialoge und die in den Text eingebauten Sagen oder Legenden. All das verbindet Schmidt durch die Vielzahl nur hier möglicher Situationen und Redewendungen zu einem authentischen »Lebensbild vom Starnberger See«.

Dem Schauplatz St. Heinrich nähert sich der Autor wie ein moderner Filmregisseur erst mit einer Totalen des Sees im Morgennebel. Unter den Fischern, die in aller Ruhe ihre Netze eingezogen haben und sich dem Ufer nähern, sind auch die neunzehnjährige Fischerrosl und ihr Großvater. Eine Nahaufnahme zeigt sie detailliert wie auf einem Gemälde. Dann geht der Blick wieder in die Totale auf St. Heinrich. Die Erzählerstimme kommentiert:

Der stille anspruchslose Wallfahrtsort Sankt Heinrich blüht wie das Veilchen in einem unbeachteten Winkel des Gartens, bescheiden am obersten östlichen Ufer des Sees. (...)

Dichte Wälder besäumten vor Jahrhunderten die sanfte Ausbiegung des Sees, wohin sich im eilften oder zwölften Jahrhundert ein Graf von Andechs=Wolfratshausen zurückzog, um hier als Einsiedler ein beschauliches Leben zu führen. Neben einer hier befindlichen hölzernen

Marienkapelle baute er sich eine Zelle und verblieb da bis zu seinem Tode.

In dem kleinen Kirchlein, das 1434 an die Stelle des morschen Bethäusleins trat, befindet sich das Denkmal des früher so verehrten Heiligen mit der Aufschrift: B. HAINERICUS. Die einsiedlerische Ruhe hat sich hier bis heute erhalten, obwohl die Wälder zurückgewichen sind und der Blick ohne Hinderniß weit hinausschweift in die Ferne.

Hier, am abgelegenen Seewinkel, hat sich noch etwas vom alten Fischerleben am Starnberger See erhalten, jedenfalls in der Darstellung Maximilian Schmidts. Wie sehr seine Geschichte eine Gegenwelt zur damals aktuellen Situation entwirft, wird deutlich aus der Tatsache, daß die erzählte Zeit von 1843 gar nichts mit den Veränderungen des Jahres 1884 zu tun hat, als diese Erzählung entstand: Mehrere Dampfschiffe auf dem See und die Eisenbahn sorgten dafür, daß es mit dem Fremdenverkehr zwar aufwärts ging, dafür aber mit der Ruhe am See vorbei war.

Die Fischerrosl lebt als Vollwaise in St. Heinrich mit ihrem Großvater, dem Fischer-Pauli. Die Geschichte vom Tod der Eltern gibt Gelegenheit, eine alte Sage zu erwähnen:

Vollkommen ist ja nichts auf der Welt. Dazu hätte im Hause des Fischerpauli vor allem gehört, daß Rosl's Eltern noch am Leben gewesen; diese waren jedoch vor mehr als fünfzehn Jahren während des Fischens von einem fürchterlichen Sturm und plötzlich einbrechender Nacht überrascht worden, ihr Einbaum schlug um und Beide hatten im See ihr Grab gefunden. Die Hinterbliebenen wußten nicht einmal genau die Stelle, wo das Unglück geschehen, und es ward ihnen der Trost versagt, am Grabe der Ihrigen zu beten, denn wie eine alte schauerliche Sage erzählt, gibt der Starnbergersee kein todtes Erdenkind der Welt mehr zurück. In grauenhafter Tiefe, zwischen Tutzing und Ammerland, stellen die ruhenden Wogen die Ertrunkenen auf schilfigem Grunde neben einander, und mancher Fischer will bei hellem Wetter den erstarrten Haufen, umflochten und an den Boden gefesselt von hängenden Zweigen und verworrenem Röhricht, wahrgenommen haben.

Der Fischer-Pauli bringt seiner Enkelin alle notwendigen Handgriffe des Fischerlebens bei. So ist sie auch auf der »Wallerpaß« zu sehen, ein Motiv, das in St. Heinrich den Giebel am »Gasthaus Fischerrosl« schmückt. Schmidt erklärt hier ein altes, nicht mehr übliches Handwerk, mit den alten Begriffen, die unmittelbar von den Lebensbedingungen der Umgebung abgeleitet sind:

Die Fischerrosl stand bereits mit dem fünfzackigen Ger auf der Wallerpaß. Wenn namlich die sogenannten Speisfische in die Laich kommen, gehen die Waller, welche sich in der Regel nur in der Tiefe des Sees aufhalten, hinauf und suchen die Laich in der Weiß oder Seicht zu ihrem Fraße auf. Sie halten dabei lange an einer Stelle Stand, wobei sie unschwer »gestochen« werden können. Besonders gern zeigen sie sich am Einlaufe des Baches in den See zu St. Heinrich.

Die Fischerrosl auf der Wallerpaß. Zeitgenössische Illustration

Es folgt eine detaillierte Auflistung des »Fischwerks« im Starnberger See, über die Fangzeiten, die Seeordnung, die Fischergerechtsamen und die Netze (Seegen). Als sich Rosl mit ihrem Ger auf einen riesigen Waller konzentriert, wird sie vom Jäger Castl gestört. Die beiden sind ein Liebespaar, ohne einander ihre Liebe zu gestehen. Daher kommt es zu einem beinahe tragischen Mißverständnis. Bei einem Fischerfest, das sogar das Kronprinzenpaar Max und Marie durch ihre Anwesenheit beehren, kann der Nebenbuhler Toni den Anschein erwecken, als habe sich die Rosl für ihn entschieden. Castl geht enttäuscht fort, und am nächsten Morgen scheint es, als habe er sich umgebracht. Tatsächlich aber rettet Toni in einem dramatischen Finale den Castl vor dem Ertrinken und sorgt für ein glückliches Ende.

Maximilian Schmidt ist ein typischer Vertreter einer ›heilen Welt‹ oder besser einer, aus seiner Sicht, zu heilenden Welt. Sein Realismus ist idealistisch und optimistisch ausgerichtet, sein Ziel war, den ›guten Kern‹ im Menschen zu finden und darzustellen, wie er in einem Gespräch zu seinem 80. Geburtstag 1912 bekannte:

Wer für das Volk schreibt, muß das Volk auch unterhalten, und die Leute etwas besser schildern als sie vielleicht in Wirklichkeit sein mögen, schadet nichts; jedenfalls ist das besser, als nur das Gemeine und Abstoßende heranzuziehen und so was als typisch hinzustellen. Das ist nicht richtig. Die Bauern in den weltentlegenen Gebirgsdörfern sind garnicht so bornierte Kerle und von so niedriger Gesinnung, wie mancher unserer Modernen sie hinstellen möchte. Man muß die Leute nur erst gründlich kennen lernen, um zu finden, welch ein guter Kern in ihnen steckt.

Schmidts Erzählungen aus dem Bayerischen Wald und dem Alpengebiet, seine Bemühungen um die Aufwertung Bayerns durch Förderung des Fremdenverkehrs, seine Suche nach den alten Trachten, nach Wegen und Orten sind Reaktionen gegen die Industrialisierung, gegen Arbeitsteilung und Entfremdung. Sein Erfolg zeigt, daß er das Bedürfnis nach einer literarisch idealisierten Gegenwelt durch ›naturgetreu‹ geschriebene »poetische Reisebücher« lange Zeit befriedigen konnte. Der volkskundliche Wert seiner vielen verschiedenen »Kulturbilder« ist unbestritten. Im Todesjahr Goethes geboren und im Jahr der Münchener Räterepublik gestorben, ging es Maximilian Schmidt nicht um eine Verbindung der Zeitalter, als vielmehr um die Bewahrung dessen, was er als gut, schön und brauchbar erkannt hatte. Michael Georg Conrad, der Wortführer der von Schmidt angesprochenen »Modernen«, konnte über den Erfolg des Volksschriftstellers, dem er jeden Kunstsinn abgesprochen hatte, nur verwundert den Kopf schütteln und ihm staunend hinterherrufen: »Ein Phänomen«.

Otto Julius Bierbaum: Prinz Kuckuck

Der Unterschied zwischen einem konservativen Realismus und einer »modernen« Satire läßt sich an einem schönen Beispiel aufzeigen, denn St. Heinrich ist auch Schauplatz in einem Roman des »modernen« Dichters Otto Julius Bierbaum (1865–1910). Noch dazu kannte Bierbaum wahrscheinlich auch die *Fischerrosl von St. Heinrich* durch die kritischen Diskussionen über Maximilian Schmidts literarischen Wert in der Zeitschrift »Die Gesellschaft« seines Freundes Michael Georg Conrad.

Von Bierbaums erster Begegnung mit Conrad Anfang der neunziger Jahre des letzten Jahrhunderts auf der Rottmannshöhe war schon die Rede. Nach einem für sein Leben bezeichnenden Umweg ist Bierbaum einige Jahre später an den Starnberger See, genauer in die Nähe von St. Heinrich, zurückgekehrt. Der kleine Ort wurde für ihn zum Schauplatz einer persönlichen Enttäuschung und einer literarischen Abrechnung.

Die Insel

Bierbaum hatte sich bereits mit mehreren Gedichtbänden, als Herausgeber der kostbar aufgemachten Zeitschrift »Pan« (1895) und mit dem Kabarettroman *Stilpe* (1897) einen Namen gemacht, als ihn im Frühjahr 1899 zwei Studenten aus Bremen in Dresden aufsuchten, um ihn als Herausgeber der neuen Zeitschrift »Die Insel« und Mitbegründer des gleichnamigen Verlags zu gewinnen. Von den beiden jungen Männern war der selbsternannte »Ritter Ungestüm« Alfred Walter Heymel als Adoptivsohn eines Bremer Konsuls reicher Geldgeber; er hatte zudem im Vorjahr mit einem von Bierbaum wohlwollend besprochenen Gedichtband debütiert. Heymels gleichaltriger wahlverwandter »Vetter«, der spätere Dichter Rudolf Alexander Schröder, war zu diesem Zeitpunkt noch ehrgeiziger Innenarchitekt, der sein Können an den verschiedenen Wohnungen des jungen Heymel testen konnte.

Die zweite Adresse der »Insel« war das kostspielig im Jugendstil gestaltete Wohnungsensemble im Haus Leopoldstraße 4, wo es beinahe nicht mehr darauf ankam, daß auch die Zeitschrift und der Verlag hier residierten. Während sich die jungen Herausgeber mit der schönen Seite des Kunstlebens beschäftigen konnten, versuchte Otto Julius Bierbaum die nötigen qualitätvollen Mitarbeiter für die Zeitschrift zu gewinnen. Doch nicht die Auswahl der Autoren verschiedener Länder und Zeiten, sondern die Diskussion über Schriftbild und Buchschmuck führten zu ersten Meinungsverschiedenheiten. Der latente Konflikt endete 1901 mit Schröders Verzicht auf eine weitere Zusammenarbeit. Den dritten Jahrgang betreute Bierbaum allein.

Der Dissens hatte tiefere Gründe. Otto Julius Bierbaum kam nicht nur aus einer anderen Zeit, er kam auch aus einer anderen Welt als seine beiden Mitherausgeber. Der Sohn eines Konditormeisters aus Grünberg in Schlesien mußte nach dem Konkurs des Vaters sein Studium der Philosophie, Jura und Sinologie abbrechen und sich durch journalistische Arbeit selbst versorgen. Schon 1890 zog er nach München, nahm Verbindungen mit Verlagen auf, und veröffentlichte 1892 seinen ersten Gedichtband *Erlebte Gedichte*.

Von Gusti zu Gemma

Seine erste Frau lernte Bierbaum Anfang der neunziger Jahre bei einem Aufenthalt in Dießen am Ammersee kennen. Der Verbindung mit der Zinngießer-Tochter Auguste, genannt Gusti, Rathgeber wurden zwar von seiten der Mutter alle möglichen Hindernisse in den Weg gelegt, doch die Liebenden wichen nach London aus, wo sie am 16. August 1892 heirateten. Die turbulenten Erlebnisse dieser Liebes- und Hochzeitsgeschichte bilden den Stoff zu Bierbaums Roman *Die Freiersfahrten und Freiersmeinungen des weiberfeindlichen Herrn Pankrazius Graunzer* (1895). Später wohnten Bierbaum und seine Gusti auf der sogenannten

Öd über St. Heinrich am Starnberger See. Eine außereheliche Beziehung Gustis mit dem Komponisten Oscar Fried führte jedoch 1899 zur Scheidung. Die Enttäuschung darüber gibt das Gedicht »Sankt Heinrich« als Ort des Glücks und der Trübsal sehr gut wieder.

Sankt Heinrich

Hinter Wipfelgrün am See
Liegt das Dorf des heiligen Heinrich;
Zwischen Wiese, Wald und Feldern
Ruht es mollig eingebettet;
Leise geht des Lebens Atem
Hinter Wipfelgrün am See.

Hinter Wipfelgrün am See,
In dem weißen Wallfahrtskirchlein,
Liegt der heilige Heinrich selber
Mit dem knorrigen Eichenknüppel.
Ruht sich aus von seinen Tugenden
Hinter Wipfelgrün am See.

Hinter Wipfelgrün am See,
Wo Henricus mit dem Knüppel
Schläft den Schlaf gerechter Seelen,
Schafft ein allerliebstes Mädel,
Tugendhaft wie Sankt Henricus,
Hinter Wipfelgrün am See.

Hinter Wipfelgrün am See,
In der kleinen Wirtshausstube,
Zwischen weißen Ahorntischen,
Zwischen dunklen Efeuranken
Weht Mariens weiße Schürze,
Hinter Wipfelgrün am See.

Hinter Wipfelgrün am See
Hab ich um den heiligen Heinrich
Und des heiligen Heinrichs Tugenden
Mich höchst wenig nur gekümmert,
Aber selig war ich dennoch
Hinter Wipfelgrün am See.

Hinter Wipfelgrün am See
War höchst seltsam mir zumute,
Sah ich in das Aug Marien,
Drückte ich die Hand Marien,
Küßte ich den Mund Marien,
Hinter Wipfelgrün am See.

Hinter Wipfelgrün am See,
Wo des Lebens Atem leise
Weht und Sankt Henricus schlummert,
Träumt ich mir ein Friedensmärchen,
Sonnt ich mich in Märchenaugen,
Hinter Wipfelgrün am See.

Hinter Wipfelgrün am See
Liegt das Land, das herzverheißene,
Voller Blumen, voller Düfte,
Voller Lieder, voller Träume
Meines Herzens Kanaan,
Hinter Wipfelgrün am See.

* * *

Hinter Wipfelgrün am See ...
Aus dem Paradies getrieben
Bin ich nun mit meinen Träumen.
Eichenknüppelheiliger Heinrich,
Dich beneid ich und dein Schlummern
Hinter Wipfelgrün am See.

In dieser Zeit zwischen Paradies und Vertreibung avancierte Bierbaum zum vielgelesenen und vielvertonten Dichter. Seine Sammlung *Deutsche Chansons* (1900) ist die erste imaginäre deutsche Brettl-Bühne, und ihre Lieder wurden ab 1901 in Berlin und München auf den tatsächlichen Kabarett-Brettern vorgetragen. Mit den Liedern aus dieser eher armen Welt konnten Heymel und Schröder ihrerseits nicht viel anfangen. Sie gingen ihre eigenen Wege.

Heymel heiratete 1904 in Tutzing die gleichaltrige Marguerite von Kühlmann, die Tochter des Generaldirektors der anatolischen Eisenbahnen Otto von Kühlmann und Schwester des Botschafters und Staatssekretärs im Auswärtigen Amt während des Ersten Weltkriegs Richard von Kühlmann (nicht zu verwechseln mit dem Politiker Freiherr von Kühlmann-Stumm); mit ihr zog er für einige Zeit wieder nach Bremen. 1907 begann Heymel die von Paul Nikolaus Cossmann herausgegebenen *Süddeutschen Monatshefte* finanziell zu unterstützen, und redigierte zwischen 1908 und 1910 den Kunstteil der Zeitschrift »Hyperion«. Für zwei Jahre zog er zuletzt mit seiner Frau in München ins eigene, von Schröder umgebaute und eingerichtete Haus in Bogenhausen, Poschingerstraße 5. Anfang Oktober 1910 verkaufte Heymel sein Haus, knapp drei Wochen vor der Scheidung seiner Ehe. Kurz nach Ausbruch des Ersten Weltkriegs starb der begeisterte Reiter, große Freund und Mäzen in Berlin an Tuberkulose. Gitta von Heymel ist auf dem alten Friedhof in Tutzing bestattet.

Otto Julius Bierbaum heiratete Ende 1901 in zweiter Ehe die um zwölf Jahre jüngere Florentinerin Gemma Pruneti Lotti. Nach der Hochzeit spielte Italien auch im Werk Bierbaums eine besondere Rolle. Erwähnenswert ist vor allem das erste deutsche Autoreisebuch, die zusammen mit seiner Frau im Frühjahr und Sommer 1902 unternommene und aus Briefen an Freunden zusammengestellte *Empfindsame Reise im Automobil von Berlin nach Sorrent und zurück an den Rhein* (1903).

Prinz Kuckuck

Nach Aufenthalten in Berlin und Südtirol kehrten Bierbaum und seine Frau nach München zurück und wohnten zwischen 1906 und 1908 in Pasing. In dieser Zeit erschien Bierbaums Schlüsselroman *Prinz Kuckuck. Leben, Taten, Meinungen und Höllenfahrt eines Wollüstlings. In einem Zeitroman* (1907). Das Buch ist die Abrechnung mit der »Insel«, besser noch mit ihrer Epoche, in der eine Erscheinung wie Alfred Walter Heymel möglich werden konnte. Heymels Lebensgeschichte gibt auch unverkennbar das prototypische Modell ab für Bierbaums Helden.

»Prinz Kuckuck« ist der Sprößling einer stürmischen Liebe zwischen Madame Sara Asher, der schönen Witwe eines amerikanischen Pelzfabrikanten, und dem häßlichen Musiker Sturmius. Als sich das Kind ankündigt und zum Problem wird, naht die Rettung in Form der »Adresse eines Wirtsehepaares in einer kleinen Ortschaft Oberbayerns, das, dem Musikus von früher her bekannt und verbunden, sich bereit erklärt hatte, gegen eine gewisse Summe sich das zu erwartende Kind unterschieben zu lassen«.

Die »kleine Ortschaft« ist St. Heinrich. Bierbaum kannte den Ort gut, nachdem er mit seiner ersten Frau Gusti einige Zeit in der Nähe gewohnt hatte. Die Geschichte des Heiligen, der dem Ort seinen Namen gegeben hat, war ihm ebenfalls vertraut:

Am Starnberger See, dort, wo auch heute noch das Dampfschiff nicht anlegt und »Stadtfräck« nur wenige hinkommen, liegt ein kleines dürftiges Dorf, dem man es nicht ansieht, daß es die Gebeine eines Heiligen beherbergt, der, ehe er ein Heiliger wurde, ein großer Kriegsmann und Graf gewesen war, sich schließlich aber auf sich und Gott besonnen hatte, und zwar so heftig und tief, daß er Rüstung und Herrenkleid von sich legte, die Kutte des Einsiedlers antat und den Rest seiner Tage in einer Klause eben hier verbrachte, wo damals nichts als wilder Wald war. Nun liegt er, heilig gesprochen, unter einer schön gemeißelten Grabplatte in einem kleinen Kirchlein, das seinen Namen trägt, und verhilft denen, die als andächtige Pilger an seinem Grabe beten zu allerhand Gnadengütern.

Hier also soll »Prinz Kuckuck« aufwachsen. Im folgenden verbindet Bierbaum die Weltabgeschiedenheit des Heiligen Heinrich mit den im Gegensatz dazu sehr profanen Interessen um das Kind. Das »Devotionale« – sprich: der hochbezahlte »Kukkuck«, der da dem Wirtsehepaar über ihre Tochter Marie ins Nest gelegt wird – eröffnet ganz konkrete Möglichkeiten einer geschäftlichen Verbindung zwischen Stadt und Land. Heiliges und Profanes liegen dicht beinander und zugleich weist Bierbaum auf das nicht nur motivische Interesse von Münchener Landschaftsmalern um 1900 an dem versteckten Ort hin:

Damals, als die schöne Sara ihr Devotionale in seiner [= Heinrichs] *Nähe niederlegte, das er als Heiliger nur schief ansehen konnte, während er als Graf vielleicht nicht ganz so streng darüber gedacht hätte, erfreute er sich, die paar Bauersleute der Umgebung abgerechnet, nur ab und an des Besuches von einigen Münchner Malern, die freilich weniger seiner Heiligkeit wegen hierherkamen, als wegen der schönen Sonnenuntergänge, die man hier in angenehmer Ungestörtheit bei höchst billiger Verpflegung malen konnte. Denn die Sonne geht an wenig Orten so prachtvoll zugleich und so stimmungsvoll unter, wie hier, wo man außerdem kein Modellgeld für Staffage auszugeben brauchte, weil ja die Fischer nicht wegen der Herren Maler, sondern die Herren Maler wegen der Fischer da waren.*

Der lebenslustigen Wirtstochter Marie wird zwar, gegen ein fürstliches Salär, der kleine Felix untergeschoben, sie aber heiratet bald weg nach Norddeutschland – und der Kleine wächst in der Obhut des Wirtsehepaars von St. Heinrich heran. Der mit einem natürlichen Adel ausgestattete Junge sieht in König Ludwig II. sein heimliches Vorbild. Adoptiert von einem halbenglischen »Armeelieferanten« und mit dem neuen Namen Henry

Felix Hauart versehen, kommt er, nach dem Unfalltod seiner »Eltern«, schließlich als junger Lord nach München; hier macht er Furore mit seinem »Loxos« (so der erschütterte Vormund), mit seiner Villa am Siegestor und den literarischen Plänen. Schließlich kehrt er als Erwachsener noch einmal an die Stätte seiner Jugend zurück und muß erkennen, daß die Aktion bei dem alten Wirtsehepaar mehr Schaden als Nutzen angerichtet hat.

Die Geschichte ist also sehr persönlich gefärbt, versucht aber dennoch an einem exponierten Parvenu um 1900 einen Typus der Epoche vorzustellen und nicht bloß eine hämische Bloßstellung der konkreten Biographie Alfred Walter Heymels. In den Passagen zum Starnberger See zeigt sich Bierbaums Interesse, über eine realistische Beschreibung hinaus mit satirisch-kritischen Wendungen den äußeren Schein, sei es feudaler, sei es künstlerischer, sei es religiöser Art zu entlarven. Die Qualität des Romans liegt darin, daß er bei aller Deutlichkeit nicht verletzt; und wenn der Name Alfred Walter Heymel heute noch einen Klang hat, dann nicht wegen seiner dichterischen Eigenständigkeit als vielmehr wegen seiner finanziellen Förderungen und wegen seines Lebens als »Prinz Kuckuck«.

Seeshaupt und die Osterseen

Der Ortsname Seeshaupt erinnert daran, daß, laut Karl Valentin, die »Gründung« des Sees durch Gebirgsgletscher stattfand, die eben auch Oben und Unten festlegten. Als »Seeshoibit« schon 740 n. Chr. bei der Gründung des Klosters Benediktbeuern urkundlich erwähnt, gehörte der Ort von 1353 für mehr als ein Jahrhundert zum Kloster Polling und seit 1479 bis zur Säkularisation 1803 zum Kloster Bernried. Schon 1487 entstand die alte Pfarrkirche. Nur wenig jünger ist die Fischersäule von 1522 unterhalb der Kirchenmauer in der Nähe des Dampferstegs; die Säule bezeichnete vermutlich die Grenze oder den Ort eines Seerechts.

Lorenz Westenrieder geriet 1783 bei der Erkundung des »Wurm=oder Starenbergersees« vor Seeshaupt in einen schlimmen Sturm, der ihn und seine Helfer im Segelboot beinahe das Leben gekostet hätte. Vom Ufer her hielt man sie alle, wie sie später erfuhren, in dem schwankenden Boot bereits für verloren. Durch glückliche Umstände aus dem Chaos gerettet – Westenrieder versäumt nicht, »die schreckliche Verwirrung« untereinander ins Große und Allgemeine zu erweitern –, können sich die Männer in einer Mühle vor Sturm und Regen in Sicherheit bringen. Westenrieder bemerkt hier zu seiner Freude, daß die Kinder im Haus alle schreiben konnten, »und die Züge ihrer Schriften verriethen eine Anweisung nach den besten Vorschriften.« Offenbar machte sich hier der Einfluß des Klosters Bernried geltend.

Das schlimmste Ereignis der neueren Geschichte in Seeshaupt war der Dorfbrand am 31. März 1815. Der Wirtin in der 1485 erbauten Tafernwirtschaft »Sanktjohanser« war beim Küchlbakken eine Schmalzpfanne in Brand geraten; das Feuer zerstörte, neben der Wirtschaft, bis auf wenige Häuser den ganzen Ort. Auch die Kirche samt Turm ging verloren, und der Chronist berichtet, daß sogar die Glocken schmolzen. Die Kirche wurde wieder aufgebaut; der heutige Um- und Neubau stammt aus dem Jahr 1909.

Das erste, noch mit Holz geheizte, Dampfschiff »Maximilian« konnte schon in seinem ersten Jahr 1851 in Seeshaupt anlegen; im Sommer brachte das Schiff einmal am Tag Fahrgäste an den oberen See und wieder zurück. 1865 bekam Seeshaupt eine Bahnstation; und zwischen 1873 und 1890 liefen nacheinander drei weitere, jetzt mit Kohle geheizte, Dampfschiffe Seeshaupt an.

Ein gewisser Rasso Vogl aus Unterbrunn, der 1816 die Witwe der abgebrannten Tafernwirtschaft geheiratet hatte, errichtete 1857 einen Poststadl mit »Carriolverkehr« in alle Richtungen. Daraus entstand das berühmte »Hotel Post«, das bis 1925 eine eigene Postagentur betrieb. Hier machte König Ludwig II. auf seiner letzten Fahrt von Neuschwanstein nach Berg am 12. Juni 1886 kurz Rast und ließ sich von der Postwirtin Anna Vogl ein Glas Wasser reichen, das lange Zeit als besondere Reliquie verehrt wurde und erst nach dem Zweiten Weltkrieg verlorenging. Es gab sogar ein Lied »König Ludwig's letztes Glas«, das, verfaßt von Ferdinand Fränkl und für Zither, Piano und Singstimme vertont von J.B. Günthner, gegen ein geringes Entgelt erworben werden konnte. Das Hotel ist auf dem berühmten Gemälde »Ankunft in Seeshaupt« (1880) von Carl Spitzweg gut zu erkennen; ländliche, bürgerliche und maschinelle Details verbinden sich hier zu einer lebendigen Zeitstudie. Im Frühjahr 1992 wurde das alte Hotel bis auf den denkmalgeschützten Festsaal abgerissen.

Musische Verschmelzungen: Hermann Ebers, Thomas Mann und der Joseph-Roman

Im Leben und Werk Thomas Manns hat am Starnberger See neben Feldafing auch Seeshaupt direkt und indirekt eine wichtige Rolle gespielt. Die ersten Ferien am See verbrachte die junge Familie Mann mit den beiden Kindern Erika und Klaus in Seeshaupt von Mitte Juni bis Ende September 1907 in der »Villa Hirth« (heute »Haus Eberle« an der St. Heinricher Straße 81), die der Zimmermeister Johann Suiter aus Tutzing im Vorjahr für den Münchener Privatier Adolf Hirt erbaut hatte. Seinen Bruder Heinrich lud Thomas brieflich am 19. Juni 1907 ein: »Willst Du uns nicht mal besuchen? Es ist ein gutes Gasthaus nicht weit von uns. Ich bin möglichst fleißig und arbeite hier wenigstens *regelmäßig*, wenn auch die tägliche Kraft nicht weit reicht.«

In der Seeshaupter Villa arbeitete Thomas Mann an seinem Eheroman *Königliche Hoheit* (1909) und schrieb Ende Juli eine

Die Villa Hirt (heute Haus Eberle) in Seeshaupt

aufschlußreiche »Mitteilung an die Literaturhistorische Gesellschaft in Bonn« über seine zugestanden langsame, aber eben auch musikalisch-kompositorische Arbeitsweise:

Ich bin (...) zu meiner ›Musik‹, meinem Roman zurückgekehrt, den die ›Neue Rundschau‹ schon allzulange ankündigt und den sie schon noch eine Weile wird ankündigen müssen. Jeden Vormittag ein Schritt, jeden Vormittag eine ›Stelle‹, – das ist einmal meine Art, und sie hat ihre Notwendigkeit.

Es sei schon bemerkt worden, wie sehr das »Leitmotiv«, ja die Musik insgesamt »als symbolische und stilbildende Macht in meine Produktion hineinwirke«. Von seinem Roman verrät er nur den Titel und eine Reihe kurioser Typen. »Mir selbst erscheint das Ganze zuweilen so neu und schön, daß ich in mich hineinlache – und zuweilen so läppisch, daß ich mich auf die Chaiselongue setze und zu sterben glaube. Was wird die Wahrheit sein? Das Ende muß es lehren, – auch diesmal.«

Einige Jahre später gab ihm ein guter Bekannter immer wieder Anlaß zu Besuchen in Seeshaupt. Der Maler und Radierer Hermann Ebers (1881–1955), Sohn des Ägyptologen und Schriftstellers Georg Ebers, war ein Jugendfreund von Katia Pringsheim und ihren Brüdern. »Die beiden Brüder, Peter und Heinz Pringsheim, waren Schulkameraden von mir und gehörten zu meinen nächsten Freunden. Die nachmalige Katia Mann war als ein rechtes Bubenmädel bei unseren Spielen immer dabei und später, als wir vernünftiger wurden, war sie, humanistsch erzogen wie wir, ein famoser, kluger und trotz ihrer gelegentlichen Spottsucht herzensguter Kamerad.« So Hermann Ebers in seinen Erinnerungen.

Seit 1889 mit den Eltern von Leipzig nach München und, für die Sommermonate, in das Tutzinger Landhaus übergesiedelt, studierte Hermann Ebers von 1899 bis 1906 an der Münchener Kunstakademie bei Gabriel von Hackl und Heinrich von Zügel. Nach seinem Studienabschluß heiratete er 1907 die Kölnerin Else

Heimann. Selbständig arbeitete Ebers als impressionistischer Landschafter, Porträtist, Figuren- und Stillebenmaler und auch als Illustrator von 25 Büchern, darunter der Klavierauszug von Mozarts *Don Giovanni,* Jean Pauls *Flegeljahre*, Mörikes Novelle *Mozart auf der Reise nach Prag*, Chamissos *Peter Schlemihl* sowie, leider nicht veröffentlicht, Thomas Manns Novelle *Unordnung und frühes Leid*.

Mit seiner Frau und zwei kleinen Töchtern bezog Hermann Ebers am 12. April 1911 das sogenannte »Russenschlößl« (auch »Russenvilla«) in Seeshaupt als Sommerwohnsitz. Das Haus an der St. Heinricher Straße 6 war 1857 von dem Kgl. Rat Dr. Karl von Günther erbaut worden. Ihren Namen bekam das »Russenschlößl« durch den »kaiserlich russischen Collegiensekretär« und Gesandten Geheimrat Baron Otto von Küster aus Sankt Petersburg, der sie in den siebziger Jahren erwarb. Hermann Ebers kaufte das Haus 1910, ließ es umbauen und zugleich ein Atelier für sich im Garten sowie am Ufer ein Boots- und Badehaus errichten. Ein Jahr nach der Geburt der dritten Tochter Antonie starb 1915 Ebers' Frau Else; in zweiter Ehe heiratete er 1920 die Glazialgeologin Edith Heirich. Schwierige finanzielle Verhältnisse nach der Inflation zwangen Ebers 1934 zum Verkauf seines Hauses und zum Umzug nach Haunshofen, einem kleinen Weiler zwischen Tutzing und Weilheim.

Nachbarn in spe

Der erste Besucher im neuen Haus war, laut Gästebuch (Stadtbibliothek München/Literaturarchiv), der alte Freund Heinz Pringsheim am 15. April 1911. Am 19. April folgten Thomas (»Entzückt und dankbar«) und Katia Mann (mit einem Zeichen für Sprachlosigkeit › ‹ und dem Eintrag »leider auch neidisch«). Den nächsten Besuch am 25. September 1921 hat Thomas Mann im Tagebuch festgehalten. Gäste, Bilder und Erholung sind das Thema:

Heute mit K.[atia] *nach dem Frühstück nach Starnberg und zu Schiff nach Seeshaupt zu Besuch der Ebers auf ihrer schönen Besitzung. Es waren Gäste dort zu Tisch und zum Thee (...). Gutes Essen. Bilder-Besichtigung im Atelier. Vorzeigung von lithographischen Illustrationen zu Mozarts Opern von Ebers. Ich schlief in dem schönen Arbeitszimmer mit Ostseeartigem Blick auf den See.*

Bevor die beiden »vierter Klasse nach München zurück« fuhren, trug Thomas Mann noch ins Gästebuch ein: »Der Wiedergekehrte, dankbar scheidend, nach einem in jeder Beziehung sonnigen Tage.« Die Tage in Feldafing und Seeshaupt ließen bei Thomas Mann den Wunsch entstehen, zum Münchener Stadthaus im Herzogpark nun auch standesgemäß ein schönes Landhaus am Starnberger See zu erwerben. Am 25. Mai 1922 jedenfalls gibt es offenbar ganz konkrete Pläne. Der Eintrag im Gästebuch von Hermann Ebers lautet: »Zu Gaste beim Herrn Nachbarn in spe. Vielen Dank! Auf häufiges Wiedersehen. Thomas Mann. Katia Mann«. Offenbar hatte Thomas Mann vor, sich ebenfalls ein »Schlößchen« am Starnberger See zu bauen. Als ihm Ernst Bertram zum Geburtstag kurz darauf eine Reihe von Bildern schickte, bedankte sich Thomas Mann dafür am 2. Juni 1922 mit zwar genauen, aber im Zuge der beginnenden Inflation immer unerschwinglicheren Vorstellungen von diesem Haus:

Das Seestück ist reizend. Ein neues Stück zu meiner Sammlung für das Treppenhaus des ›Schlößchens‹, das wir uns neuerdings, nach ergebnislosen Rekognoszierungsfahrten an den Ammersee und nach Seeshaupt, am linken, primitiveren Ufer des Starnbergersees traumweise gelegen denken. Die Starnberger Sphäre zieht mich eben doch am meisten. Aber die Kosten werden ja immer ungeheuerlicher. Auch bei bescheidenen Ansprüchen wird man heute unter einer Million Mark kaum wegkommen, – ein finanzielles Abenteuer also. Und doch ist es für mich etwas wie eine Lebensfrage.

Dieser große Anspruch und der Ehrgeiz, auch ein »Schlößchen« am See zu bekommen, wurde mit dem gescheiterten Projekt in der Nähe von Seeshaupt, vermutlich in St. Heinrich, wohl endgültig aufgegeben; es blieb beim »Villino«-Gastrecht in Feldafing. Das eigene Sommerhaus hat sich Thomas Mann erst sehr viel später in Nidden (heute Nida) auf der Kurischen Nehrung im heutigen Litauen bauen lassen und dort die Sommer von 1930 bis 1932 verbracht; zu einer Villa Thomas Mann am Starnberger See ist es nicht gekommen.

Musische Verschmelzungen

Ähnlich wie in Feldafing, wo das Hausprojekt Thomas Manns als Kapitalanlage zwar scheiterte, aber von viel größerem ideellen Nutzen war, konnte Thomas Mann seiner Bekanntschaft mit Hermann Ebers und den vielen Besuchen in Seeshaupt zwar nicht das gewünschte Haus am See, dafür aber immerhin den Anstoß zu dem großen Romanwerk *Joseph und seine Brüder* abgewinnen. In den Jahren 1926 bis 1942 mit merkwürdigen Überschneidungen zwischen dem Exil der Hauptfigur und ihres Autors entstanden, sollten die vier Romane, so Thomas Mann 1942 in einem Vortrag, nichts weniger sein als »verschämte Menschheitsdichtung«, ein »Menschheitssymbol« mit dem Anspruch, tief hinunter in den Bereich des Mythos oder Anfang aller Zeit zu reichen. Dieser Ansatz verstand sich übrigens nicht als Weltflucht, sondern als humanistischer Gegenentwurf zur aktuellen politischen Ideologie in Europa, wie Thomas Mann dem ungarischen Mythenforscher Karl Kerényi in einem Brief vom 14. November 1941 erklärte: »Man muß dem intellectuellen Fascismus den Mythos wegnehmen und ihn ins Humane umfunktionieren. Ich tue längst nichts anderes mehr.«

Auf die Folgen der Anregung zur Joseph-Thematik spielt ein zunächst etwas rätselhaft erscheinender Eintrag Thomas Manns am 23. Juli 1925 ins Gästebuch der Seeshaupter Ebers-Villa an:

Ja, das sind Wirte wundermild! (sage ich nach dem Mittagessen). Allzu lange waren wir nicht bei ihnen eingekehrt. Schade, daß aus der ›spes‹ von einst im Mai leider nichts geworden ist. Statt dessen sind andere Verbindungen, musische Verschmelzungen im Begriffe sich vorzubereiten. Davon das nächste Mal *mehr.*

Was damit gemeint ist, hat Hermann Ebers ausführlich in seinen unveröffentlichten Erinnerungen an »Begegnungen mit bedeutenden Dichtern und Schriftstellern« aus seiner Sicht so dargestellt:

Zweimal ist zwischen Thomas Mann und mir das vorgekommen, was er ›musische Verschmelzungen‹ nannte. Das eine Mal bat er mich, seine reizende Novelle ›Unordnung und frühes Leid‹ zu illustrieren. Ich tat es zu seiner Zufriedenheit und auch seinem Verleger, dem alten S. Fischer, gefielen die Zeichnungen gut. Er hat sie sehr anständig honoriert, aber es gab Schwierigkeiten wegen der Reproduktion, vielleicht hat auch die Berliner Illustratoren-Clique ungünstig dreingeredet, jedenfalls ist das Buch ohne meine Illustrationen erschienen.

Das andere Mal war ich mehr oder minder schuld an einer, wie sich seine Frau ausdrückte, ›Lawine‹, die er auf die Leserwelt niedergehen ließ. Ich hatte in der Galerie Caspari ausgestellt in einem kleinen Saal Bilder und im Vorraum Zeichnungen und Graphik. Als ich einmal dort nachgeschaut hatte, traf ich im Hinausgehen an der Tür Thomas Mann, der meine kleine Ausstellung besichtigen wollte. Ich zeigte sie ihm und er betrachtete alles mit freundlichem Interesse. Plötzlich aber war er von einer graphischen Arbeit vollkommen gefesselt. Es war eine Serie von Lithographien, die ich zu der schönen Geschichte vom Josef in Aegyptenland, wie sie in der Genesis geschildert ist, im vorhergehenden Winter gezeichnet hatte. Ohne Auftrag, nur weil mich das Thema so interessierte. Thomas Mann sah sich Blatt für Blatt genau an, einige Male hintereinander und sagte endlich: ›Da müßte man etwas dazu schreiben.‹ Zuerst hatte er im Sinn, tatsächlich zu meinen Bildern einen Text zu verfassen. Aber bald war er so weit, daß sich seine Phantasie schon von ihnen gelöst hatte und er mir sagen mußte: ›Lieber Herr Ebers, an ein knappes Begleitwort kann ich nicht mehr denken, die Sache wächst sich zu etwas ganz Großem aus.‹

Als ich mich nach etwa einem Jahr bei ihm erkundigte, wie weit er mit dieser Arbeit sei, seufzte er und sagte: ›Sie ist immer noch in den Anfängen. Jetzt, nach einem Jahr, bin ich gerade so weit, daß ich ungefähr weiß, auf welche Weise die Personen miteinander reden.‹ Nun, und dann sind im Laufe langer Jahre jene 4 Bände der Geschichte von Jaakob und Josef entstanden, die zum schönsten und tiefsten gehören, was er geschrieben hat.

Die Ausstellung in der Galerie Caspari fand Anfang Mai 1922 statt. Die »Münchner Neuesten Nachrichten« brachten am 5. Mai unter der Rubrik »Ausstellungen« einen ausführlicheren Hinweis:

Die Ausstellung Gemälde *und* Graphik *von Hermann* Ebers *bei* Caspari *gibt, besonders durch die graphischen Zyklen(,) einen stilistisch etwas geteilten, aber doch gefällig zusammengeschlossenen Eindruck des Schaffens einer empfänglichen und ernstlich fortschreitenden Natur. Mit den Bildern zur Geschichte des biblischen Josef ist nicht viel zu machen. (...)*

Dagegen gefielen dem Rezensenten (vermutlich Konrad Weiß) die »rokoko=biedermeierlichen Illustrationen«, besonders zu *Don Giovanni,* und die Gemälde der beiden letzten Jahre. Thomas Mann nun wußte, anders als der Rezensent, gerade aus den Joseph-Bildern »viel zu machen«. Er selbst hat die Geschichte dieser Anregung in seinem *Lebensabriß* (1930) allerdings etwas anders dargestellt, wohl deshalb, um den Anteil des Malers gegenüber dem ihm viel wichtigeren Stichwortgeber Goethe, wenigstens nach außen hin, abzuschwächen. Thomas Mann schreibt:

Hermann Ebers, Joseph in Aegyptenland, Lithographie: Joseph wird in den Brunnen geworfen (1921)

(...) ein Münchener Maler, Jugendfreund meiner Frau (zeigte) mir eine Bildermappe, die er gefertigt und die die Geschichte Josephs, des Sohnes Jakobs, in hübscher graphischer Darstellung bot. Der Künstler wünschte sich einen einleitenden Schriftsatz von mir zu seinem Werk, und halb gewillt, ihm den Freundschaftsdienst zu leisten, las ich in meiner alten Familienbibel (...) die reizende Mythe nach, von der Goethe gesagt hat ›Höchst anmutig ist diese natürliche Erzählung, nur erscheint sie zu kurz, und man fühlt sich berufen, sie ins einzelne auszumalen.‹ Noch wußte ich nicht, wie sehr mir dies Wort aus ›Dichtung und Wahrheit‹ zum Motto kommender Arbeitsjahre werden sollte.

Der etwas abgehobene Duktus verschleiert bewußt die Anregung durch die Ausstellung; übrig bleibt der durch die Übersendung der Bildermappe im Frühjahr 1924 verstärkte Wunsch des Malers nach einem »einleitenden Schriftsatz«. Aber auf einer Postkarte an Hermann Ebers vom 11. April 1924 bedankte sich Thomas Mann für die Mappe so, daß nicht gleich erkennbar ist, ob er sich über die Unterstützung seiner erzählerischen Arbeit freute oder sich über die damit verbundene Erinnerung an den einst versprochenen Text unangenehm berührt fühlte:

Also: herzlichsten Dank für das gestern zu größter Überraschung in Empfang genommene reiche Geschenk! Es freut mich außerordentlich, und den Plan, diese reizende Geschichte frisch zu erzählen, könnte mir nichts lebendiger halten als die Gegenwart dieser Bilder, die so viel von ihrer Liebenswürdigkeit wiedergeben.

Diese Bildermappe mit 16 Lithographien hat sich im Thomas-Mann-Archiv, Zürich, mit einem handschriftlichen Vermerk, gezeichnet »H.E.«, erhalten: »Diese Serie gab Thomas Mann, als er sie in der Galerie Caspari ausgestellt sah, die erste Anregung zu seinem mehrbändigen Joseph-Werk.« Zwei Jahre später hat Hermann Ebers Thomas Mann übrigens eine weitere Mappe mit Illustrationen zur Joseph-Legende geschickt, wie aus dem Dankschreiben des Autors vom 16. September 1926 ersichtlich wird. Wie auch immer – Thomas Manns Begegnung mit den »Joseph«-Lithographien Hermann Ebers' Anfang Mai 1922 und im April 1924 gab ihm, noch während der intensiven Arbeit am *Zauberberg*, bereits die Anregung zum folgenden Opus magnum. Thomas Mann bestand allerdings später sogar darauf, diese Anregung oder gar den Namen des Malers nicht mehr zu erwähnen. Der Grund dafür lag wahrscheinlich zunächst darin, daß der Autor die Anregung nicht höher stellen wollte als das Ergebnis. Vor allem aber wollte er wohl jede Verbindung zu den Professorenromanen Georg Ebers' vermeiden, den er in einem Aufsatz über »Theodor Storm« 1930 einen »hervorragenden Ägyptologen und schlechten Poeten« nannte. In seinem Vortrag »Joseph und seine Brüder«, den Thomas Mann 1942 in der Washingtoner Library of Congress hielt, verweigert er entsprechend jegliche Auskunft über »den zufälligen Anstoß« zu seinem Romanwerk. Etwas später aber gibt er im gleichen Vortrag eine Begründung für seine lange Annäherung an das Thema und bestätigt damit die Darstellung Hermann Ebers' von den Anfangsschwierigkeiten Thomas Manns. Dabei benutzt er das Wort »Verschmelzung«, das er auch ins Seeshaupter Gästebuch geschrieben hat. Es ist an dieser Stelle nichts weniger als die Formel für seinen künstlerischen Stil, und wer das Wort im Gästebuch kennt, sieht in dieser Formulierung ein Bekenntnis zusammen vielleicht mit einem Wink an den »Wirte wundermild« aus Seeshaupter Tagen »einst im Mai«:

Aber was ich vorhatte, war so neu und ungewohnt, daß nie die Katze länger um den heißen Brei herumgegangen war als diesmal. Es galt die Kontaktaufnahme mit einer fremden Welt, der primitiven, mythischen: und ›Kontaktnahme‹ im dichterischen Sinn bedeutet etwas sehr Kompliziertes, Inniges, ein Eindringen bis zur Identifikation und zur Selbstverwechslung, damit das entstehe, was man ›Stil‹ nennt und was immer eine einmalige und vollkommene Verschmelzung des Persönlichen mit dem Sachlichen ist.

In seinem Gästebucheintrag vom 23. Juli 1925 hatte Thomas Mann »musische Verschmelzungen« erwähnt, von denen er »*das nächste Mal* mehr« berichten wollte. Dieses »mehr« waren schließlich die vier Bände *Joseph und seine Brüder*. Weitere Einträge von Thomas Mann und seiner Frau Katia sind im Gästebuch, das erst am 1. August 1952 »ausgeschrieben« war, aber leider nicht zu finden. Doch standen Thomas Mann und Hermann Ebers auch später in brieflicher Verbindung. In einem längeren Dankschreiben für ein »Landschaftsbild aus der Gegend von Seeshaupt«, das ihm Ebers zugeschickt hatte, berichtete Thomas Mann am 29. März 1949 nicht nur davon, daß das Bild allen gefalle – »besonders auch meinem alten Bruder, der Oberbayern und speziell den Starnberger See besonders liebt und sich ganz entzückt über Ihr Werk äußerte« –, sondern bekannte auch, sich anläßlich der vielen Übersetzungen der Joseph-Romane »oft des frühesten Anlasses seiner Entstehung« erinnert zu haben: »Ihrer Bild-Mappe, zu der Sie damals ein Vorwort von mir wünschten. Daraus ist nun dieser wunderliche Monstre-Roman geworden. So spielt das Leben.« Und noch wenige Tage vor seinem Tod erhielt Hermann Ebers ein Exemplar der *Bekenntnisse des Hochstaplers Felix Krull* (1954) mit der von Thomas Mann am 10. Januar 1955 datierten, freundschaftlichen Widmung: »Hermann (eigentlich Hermi) *Ebers,* dem alten Freunde und Anreger der Josephsromane, dieser neue, eigentlich etwas ältere und etwas mindere, aber auch ganz gewinnende Joseph mit allen guten Wünschen für ihn und seine Kunst.« Hermann Ebers starb am 10. Februar, Thomas Mann am 12. August 1955.

Wer also wissen will, wie es bei Thomas Mann vom »Zauberberg« nach Ägypten geht, kann sich am Starnberger See auf den Weg über Feldafing und Tutzing nach Seeshaupt machen. In dem ehemaligen Seeshaupter »Russenschlößl« ist heute eine Praxis für Naturheilkunde untergebracht; ihre Besitzerin nennt das Haus »Seeschlößchen«.

Der Augenzeuge: Ernst Weiss

Der Arzt und Schriftsteller Ernst Weiß (1882–1940) hat zwar keine Villa am See gehabt, aber er hat während seiner Aufenthalte in München zwischen April 1919 und Juni 1920 Seeshaupt zweimal länger besucht, im August und September 1919 vermutlich zusammen mit seiner Freundin, der Tänzerin und Autorin Rahel Sanzara (d. i. Johanna Bleschke, 1894–1936), sodann, laut Meldebogen im Münchener Stadtarchiv, in der Zeit zwischen Ende November 1919 und Anfang Februar 1920; er wohnte damals im Hotel zur Post.

Ernst Weiß ging allerdings nicht ganz freiwillig nach Seeshaupt; der konkrete Anlaß war seine Ausweisung aus München im Zusammenhang der konterrevolutionären Politik nach der

Zerschlagung der Räterepublik im Mai. Obwohl sich Ernst Weiß an der Räterepublik gar nicht beteiligt hatte, wurde er – wohl als grundsätzlich verdächtiger intellektueller »Ausländer« mit dem Doppelberuf Arzt und Schriftsteller – aus der Stadt gewiesen, im Februar 1920 dann ganz aus Bayern. Auf einer Postkarte an Stefan Zweig am Ende dieser Zeit schrieb Ernst Weiß, er sei »einige Monate auf dem Lande« gewesen, »wegen erschütterter Gesundheit und aus anderen Gründen (Bayern)«, und müsse jetzt »nach Prag«. Dieser Besuch hatte konkret nachweisbare literarische Folgen: Die sommerliche und winterliche Seelandschaft um Seeshaupt und die Osterseen ist ein wichtiger und authentisch geschilderter Schauplatz in Ernst Weiß' letztem Buch, dem nachgelassenen Roman *Der Augenzeuge* (1938), einer ausgezeichneten Analyse vom Aufstieg Adolf Hitlers zum Völkermörder.

Ernst Weiß war der Sohn eines jüdischen Tuchhändlers aus Brünn. Nach einem Medizinstudium in Prag und Wien promovierte er 1908; eine Stelle als Schiffsarzt des Österreichischen Lloyd ließ ihn Reisen bis nach Indien und Japan unternehmen. Sein erster Roman *Die Galeere* (1913) über den moralischen Zwiespalt eines ehrgeizigen Strahlenphysikers zeigte, wie Franz Kafka schrieb, »das Lebendige wirklich bis zum Geblendetwerden«. Das Grundthema im Werk von Ernst Weiß klang erstmals an. Mit seinem Freund Franz Kafka las er gemeinsam die Korrekturfahnen des zweiten Romans *Der Kampf* (1916) im Sommer 1914. Während des Krieges und danach bis 1920 arbeitete Ernst Weiß in leitenden medizinischen Funktionen, erlebte aber zugleich 1919 in Prag die grandiose Aufführung seines Dramas *Tanja*; die Titelrolle spielte seine Freundin Rahel Sanzara.

Von den Romanen, die Ernst Weiß in den zwanziger Jahren schrieb, seien die tropische Tigergeschichte *Nahar* (1922), der Balzac-Roman *Männer in der Nacht* (1925) und die psychologische Internatsstudie *Boëtius von Orlamünde* (später *Der Aristokrat*, 1928) genannt, die noch im gleichen Jahr mit dem Adalbert-Stifter-

Preis und, man höre, wegen einer darin geschilderten Pferdebändigung mit einer Silbermedaille der Olympischen Spiele in Amsterdam ausgezeichnet wurde. Außerdem unterstützte Weiß seine Freundin Rahel Sanzara während der Arbeit an ihrem Roman *Das verlorene Kind* (1926), der erhebliches literarisches Aufsehen erregte und in mehrere Sprachen übersetzt wurde.

Nach zehn Jahren in Berlin kehrte Ernst Weiß 1933 nach Prag zurück und emigrierte im Jahr darauf, nach dem Tod seiner Mutter, nach Paris. Zwei Jahre später starb in Berlin seine Freundin Rahel Sanzara. Einem immer schwierigeren Leben als Mitarbeiter zahlreicher Emigrantenzeitschriften trotzte Ernst Weiß in Paris zunächst den – Stefan Zweig gewidmeten – Roman *Der arme Verschwender* (1936) ab, eine im Ärztemilieu spielende »Pseudobiographie« (Hermann Kesten), für die Alfred Döblin das große Lob fand, sie gebe einem »das Gefühl, es könnte alles wahr sein«. Seinen letzten zu Lebzeiten veröffentlichten Roman *Der Verführer* (1938) – er ist Thomas Mann gewidmet – verstand Ernst Weiß selbst als »eine großangelegte Darstellung eines geistig-sinnlichen Menschen in der heutigen Zeit, der vielleicht etwas Typisches hat«. Für Thomas Mann gehörte das Buch »zum Allerinteressantesten, das mir in Jahren vorgekommen«.

Der künstlerische Ansatz Ernst Weiß', das politische Unheil vielleicht dadurch zu bannen, daß seine Entstehung und Entwicklung aus vermeintlich privat-persönlicher Sicht entlarvend dargestellt werden, kulminierte in dem Roman *Der Augenzeuge* (1938), der von allen Weiß-Romanen das merkwürdigste Schicksal hatte.

Geschrieben für einen literarischen Wettbewerb der »American Guild for German Cultural Freedom« und erfolglos eingereicht, bildet dieser Roman den einzigen literarischen Nachlaß des Autors. Beim Einmarsch der deutschen Truppen in Paris nahm sich Ernst Weiß am 15. Juni 1940 das Leben. Der wiederentdeckte Roman erschien erstmals 1963 im Kreißelmeier Verlag in Icking bei München mit einem Nachwort von Hermann Kesten und danach in zahlreichen Lizenzausgaben und Übersetzungen.

Der Kassiber mit den wichtigen Aufzeichnungen eines Augenzeugen vom Untergang Europas durch die deutsche Vernichtungspolitik kam nach langem zeitlichem und räumlichen Umweg endlich dort an, wo er gelesen werden mußte und weiterhin gelesen werden sollte.

Die Geschichte

Kurz gefaßt ist *Der Augenzeuge* die in der Ich-Form erzählte Lebensgeschichte eines Arztes, der im Ersten Weltkrieg den kriegsblinden Gefreiten »A.H.«, hinter dem unschwer Adolf Hitler erkennbar ist, auf eine besondere Weise heilt. Der Arzt aktiviert die extreme Willenskraft seines Patienten und eröffnet ihm damit, natürlich unfreiwillig, die Möglichkeit, sein Leben als »ein Stück gigantischer Lüge«, als der satanische Verführer eines zu kurz gekommenen Kleinbürgertums neu zu beginnen. Nach der Machtübernahme der Nazis soll der Arzt die von ihm verwahrten Aufzeichnungen über seinen merkwürdigen Patienten herausgeben. Die einstige Heilung, jetzt propagandistisch als »Wunder« ausgegeben, soll nicht durch die Aufzeichnungen des Augenzeugen entlarvt werden. Aber der Arzt weigert sich und versteckt die Papiere an verschiedenen Stellen, so im Moor der Osterseen bei Seeshaupt. Der Arzt kommt in Haft, wird geprügelt und schließlich im Konzentrationslager Dachau interniert, kann aber von dort auf spektakuläre Art fliehen. Der Preis für die Flucht sind allerdings, wie sich später herausstellt, eben die Aufzeichnungen, die seine Frau für die Rettung ihres Mannes preisgegeben hat. Der Arzt verliert sein wichtigstes Pfand und auch das Vertrauen in seine Frau.

Im Moor

Das Moor als Versteck der Papiere ist zwar nur ein Detail im Roman, es wird allerdings lange vorher durch eine ausführliche Schilderung vorbereitet. Als Sohn eines Brückeningenieurs wächst der spätere Arzt in München auf. Beim Versuch, ein Pferd zu füttern, wird der Junge sehr heftig getreten. Nach langer Krankheit verbringt er mit seinen Eltern einen Erholungssommer »in S., einem kleinen Ort an einem schönen langgestreckten See, wo wir ein Holzhäuschen mit kleinem Obstgarten besaßen«. Während seine zarte Mutter, von der Krankheit des Sohns geschwächt, nun selbst lungenkrank im Garten leidet, macht sich der Junge auf und erkundet das Moor der Osterseen hinter Seeshaupt. Der Knabe im Moor gerät in Gefahr, allerdings nicht ganz so schaurig wie in der berühmten Ballade der Annette von Droste-Hülshoff.

Am nächsten Tag lockte es mich in das Moor. Das Ende des Sees bestand aus immer flacher werdenden Kieselgründen, die mit Schilf bewachsen waren und um die das dicke Dampfschiff in weitem Bogen herumfuhr. Landeinwärts, jenseits der um den See führenden breiten Fahrstraße, begann eine ganz andere Landschaft, nicht festes Land, aber auch nicht Wasser, eines ging ins andere über. Einige kleine fischreiche, aber grundlose, gefährliche Seen, die Osterseen genannt, glänzten in fahlem, mattem Grün. Es führten schmale Fußwege durch das Gelände, in dem sich weit und breit keine Hütte befand. Erst am Rande, dort, wo es wieder bergan geht, standen ein paar elende Baracken der Torfstecher. Alles war hier anders als am Seeufer, die Pflanzen üppiger, die Vögel schreckhafter, mit bunterem Gefieder und von unbekannten Arten, die Schmetterlinge größer, aber, wie mir schien, weniger scheu.

Der Junge läuft einem Schmetterling nach, fängt ihn auch mit seinem Hut, läßt ihn aber wieder frei – und hat sich plötzlich verlaufen. Er zieht die Schuhe aus und versucht,

(...) ob ich mit bloßen Füßen leichter über die mit trügerischem Grün verdeckten Stellen kommen könnte. Ich atmete tief auf, überall roch es herb nach dem Moor, nach Torf und nach heißem Gras. Aber ich machte den Fehler, den, wie ich nachher erfuhr, die meisten in ähnlicher Situation machen.

Der Fehler ist, ein Bein erst mehr als das andere zu belasten und das Einsinken dieses Beins dann durch den Wechsel auf das andere ausgleichen zu wollen: »So arbeitet sich der Mensch, der es nicht versteht, ins Moor immer tiefer hinein.« Zwar hat der Junge Glück und kommt gleich darauf frei, aber in dieser Landschaftsschilderung ist bildlich schon das gefaßt, was sich später als Trug und Lüge zu einem politischen Sumpf viel gefährlicherer Art entwickeln sollte.

Die Waffe

Nach Kriegsende beobachtet der Arzt den Aufstieg »A.H.s« genau und erfährt – vermutlich wie Ernst Weiß selbst – am eigenen Leibe, wie sich der ehemalige Patient durch eine brutale und wirkungsvolle Rhetorik einfachster und immer wiederholter Feindbilder nach und nach ein »Herrenrecht« erobert, das ihm die Macht eröffnet. Der Arzt erkennt, daß er seine Aufzeichnungen über den Patienten »A.H.« vielleicht als »Waffe« gegen ihn nützen könnte und entschließt sich, sie im Moor zu verstecken. Die Landschaft hat sich winterlich verändert:

Es war eine kalte, sternklare Nacht, das Moor war gefroren, man konnte sich ruhig vorwärts wagen. Die Osterseen waren wie festes Land, das Eis federte nicht unter meinen Schritten. Dies kürzte meinen Weg sehr ab. Bald hatte ich die Stelle erreicht, wo ich als junger Mensch in Lebensgefahr geraten war. Ich hatte vor, an dieser Stelle die Kassette zu vergraben, hier konnte sie niemand vermuten. Leider hatte ich nicht damit gerechnet, daß der Boden steinhart war, ich ließ es also vorläufig sein, ging zu den Torfstechern, versorgte die [schwer erkrankte] *Frau und kam wieder heim.*

Am nächsten Tag gelingt es dem Arzt zwar, die Kassette im Moor einzugraben, er weiß aber auch, daß er sie wieder bergen muß, bevor die warme Jahreszeit kommt, um die Papiere nicht zu verlieren. Über einen »Kassenschrank« zu Hause gelangen die Papiere schließlich in ein Baseler Banksafe. Von dort fallen sie leider doch in die Hände der Feinde als Lösegeld für die Befreiung des Arztes aus dem KZ. Auf dem Weg nach Österreich kommt er noch einmal an den Osterseen und bei den Torfstechern vorbei:

Die Torfstecher warteten draußen, sie waren nicht sehr erstaunt über mein Mißgeschick, sie nahmen mich wieder mit sich, wir gingen auf den kleinen Wegen durch das noch kahle Moor, an den zugefrorenen Osterseen wieder vorbei, wir setzten uns an das Torffeuer in der Hütte, tranken Kaffee, aßen Brot und berieten alles in Ruhe. Nachts brachen wir auf, und sie geleiteten mich auf kleinen Pfaden über das Gebirge an die österreichische Grenze.

Am Ende des Buches, das nichts weniger ist als die fingierte Rekonstruktion der verlorenen Papiere, fährt der Held aus der Misere der Pariser Emigration zum Kampf gegen den Faschismus in den Bürgerkrieg nach Spanien. Er vertraut seiner Frau die Aufzeichnungen an: »So blieb ich ihr treu und sie mir.« So der Schlußsatz. Der Roman erscheint nicht nur für die damalige Situation »wahr«; die Aufzeichnungen des *Augenzeugen* entlarven weiterhin ideologische Strategien der Vernichtungspolitik.

Unterwegs zur Lauterbacher Mühle: Alfred Kerr

Die Osterseen entstanden am Ende der letzten Eiszeit beim Rückzug des Gletschers durch das Abschmelzen sogenannter Toteisblöcke und haben ihre Namen angeblich von den Namen alter germanischer Göttinnen. So gab Ostara, eine Licht- und Frühlingsgöttin, deren Namen der angelsächsische Mönch Beda Venerabilis (»der Ehrwürdige«) im 8. Jahrhundert wohl fälschlich aus dem alten Namen des Ostermonats (»eosturmonath«) herausgelesen hatte, den Seen insgesamt wie speziell dem größten unter ihnen den schönen Namen. Auch der kleinere Frechensee leitet seinen Namen, wie es heißt, von Freya, der Fruchtbarkeitsgöttin, oder von Frigga (Frija), der Himmelskönigin, ab, von der auch der Freitag seinen Namen hat. Es ist demnach nur folgerichtig, daß die größte und schönste der bewaldeten Inseln im Ostersee als Marieninsel bekannt ist.

Geschmolzene Gletscher, verschliffene Namen – es scheint, als habe die Lauterbacher Mühle durch das berühmte Lied vom verlorenen Strumpf etwas mit dem allgemeineren Werden und Vergehen zu tun. So jedenfalls sieht es 1919 der Berliner Theaterkritiker und Reiseschriftsteller Alfred Kerr (1867–1948). Er, dessen sehr persönlich gehaltene Kritiken mit den charakteristischen römischen Abschnittziffern literarische Existenzen begründen und beenden konnten, war 1918 zusammen mit seiner ersten Frau Inge und 1919, nach deren Tod, allein als Sommergast in Seeshaupt. Das Prosastück *Seeshaupt und Peperl* (1928) erinnert an die Tage, da Kerr hier Trost und Erholung suchte. Der Unterschied zwischen Seeshaupt und Berlin kann größer kaum gedacht werden:

X. (...) Seeshaupt mit seinem Ernsten und seinem Ulkigen. An die Seele packend, fast erschütternd ist mir die Landschaft; spaßig die Menschen, doch anmutvoll dabei.

Es ist alles wie das Untertauchen in ein abseitiges Leben. Die Menschen hier sind noch ohne Wellblech. Die Seelen fern vom Asphalt. Der Unterschied zum preußischen Rattergetrieb ... so groß wie zwischen einem Fabrikhof und einem Heustadel.

Nach dem Tod seiner Frau zurück an dem »bergbewachten See«, kommt ihm die Reise hierher fast wie eine »Wallfahrt« vor. Aber das Leben springt ihm in der Person des viereinhalbjährigen Peperl fröhlich entgegen. Kerr bewundert die Heustadel, überlegt, woher das Wort »Grummet« kommt und sieht, wie die Bauern mit Zinnkraut »ihr altes Geschirr, ihre Zinnteller und -krüge« blankscheuern, warnt aber seine Leser, wohl aus eigener Erfahrung, vor der Anwendung des Zinnkrauts bei silbernen Zigarettenetuis, da »hinterläßt es grimmig-blinde Schrammen.« Dann läßt er sich vom »Scheckerl« kutschieren und gerät unversehens zur Lauterbacher Mühle. Seine Gedanken kommen sehr schnell auf eine nicht ganz unwichtige Differenz, auf die Unkenntnis der Bedeutung von Worten des Alltags und eines Volkslieds im Vergleich mit den auch nur scheinbar fundierteren Kenntnissen der alten und hohen Literatur:

XIV. Aber was guckt denn da vor? Das ist die Lauterbacher Mühle! So weit ist das gute, starke Scheckerl schon getrabt. Da drüben liegt sie, an den Osterseen.

Hat jenes weibliche Sagengeschöpf, das hier einen Strumpf verlor, in den Osterseen gebadet? oder bei welchem Anlaß verlor sie den Strumpf? hä? ›Z'Lauterbach hab i mein' Strumpf verlorn – ohne Strumpf geh i net heim! Drum geh i halt wieder nach Lauterbach – und such mir mein' Strumpf zu dem ein'.‹ Mädel, Mädel, wie geschah es? Heut hast du die Ungelegenheiten mit dem Strumpf überwunden, längst. Bist eine alte Frau? Oder lebste nicht mehr? Um das zu wissen, müßte man feststellen, wann das Volkslied entstand. Keine Ahnung. (Dazu hat man Germanistik studiert? Weder von Grummet, noch vom Lauterbacher Strumpf, also vom Allernotwendigsten, besitzt man genauere Kenntnis? Dafür ist einer jedoch in den isländischen Edda-Sagen oder in dem angelsächsischen ›Beowulf‹ ... Nein, auch nicht so sehr bewandert. Alles was wahr ist.)

Von den alten Sagen bleibt gerade noch, wenn überhaupt, ein Reflex, im besten Fall ein Zweifel. Die Anstrengungen vor allem nationalistischer Art, die germanische Mythologie für ihre politische Ideologie einzusetzen, werden an dieser Stelle von Alfred

Kerr schon demontiert, bevor sie das Feindbildschema germanisch/semitisch zur Begründung für den Völkermord heranzogen.

Nach Hitlers Machtübernahme floh Alfred Kerr am 15. Februar 1933 über Prag, Wien und Zürich nach Paris und engagierte sich dort sofort und nachdrücklich im publizistischen Kampf gegen die neuen Herrscher in Berlin. Im März 1935 emigrierte Alfred Kerr mit seiner zweiten Frau Julia Weismann und den Kindern Michael und Judith nach London. Seine Tochter, die erfolgreiche Kinderbuchautorin Judith Kerr (geb. 1923), wurde mit ihrer Trilogie über das Emigrantenschicksal einer deutsch-jüdischen Familie bekannt; für den ersten Band *Als Hitler das rosa Kaninchen stahl* erhielt sie 1974 den Deutschen Jugendbuchpreis.

Ein Blauer Reiter: Heinrich Campendonk

Ein versprengter »Blauer Reiter«, der Maler Heinrich Campendonk (1889–1957), hat zwischen 1916 und 1922 mit seiner Frau Adda und zwei Kindern in Seeshaupt gewohnt. Der in Krefeld geborene Künstler war 1911 über seinen Freund Helmuth Macke, den Bruder des Malers August Macke, nach München gekommen und hatte sich in der kleinen Kolonie moderner Künstler in Sindelsdorf eingemietet. Hier, im Umkreis von Franz Marc und Wassily Kandinsky, konnte Campendonk die Entstehung des Almanachs *Der Blaue Reiter* (1912), in dem er immerhin auch mit einem Bild vertreten ist, aus nächster Nähe beobachten. Der Ausbruch des Ersten Weltkriegs dezimierte die Schar der neuen »Wilden« beträchtlich. Nach dem Tod Franz Marcs zog Campendonk 1916 von Sindelsdorf nach Seeshaupt in die Nachbarschaft des Tiermalers Jean Bloé Niestlé (1884–1942), der, als Freund Franz Marcs ebenfalls aus Sindelsdorf kommend, am südlichen Ortseingang im Tiefentalweg 30/32 ein heute nicht mehr bestehendes Haus aus dem Jahr 1910 bewohnte. Andrea Firmenich hat dagegen das heute in veränder-

Heinrich Campendonk, Männlicher Akt mit Fischen, Holzschnitt (1917)

tem Zustand noch bestehende Wohnhaus und das dahinter gelegene ehemalige Atelier des Malers an der Hauptstraße 8 (heute Restaurant »Marco Polo«) herausgefunden:

Die Familie Campendonk bewohnte zwei helle Etagen in einem großen bayerischen Bauernhaus mit mächtigem Dach, umgeben von einem ausgedehnten, mit Hühnern und Kühen bevölkerten Obst- und Wiesengarten, der zur Bergseite hin mit Bäumen umschlossen war. Zur Seeseite bot sich der Blick auf die Seeshaupter Kirche. Abseits vom Trubel der Familie mietete sich der Künstler in der Nähe des Wohnhauses einen über eine Außenstiege zu erreichenden Raum als Atelier. In vollkommener Abgeschiedenheit entstanden hier Bilder mit Szenen des ländlichen Lebens, des Menschen inmitten von Tieren und Natur, Akte und bäuerliche Interieurs von höchster Harmonie, Leuchtkraft und Ruhe, als fände der gleichzeitig draußen tobende Krieg nicht statt.

Nach dem Krieg besuchte Campendonk seinen Kollegen Paul Klee mehrmals in München und natürlich auch während der Sommerferien in Possenhofen. Aus der Abgeschiedenheit in Seeshaupt befreite Campendonk und seine Familie der rheinische Industrielle, Kunstsammler und Mäzen Paul Multhaupt. Er ließ für den Künstler ein Wohnhaus am Rande von Krefeld bauen, und im Herbst 1922, elf Jahre nach seinem Abschied, kehrte Campendonk in seine Geburtsstadt zurück. Im Oktober 1926 bekam er eine Professur an der Kunstakademie Düsseldorf; als »entarteter Künstler« ging Campendonk, der sich schon 1930 von seiner Frau getrennt hatte, 1933 nach Amsterdam und wurde dort 1935 zum Professor an der Rijksacademie ernannt. Campendonk starb 1957 in Amsterdam.

Eine Passage: Walter Benjamin

In Seeshaupt verbrachte der spätere Geschichtsphilosoph, Essayist, Literaturkritiker, Übersetzer und nicht zuletzt Prosaist großartiger »Städtebilder« Walter Benjamin (1892–1940) als Student aus Berlin den Sommer 1916 zusammen mit Dora Sophie Pollak (1890–1964) in der bislang nicht identifizierten Villa ihres Mannes Max Pollak (gest. 1960). Die Ehe der Pollaks bestand zu diesem Zeitpunkt nur noch formal; noch 1916 ließ sich Dora Pollak scheiden. Im April 1917 heiratete sie Walter Benjamin; genau ein Jahr später kam der Sohn Stefan zur Welt. Benjamin hatte Dora Pollak, die Tochter Lion Kellners, des Wiener Anglisten, Zionisten und Herausgebers der Werke Theodor Herzls, im Frühjahr 1914 in Berlin im sogenannten »Sprechsaal« der jüdischen Jugendbewegung kennengelernt. In diesem Umkreis sah ihn auch sein späterer langjähriger Freund, der jüdische Religionshistoriker Gershom Scholem (1897–1982) im Herbst 1913 das erste Mal; persönlich lernte er Benjamin in dessen »Philosophenklause« im Sommer 1915 kennen. Die intensiven Gespräche ließen die Bekanntschaft bald zu einer Freundschaft werden, die ihren ersten Höhepunkt in jenen drei Tagen fand, die Scholem im Juni 1916 zusammen mit Benjamin und Dora Pollak in Seeshaupt verbrachte.

Es war eine für Benjamin entscheidende Zeit. Vom Kriegsdienst zurückgestellt, konnte er sich ganz seinen sprachphilosophischen Studien widmen. Er zog im Frühjahr 1916 nach München, wo seine Verlobte Grete Radt studierte, löste aber diese Verbindung bald zugunsten Dora Pollaks wieder auf. Die Begegnung von Benjamin und Dora mit Gershom Scholem fiel demnach besonders für Benjamin in eine Phase des Werdens und der Neuorientierung bei der er, wie Scholem sich notierte, auffällig oft das Wort »irgendwie« verwendete. Eine genaue Darstellung dieser drei Tage gibt Scholem in seinem Buch *Walter Benjamin – die Geschichte einer Freundschaft* (1975). Danach fuhren er und

Benjamin von München aus, offenbar mit der Bahn, an einem Sonntagabend nach Seeshaupt und »stapften dann durch den Regen eine halbe Stunde bis zu dem Haus, wo ich ein herrliches und sehr schön ausgestattetes Zimmer im ersten Stock hatte, während Benjamin und die Hausherrin, die uns im Musikzimmer erwartete, in lange nicht so schönen Zimmern im zweiten Stock schliefen«. Noch am gleichen Abend gab es ein langes Gespräch bis ein Uhr nachts über den Zionismus und einen Brief Benjamins an den von ihm stark kritisierten Martin Buber.

Die Gespräche setzten sich am nächsten Vormittag in der »sehr schönen Bibliothek« fort, wo Benjamin antiquarische Schätze präsentierte und eine Ode Pindars in der Übertragung Hölderlins sowie im griechischen Original vorlas. Dann präsentierte Scholem einen polemischen Artikel gegen den mangelnden Radikalismus in der zionistischen Jugend – und wieder ging es gegen Buber, so sehr, daß Benjamin seinem Gast zum Abschied sagte, er solle Buber bei einer Begegnung »in unserem Namen ein Tränengefäß überreichen«.

Sehr beeindruckend war für den Besucher dagegen Benjamins Verteidigung des Philosophen Hegel am nächsten Tag. Obwohl er noch kaum etwas von Hegel gelesen hatte, veranlaßte eine vorlaute Bemerkung Scholems Benjamin zu einer entschiedenen Entgegnung; er griff sich aus Pollaks Bibliothek Hegels Hauptwerk *Phänomenologie des Geistes* (1807), schlug aufs Geratewohl eine Seite auf, las einen etwas kryptischen Satz vor – Scholem lachte – und gab aus dem Stand, ohne Kenntnis der Zusammenhänge, »eine längere energische Interpretation und Verteidigung des Satzes«. Scholem staunte. Eine anschließende Diskussion über den Mythos brachte das Gespräch über den Animismus auf Gespenster:

Dabei erzählte Benjamin viel von seinen eigenen Träumen, in denen Gespenster eine große Rolle spielten, wie etwa das Motiv des großen, leeren Hauses, in dem, vornehmlich am Fenster, Gespenster tanzend schweben.

Solch eine Äußerung zeigt, daß sich in kurzer Zeit ein großes Vertrauen untereinander entwickelte. Es gab aber auch ruhige Zeiten, etwa wenn Scholem in einer Prachtausgabe von Balzacs *Contes Drôlatiques* die Illustrationen Dorés bewunderte oder in Benjamins Zimmer eine schöne Ausgabe von Flauberts Roman *Bouvard et Pécuchet* entdeckte. Also auch hier, im abgelegenen Seeshaupt, war »Paris, die Hauptstadt des 19. Jahrhunderts«, so der bekannteste Text aus Benjamins Fragment gebliebenem *Passagenwerk*, literarisch vertreten. Außerdem wurde viel Schach gespielt. Für Scholem war diese Zeit im Sommer 1916 »der Durchbruch und Wandel unserer Beziehung von Bekanntschaft zur Freundschaft«, die sich in den folgenden Jahren vielfach bewährte. Walter Benjamin wählte 1940, als Emigrant in eine aussichtslose Lage an der spanisch-französischen Grenze geraten, den Freitod.

Ein Leben im Ostwind: Johannes von Guenther

Die Seeshaupter »Russenvilla« an der St. Heinricher Straße 6, wurde, wie schon gehört, 1857 von dem kgl. Rat Dr. Karl von Günther erbaut und bekam ihren Namen durch den Gesandten Geheimrat Baron Otto von Küster aus Sankt Petersburg, der sie zwanzig Jahre später erwarb. Eine besonders glückliche Fügung sorgte Anfang der fünfziger Jahre dieses Jahrhunderts dafür, daß die Kombination Rußland und Guenther in einem anderen Haus in Seeshaupt noch einmal, diesmal literarisch, wirksam wurde. Der aus dem lettischen Mitau stammende Schriftsteller, Verleger und vor allem Übersetzer nahezu aller bedeutenden klasssischen und modernen russischen Autoren Johannes von Guenther (1886–1973) lebte von 1952 bis 1969 im ersten und zweiten Stock des Hauses an der Pettenkoferallee 56; vom Arbeitszimmer unter dem Dach aus ging der Blick auf den See. An eigenen Schriften entstanden in diesen Seeshaupter Jahren unter anderem eine *Russische Literaturgeschichte* (1964) und die Erinnerungen an die Jahre bis zum Ersten Weltkrieg unter dem Titel *Ein Leben im Ostwind. Zwischen Petersburg und München* (1969).

Diese Erinnerungen zeigen Johannes von Guenther als einzigartigen literarischen Vermittler zwischen Rußland und Deutschland. Im Unterschied zur »Münchner Dichterwelt« fand von Guenther die Petersburger »viel schwerer und abgründiger, sie war viel leichter und glitt wie Wolkenschiffe am Himmel hin. Die russische Schwere kommt aus dunkleren Seelentiefen, die russische Heiterkeit ist unbeschwerter und federleicht.« Von der Heiterkeit der Schwabinger Bohème um 1900, etwa beim Theaterspielen im großen Hof des legendären Eckhauses der Gräfin Franziska zu Reventlow an der Kaulbachstraße und spontanen Ausflügen an den Starnberger See, weiß Johannes Guenther allerdings auch:

Wenn wir genug gespielt hatten, liefen wir manchmal zum Starnberger Bahnhof und fuhren mit einem der letzten Züge zum See. Dort mieteten wir ein großes Boot und ruderten nach Leoni hinüber, die Manen König Ludwigs des Zweiten ehrend. Ich war damals ein großer Ruderer, das hatte ich dem Mitauer Klub zu verdanken. Manchmal ruderten wir bis in die Morgendämmerung hinein und kehrten dann mit dem ersten Zug zur Stadt zurück.

Für seine hervorragenden Leistungen als Übersetzer, ganz besonders der Werke Nikolai Leskows, wurde Johannes von Guenther 1956 mit dem Nationalpreis für Literatur der DDR ausgezeichnet; wenige Jahre später erhielt er 1963 das bundesdeutsche Verdienstkreuz Erster Klasse.

Wie sich sein Sohn Heinrich von Guenther erinnert, traf sich Johannes von Guenther in seinem Haus mit namhaften Verlegern wie Ernst Rowohlt, Heinrich Beck oder Heinrich Ellermann ebenso wie mit Dichter- und Schriftstellerfreunden, zu denen Günter Eich, Ilse Aichinger, Felix Braun und Hans Reisiger zählten. Aus der Theaterszene gehörten der Nachbar Hans

Albers aus Garatshausen, die Schauspielerin Agnes Fink sowie die Regisseure Bernhard Wicki, Otto Falckenberg und Hans Schweikart zu seinen Gästen, von den vielen Slawisten aus aller Welt gar nicht erst zu reden, die in Seeshaupt den Rat des großen Kenners suchten. Seine letzten Lebensjahre verbrachte Johannes von Guenther, wie schon vorher die Zeit des Krieges, in Kochel am See.

Postskriptum. An verschiedenen Orten zwischen Dachau, dem Starnberger See und dem Isartal erinnern seit einigen Jahren Mahnmale mit einer Figurenplastik des Bildhauers Professor Hubertus von Pilgrim an den gewaltsamen Todesmarsch der KZ-Häftlinge aus Dachau Ende April 1945. Auf dem Bahnhof von Seeshaupt befreiten amerikanische Soldaten am 30. April aus einem Güterzug etwa 2000 Häftlinge in erbärmlichstem Zustand; fast 100 Menschen hatten diese Todesfahrt nicht überlebt. Zusammen mit etwa 1000 freigelassenen russischen Zwangsarbeitern aus der Munitionsfabrik Geretsried nahmen die befreiten Häftlinge in den folgenden Tagen wenig Rücksicht auf Wohl und Wehe der Einwohner; es kam zu Plünderungen und Zerstörungen. Das Archiv der Gemeinde ging verloren. Aus diesem Grund gibt es in Seeshaupt noch immer Stimmen gegen den Beschluß des Gemeinderats, das Mahnmal für die KZ-Häftlinge aus Dachau auch auf dem Bahnhofsvorplatz in Seeshaupt aufzustellen.

Bernried

Die ältesten nachweisbaren literarischen Zeugnisse vom Starnberger See kommen aus Bernried. Kurz nach der Gründung des Augustiner-Chorherrenstifts um 1120 verfaßte der Kanoniker Paulus eine Lebensbeschreibung des Reformpapstes Gregor VII. (1021–1085) und der seligen Herluka von Bernried (gest. 1127), die sich sehr für die strengen Reformen Gregors eingesetzt hatte – die Abschaffung des geistlichen Ämterkaufs, der Priesterehe und der Laienämter gipfelte in der Forderung nach der Unterordnung des weltlichen Herrschers unter das Diktat des Papstes. Der fleißige Paulus »Bernriedensis« schrieb zudem eine »Bayerische Chronik« und bekam deshalb im 17. Jahrhundert durch den Herzog und Kurfürsten Maximilian I. den Ehrentitel eines »bayerischen Livius« verliehen.

Die weinende Madonna

Der Klostergarten erhielt 1684 eine Mauer mit einer kleinen Seekapelle. Hier spielt die Sage vom Konflikt zweier Marienfiguren zwischen der klösterlichen Seekapelle und der selbständigen Pfarrkirche. Die Geschichte der »Seemutter« oder »weinenden Madonna von Bernried« erzählt eine alte Frau in Maximilian Schmidts Erzählung *Die Fischerrosel von St. Heinrich* (1884):

›*Vor uralter Zeit war nämlich in der Pfarrkirche zu Bernried ein wunderthätiges Marienbild aufgestellt, welches von stümperhafter Hand geschnitzt, geradezu häßlich war. Da kam eines Tages auf dem hochfluthenden stürmischen See ein anderes Liebfrauenbild, allem Anscheine nach von Meisterhand gefertigt, am Ufer in Bernried angeschwommen und ward in der sogenannten Seekapelle aufgestellt. Bald dünkte es dem Kirchenvorstande für besser, diesem Kunstwerke die Stelle des weniger gelungenen in der Pfarrkirche anzuweisen, dieses hingegen in die Seekapelle zu übertragen. Man war aber nicht wenig überrascht, als andern Morgens die Pfarrkirche geöffnet wurde, zu sehen, daß das häßliche Bild sich wieder an seinem alten Platze, das schöne dagegen in der Seekapelle vorfand. Zudem bemerkte man, wie aus den Augen des letzteren helle, nasse Thränen über die Wangen herabliefen, welche späterhin zwar trockneten, deren Spuren aber auf dem überaus holden Angesichte erkenntlich sind. Daraus ersah man, daß dieses Bild seinen Platz am See so liebgewonnen, daß es weinte, weil man es in die Kirche hinauf versetzen wollte, und die »liab woanet Frau vom See« ward Jahrhunderte hindurch als Beschützerin der Fischer und Schiffer verehrt. Das häßliche Bild in der Pfarrkirche aber wurde zumeist von den Land= und Waldbewohnern verehrt und die in der Kirche aufgehängten Votivtafeln schreiben demselben manches Wunder zu.«*

Die Zeiten änderten sich; 1803 wurde das Kloster durch die Säkularisation aufgehoben. Als 1852 der bayerische Gesandte am französischen Hof August Freiherr von Wendland das ehemalige Kloster erwarb und den südlichen Teil umbaute, bekam das Gebäude den neuen Namen »Schloß Bernried«. Mit dem Einzug der Tutzinger Missions-Benediktinerinnen 1949 lebte der alte Geist des Klosters wieder auf; die heutigen Schwerpunkte liegen auf der Erwachsenenbildung und der Familienerholung. Als besonnene Wohltäterin erwies sich in den ersten Jahren des klösterlichen Wiederaufbaus die deutsch-amerikanische Brauereierbin Wilhelmine Busch-Woods. Sie stiftete das Gelände südlich von Bernried, wo sie sich ein altes Fischerhaus zum Teehaus hatte umbauen lassen, dem Bayerischen Staat als Nationalpark; aus ihrem nördlich von Bernried gelegenen neuen Schloß Höhenried (1937) entstand nach ihrem Tod 1952 eine Herzklinik. Südlich von Bernried lebte während des Zweiten

Weltkriegs auf Schloß Seeseiten (1876) der Baron Rudolf von Simolin. Sein Besucher Wilhelm Hausenstein bewunderte im November 1942 den Reichtum der kostbaren künstlerischen und literarischen Sammlungen des Barons, der ihn an einen »Römer der petronianischen Zeit« erinnerte. Der Baron wählte Anfang Mai 1945 den Freitod. Das Schloß ist heute im Besitz des Barons und Bankiers von Finck aus München.

Falscher Mozart

Zurück zur Seekapelle. Über der Tür sind seit 1813 auf einer kleinen Tafel Noten eines »Canon à 4 par Mozart« angebracht. Die Vermutung, Wolfgang Amadeus Mozart sei Ende Januar 1781 nach der Uraufführung seiner Oper »Idomeneo« von München aus nach Bernried gefahren, habe dort gut gegessen und getrunken und zum Abschied sein »Ave Maria« für 4 Stimmen, KV 554, dem Propst ins Gästebuch geschrieben, ist allerdings erst 1904 entstanden, als sich ein gewisser Karl Hartmann, durch das Täfelchen inspiriert, dem eben geschilderten »romantischen Gedankenritt« überließ. Die einzige mögliche Verbindung zwischen Bernried und Mozart sieht Robert Münster in der Person des Hofkammersängers Giovanni Valesi, eigentlich Johannes Wallershauser (1735–1811), der als Hauspfleger im Kloster auch als dessen Agent in München fungierte. Valesi sang Partien in den beiden in München uraufgeführten Mozartopern »La finta giardiniera« (1775) und »Idomeneo« (1781) und erhielt von Mozart in einem Brief an seinen Vater aus München vom 2. Oktober 1777 höchstes Lob: Man sehe an einer von Valesis Schülerinnen, »daß ihr Meister so wohl das singen als daß singen lehren versteht«. Aus welchen Gründen nun der Augustinerchorherr Herculanus (eigentlich Joseph) Glück 1813 die Tafel an der Seekapelle anbringen und mit »J. Glück« signieren ließ, muß offenbleiben; vielleicht war es eine kleine Hommage an

Valesi, vielleicht war es auch ein trotziges Signal gegenüber den kulturellen Freveln nach der Säkularisation von 1803.

Sommertage im Künstlerhaus: Max Halbe und Lovis Corinth

Etwa 150 Meter westlich vom Dampfersteg steht das alte Raffl-Anwesen (Am Hopfgarten 7), das 1893 der Kriegsschriftsteller und Hauptmann Karl Tanera (1849–1904) erwarb. Dem populären Autor, von dem eine Schlachtbeschreibung 1895 sogar Eingang in ein bayerisches Schullesebuch fand, wurde 1908 am Seeufer in Bernried ein Granitdenkmal mit Kupferporträt gesetzt. Aufgerückt in den Großen Generalstab in Berlin und viel auf Reisen, vermietete Tanera einige Räume seines großen Hauses als Fremdenpension.

Im Sommer 1899 war hier ein Freundeskreis um den Schriftsteller Max Halbe (1865–1944) und den Maler Lovis Corinth (1858–1925) versammelt. Halbe war durch den Erfolg seines Dramas *Jugend* (1893) bereits arriviert. Das Stück, in Berlin geschrieben und 1892 während eines halbjährigen Sommeraufenthalts in Ammerland überarbeitet, gab 1896 der Zeitschrift »Jugend« und von dort dem Jugendstil den Namen. Mit keinem seiner anderen Stücke hat Max Halbe auch nur annähernd seinen Anfangserfolg wiederholen können. In seinen Erinnerungen *Jahrhundertwende* (1976) schildert er den »literarischen Bienenstock« im Tanera-Haus während des Sommers 1899 und nennt neben einigen mehr oder minder vergessenen Namen auch den Wiener Lustspieldichter »Karl Rößler mit seinen noch ungespielten Stücken im bescheidenen Komödiantenköfferchen«. Von all den Künstlern hätten in diesen Sommertagen allerdings nur Halbe an einem Drama und Lovis Corinth an seinen Bildern gearbeitet. Tatsächlich entstand im August 1899 eines der bekanntesten Bilder Corinths, »In Max Halbes Garten« (Städtische

Galerie im Lenbachhaus, München), auf dem Max Halbe und seine Frau Luise, deren Schwester Berta Heck und Karl Rößler am Frühstückstisch zu sehen sind. Im August des Vorjahrs hatte Corinth während der Ferien in Ammerland bereits »das wundervoll lichte und anmutige kleine Bildnis« (Max Halbe) von »Frau Halbe mit Strohhut« gemalt, das heute ebenfalls die Städtische Galerie im Lenbachhaus, München, besitzt. Corinth, der 1900 nach Berlin umzog, kam noch einmal 1912 nach Bernried; Max Halbe zwar erst sehr viel später zu kurzen Besuchen in den dreißiger Jahren, doch wählte er den Ort schon vorher als Hintergrund für seinen Roman *Jo* (1917). Nicht lange danach plante ein weiterer Künstler aus München sogar einen längeren Aufenthalt in Bernried. Im Gasthof »Drei Rosen« feierte Anfang Juni 1923 der »Simplicissimus«-Zeichner Olaf Gulbransson den Polterabend 1923 mit seiner dritten Frau Dagny Björnson; ihr Plan, in ein altes romantisches Haus mitten im Ort ziehen zu können, zerschlug sich; fünf Jahre später fanden sie dafür den Schererhof am Tegernsee.

Wundersam abseitiges Dasein: Alfred Kerr

»Um Bernried zu würdigen, muß man viel in der Welt herumgekommen sein.« Diesen Satz des Schriftstellers Hans Reimann (1889–1969), der seit 1939 in Bernried lebte, hat der Theaterkritiker und Reiseschriftsteller Alfred Kerr mit einem Hymnus auf Bernried bestätigt. Vermutlich von Seeshaupt aus, wo er 1918 und 1919 die Sommer verbrachte, kam er wandernd und rudernd nach Bernried. In acht numerierten Abschnitten entwarf er danach ein liebevolles Bild des damals vermutlich noch mehr als heute abgelegenen Ortes. Auf dem Friedhof vor der Pfarrkirche las Kerr gleich am Eingang auf dem bis heute erhaltenen Grabstein der Afra Pfyffer von Altishofen den Wunsch: »›Süßester Jesu, sei nicht Richter, sondern Seligmacher.‹« Sein Kommentar bemüht sich um größere Zusammenhänge:

II. (...) Beim Lesen solcher Dinge begreift man, auch der Ungläubige, daß ein Musikus gesagt hat, es gebe zwei Deutschlands, – in Norddeutschland sei die Tat zu Haus, in Süddeutschland die Kunst. Wahr ist's, Phantasie führt hier ein wundersam abseitiges Dasein im lebendigen Leben.

Kaum ein größerer Kontrast ist denkbar als der zwischen Kerrs Arbeitsplatz Berlin und dieser ruhigen, ja geradezu verwunschenen Atmosphäre von Bernried. Giebelsprüche, das Wort vom Grabstein, das Rudern in der »Südbucht«, die Figuren in der Pfarrkirche, Mädchen an der Orgel – alle diese Beobachtungen und Erlebnisse münden in einen Hymnus besonderer Art:

VI. Bernried!

Unvergeßliches – im Schatten alter Bäume; dem Irren und Streben entrückt.

Das alte, kleine Schloß steht zwischen dem Wasser und ansteigend schweren Wiesen. Das Kirchlein auch. Allerhand Häusl sind hie und da verstreut, jedes mit Blumen, jedes einsam.

Die Leute dort, denk' ich mir, leben nicht wach, sondern in einer Art Halbtraum – so schön ist es.

Friedlich und düster zugleich.

(...)

Vermählung von Herrlichkeit und Trauer. Von Glanz und Dahingleiten.

Kerr hatte nach dem Tod seiner ersten Frau, die 1918 den letzten Sommer mit ihm in Seeshaupt verbracht hatte, einen besonderen Grund, die geschilderten Gegensätze in Bernried so intensiv zu erleben. Im letzten Abschnitt seines Prosabildes kommt er daher, nach dem Blick auf das übermütige Treiben einer Kindergruppe mit einer »Art Lehrerin«, noch einmal auf den trostreichen Wunsch zurück, den er auf dem Grabstein der Afra Pfyffer gelesen hatte: »›Süßester Jesu, sei nicht Richter, sondern Seligmacher.‹«

Schlaf: Richard Fischer

Zu Alfred Kerrs Bild des abseitigen Bernried paßt schließlich das Gedicht eines expressionistischen Dichters, der länger in Bernried lebte. Richard Fischer (1883–1972) aus Chemnitz war nach dem Kriegseinsatz in Frankreich, Rumänien und Flandern seit 1919 promovierter Studienrat in Dresden und wurde 1933 als entschiedener Gegner des Faschismus aus dem Schuldienst entlassen. Er übersiedelte nach Bernried und starb in Tutzing. Schon 1910 mit Novellen und Skizzen hervorgetreten, gab sein Gedichtband *Schrei in die Welt* (1919) 1988 einer Sammlung zum Expressionismus in Dresden den Titel. Aus dem Manuskript veröffentlicht wurde darin ein Gedicht, das über einen lokalen Bezug zum See weit hinausgeht:

Schlaf

Und dein Schlaf muß wie ein Sinken
Ganz in Grund und Algen sein.
Nichts ist mehr, nur dein Versinken
Und dein Liegen und Nichtsein.

Und daß du nicht tot bist, ist nur,
Weil das Naß dich noch umfließt
Und die Alge dich betastet
Und als Lächeln dich umspielt.

Tutzing

»Tutzing ist eine Gründung des althochdeutschen Bajuvaren Tuzzo, welcher als Gutsbesitzer und Oekonom allda in der ersten Zeit der Agilofinger gelebt hat.« Die spöttische Angabe von Ludwig Steub in seinem Buch *Das Bayerische Hochland* (1860) kombiniert den wahrscheinlichen historischen Sachverhalt der Ortsgründung im 6. Jahrhundert mit der für Steub damals aktuellen Situation. In dem 1519 zur Hofmark aufgewerteten Tutzing konnten nacheinander die Patrizierfamilie Dichtl, die Herren von Gözengrien (1663) und schließlich die Grafen von Vieregg (1732) als Guts- und Grundbesitzer Steuern eintreiben und in ihrem Umkreis Recht sprechen. In Tutzing drehte sich demnach alles ums Schloß. Das barocke Herrenhaus aus dem Jahr 1568 ließ Graf Franz Josef von Vieregg zwischen 1803 und 1816 zur heutigen Anlage umbauen. Aber Tutzing war noch lange kein Reiseort, und Ludwig Steub zog 1860 alle Register, um den Platz vor dem heutigen Hotel »Seehof« und die ungeschmückte Schloßmauer auch für touristische Augen zu gewinnen:

An schönen Abenden kam man immer im Freien zusammen, vor den Pforten des Gasthofes, unter dem Nußbaum, in der Geisblattlaube. Hier thut sich ein großer, viereckiger Platz auf, der bis an das Wasser hinunter reicht und den ich gerne, obwohl er zumeist eine blumige Wiese ist, mit der Piazzetta zu Venedig verglich. Fehlt doch selbst in der Mitte eine hohe schlanke Säule nicht, auf der die Himmelskönigin thront, um an die Säulen und die Flaggenstöcke in der Markusstadt zu erinnern. Das gräfliche Schloß mag leicht als Dogenpalast gelten und noch größer ist das Gleichniß unten am Seegestade, wo die Gondeln und die Fischerbarken beständig ab= und zufahren. Selbst Pocci's Schlößlein, Ammer-

land, das der Piazzetta gerade gegenüber liegt, und Tag und Nacht herüberschaut, scheint in gewissem Sinne Aehnlichkeit mit San Giorgio Maggiore zu haben. Die Markuskirche, der Campanile und einiges andere fehlen allerdings. Auch könnte immerhin noch manches für Verschönerung des Platzes geschehen. Gar oft habe ich zum Beispiel bedauert, daß unser nordisches Klima der Haltbarkeit der Freskobilder so feindlich ist, da sonst die lange gelbe Hofmauer, welche rechts hinunterzieht, unsern jüngeren Talenten Raum genug gewährte, um die Geschichte der Hofmark Tutzing oder des Landgerichts Starnberg in edlen Bildern zu verherrlichen.

Wer über den, freilich gewagten, Vergleich nur lacht, sollte auch bedenken, wie sehr Ludwig Steub die Aufmerksamkeit für den Ort wecken wollte. Und die Zeiten änderten sich auch hier. Der Anschluß an die Bahnlinie 1865 löste eine Entwicklung aus, die Tutzing bald zum wichtigsten Fremdenverkehrsort am See machte. Neben einer Brauerei hatte Tutzing 1885 drei Hotels, mehrere Gasthäuser und einige Pensionen. Und 1925 lag Tutzing, laut Schober, mit 1025 Fremdenbetten weit vor Starnberg (342) und Herrsching (461).

Illustre Gäste
Johannes Brahms im Pavillon

In Tutzing ließen sich schon früh Abgeschiedenheit und Geselligkeit künstlerisch ergiebig verbinden. Der Komponist Johannes Brahms (1833–1897) quartierte sich im Sommer 1873 in dem kleinen Gasthof des ehemaligen Kammerdieners Conrad Amtmann (heute »Brahms-Haus« an der Hauptstraße 74) über dem Bootshafen für einige Monate ein. Er lobte die »sehr feine Adresse« und sah sich am Panorama der Berge über dem See »nicht satt«. Sein ruhiges Zimmer mit Schlafraum kostete 25 bayerische Gulden; ein unbrauchbares Klavier, das ihn hätte stören können, wurde zur Vorsicht gleich für 6 Gulden mitgemietet. Gleich nebenan hatte im ehemaligen »Fischkäufl«-Haus an der heutigen Marienstraße 12 das Wagner-Sängerehepaar Therese (1845–1921) und Heinrich Vogl (1845–1900) seinen Sommersitz; sie stellten Brahms ihr »Vogelhäuschen«, den kleinen, heute ebenfalls nach dem Komponisten benannten Pavillon (1871/72) auf ihrem Seegrundstück mit einem brauchbaren Klavier zum ungestörten Arbeiten zur Verfügung. Dank dieser guten Bedingungen konnte Brahms in Tutzing seine Haydn-Variationen op. 56 in den beiden Fassungen für Orchester und für zwei Klaviere sowie die beiden Streichquartette op. 51 beenden. Zusätzlich entstanden in diesem Sommer die »Acht Lieder und Gesänge« op. 59, von denen das Regenlied »Walle Regen, walle nieder« nach Klaus Groth und besonders das Lied »Auf dem See« nach Goethe, von den Vogls im Pavillon gesungen, vermutlich am ehesten mit dem Tutzinger Lebensgefühl des Komponisten korrespondierten. Brahms ging übrigens am liebsten, wie später Thomas Mann in entgegengesetzter Richtung, auf dem Weg nach Feldafing am Ufer spazieren. Der Biograph Max Kalbeck fand 1910, die verschlungenen Pfade, Aussichtspunkte und Ruheplätze gehörten zu einer »Gegend, wie geschaffen für phantastische Abenteuer, die sich im Kopfe eines Poeten zutragen«, vor allem dann, wenn zufällig Kaiserin Elisabeth hoch zu Roß oder König Ludwig II. in der Kutsche vorbeikämen. Seit 1933 steht ein Brahms-Denkmal auf der Tutzinger Seepromenade.

Tafelrunde im Hotel Simson

An eine etwas andere Form künstlerischer Geselligkeit im Tutzing der Jahrhundertwende erinnert sich der Schriftsteller Kurt Martens (1870–1945), ein früher Freund Thomas Manns, in seinem Buch *Schonungslose Lebenschronik* (1924):

»Hôtel Simson«, Tutzing, Ansichtskarte, um 1910

Den Sommer dieses Jahres [1901] brachte ich in Tutzing am Starnberger See zu, still eingemietet in einem abseits am Wald gelegenen Häuschen, um die letzte Hand an meinen zweiten Roman »Die Vollendung« zu legen, der mir so nahe ging wie kaum je eine andere meiner Arbeiten und deshalb räumliche Trennung von Frau und Kind erforderte. (...) Dagegen lenkte mich das Zusammensein mit einer Schar von Dichtern und Malern, die in den Gasthöfen drunten am See ihr Wesen trieb, durchaus nicht ab. Allabendlich sammelte sich im Hotel Simson eine stattliche Tafelrunde, an der Graf Eduard Keyserling, Max Halbe, Lovis Corinth und Karl Rößler den Ton angaben, einen recht geräuschvoll munteren, von Geist und Humor beschwingten Zecherton. Gegen zwei Uhr ergab sich jedesmal für mich als den am wenigsten Benebelten die Aufgabe, den Grafen Keyserling, dessen schon halbgelähmte Füße in der stockfinsteren Nacht doppelt unsicher tappten, nach seiner Behausung zu geleiten. Es kam vor, daß wir des Vorwärtstastens müde uns am nächsten besten Zaune niedergleiten ließen und so in horizontaler Lage über das Thema des Abends, das keiner so tief und leuchtend zu erfassen wußte wie der weltkundige, weltweise Keyserling, bis zum Morgengrauen weiterdebattierten.

Mittlerweile gibt es in Tutzing zwar Straßenlaternen, aber das Hotel »Simson«, um 1900 das führende mondäne Hotel am See, ist schon lange im Fabrikgebäude der Firma Boehringer aufgegangen.

Kandinsky auf der Suche

Keineswegs auf Geselligkeit aus waren dagegen der Maler Wassily Kandinsky (1866–1944) und seine Freundin Gabriele Münter (1877–1962), als sie im Frühsommer 1908 nach einem Ort in Oberbayern für eine dauerhafte Bleibe suchten. Der Ort sollte an einem See liegen und eine Bahnverbindung nach München haben. Die Richtung war also vorgegeben, als die beiden Mitte Juni an den Starnberger See und von dort nach Murnau fuhren, wo sie bald das gewünschte Haus fanden. In jedem Fall ist Kandinsky auch in Tutzing ausgestiegen, ob auf der Hinfahrt im Juni oder bei der Rückkehr vom zweiten Murnau-Besuch im Herbst, kann nur vermutet werden. Wenigstens gibt es vier bislang kaum beachtete Gemälde Kandinskys, zwei Entwürfe und zwei Ausführungen mit Tutzing-Motiven aus dieser Zeit. Auf der jeweils unsignierten Studie (Roethel/Benjamin 242) und der Ausführung mit dem freien Titel »Starnberger See« (Roethel/Benjamin 243) ist die Tutzinger Uferpartie mit dem »Brahmshaus« gut zu erkennen. Eher impressionistisch gehalten ist die unsignierte Skizze »Starnberger See – Tutzing« (Roethel/Benjamin 244), die den Umschlag dieser literarischen Erkundungen ziert. Sie ist der Entwurf für die flächigere, von Kandinsky signierte und mit dem Titel »Tutzing« versehene Ausführung (Roethel/Benjamin 245). Der Blick geht hier vermutlich vom Brahms-Pavillon auf den Tutzinger Bootshafen. Da Roethel/Benjamin hier eine »Herbstlandschaft mit Booten« sehen, ist es denkbar, daß Kandinsky auch erst nach dem für ihn und Gabriele Münter so entscheidenden Herbst in Murnau auf der

Rückfahrt nach München in Tutzing ausgestiegen ist. In jedem Fall zeigen diese Bilder wie zur Probe das gleiche Motiv in jeweils zwei Varianten, einmal impressionistisch aufgelöst, sodann flächig gebunden, vielleicht von den klaren Formen der bayerischen Hinterglasmalerei angeregt, die Kandinsky und Gabriele Münter so intensiv in Murnau erlebten. Das malerische Experiment führte Kandinsky zur abstrakten Malerei und zu der wesentlich von ihm bestimmten Programmschrift *Der Blaue Reiter* (1912).

Ein Verleger auf Schloss Tutzing: Eduard Hallberger

Zurück ins 19. Jahrhundert. Eine alte Zeit ging zuende, als nach dem Tod des letzten Grafen Vieregg seine Schwester Ilka – von der die Ilka-Höhe über Tutzing ihren Namen hat –, 1869 das Schloß an den Stuttgarter Verleger Eduard Hallberger verkaufte. Eine neue Zeit begann.

Eduard Hallberger (1822–1880) war zum Zeitpunkt des Schloßkaufs in Tutzing einer der reichsten Unternehmer Württembergs und befand sich auf dem Höhepunkt seines Erfolgs. Der Sohn des Verlegers Louis Hallberger (1796–1879) hatte 1848 selbst einen Verlag gegründet, der sich erst mit Jugend- und sogenannter »Volksliteratur« und dann mit illustrierten Zeitschriften einen eigenen populären Markt erschloß. Vor allem die von Friedrich Wilhelm Hackländer herausgegebene Zeitschrift »Über Land und Meer« (1858–1923) wurde neben der »Gartenlaube« das führende deutsche Familienblatt. Für die darin abgedruckten Fortsetzungsromane sorgten erfolgreiche (und heute weitgehend vergessene) Vielschreiber wie Oskar Meding oder der Ägyptologe Georg Ebers, der lebenslange Freund Hallbergers. Die Fusion mit dem väterlichen Verlag 1873 und die im gleichen Jahr gegründete »Deutsche Romanbibliothek«, die wieder Hackländer herausgab, verschafften Hallberger bessere Autoren. Es erschienen jetzt Übersetzungen von Balzac, Zola, Dickens, Tolstoi und Mark Twain; ein großer Bucherfolg wurde der Roman *Ben Hur* (1887) von Lew Wallace. Äußerlich imponierten die aufwendigen Prachtbände etwa für Klassikerausgaben oder für die Bände über Ägypten und Palästina von Georg Ebers.

Hallberger, der Besitzer mehrerer Papierfabriken, der Gründer von Banken und einer Baugesellschaft sowie Teilhaber von Kohlengruben und Eisenhütten, wurde 1869 geadelt und kaufte sich, mehrfach standesgemäß, im gleichen Jahr Schloß Tutzing mit der Schwaige Rösselsberg am Maistättenwald; wenige Jahre später kamen die Güter Kerschlach und Monatshausen dazu. Zum Schloß gehörten weiter eine Brauerei und vier Gasthäuser; und das Bier, das in eigenen Kähnen über den See gerudert wurde, fand sogar in München Zuspruch.

Der »fürstliche Besitz« prangte mit allem Luxus. Der von Karl Effner angelegte Park hatte ein Palmenhaus, eine Volière, einen orientalischen Kiosk und natürlich ein Bade- und Bootshaus; eine Wagenremise und eine Manege stand den Gästen ebenfalls zur Verfügung. Hallberger selbst hielt per Post und Telegraph ständige Verbindung mit dem Verlag in Stuttgart und konnte auch von seinem Tutzinger Arbeitszimmer aus die Geschäfte führen. Freunde wie der Maler Franz von Lenbach, der ihn porträtierte, Georg Ebers, Friedrich Wilhelm Hackländer und andere kamen während der Sommerferien zu Besuch und genossen die Annehmlichkeiten. Am 29. August 1880 ereilte den Verleger in Tutzing der frühe Tod durch Gehirnschlag. Im Jahr darauf wurde der Verlag in eine Aktiengesellschaft umgewandelt und bekam den Namen »Deutsche Verlags-Anstalt« (DVA). Dieses Großunternehmen besteht bis heute; die Zahl seiner prominenten Autoren wie Wilhelm Hausenstein, Ina Seidel, Waldemar Bonsels und W.E. Süskind ist Legion.

Hallbergers Töchter Gabriele und Helene einigten sich durch Abfindung über das Erbe. Gabriele bekam das Schloß. In erster Ehe mit dem Bankier Philipp Eichborn verheiratet (ihr Sohn

Eduard ist der Vater des heutigen Verlegers Vito Eichborn), ließ sich Gabriele 1880 scheiden und zog sich nach Tutzing zurück, wo sie 1884 den exzentrischen Grafen Carlo Landberg heiratete. Eine Nachlaß-Versteigerung nach ihrem Tod zerstreute den Luxus von einst endgültig in alle Richtungen. Spätere Besitzer des Schlosses waren der Arzt Ernst Schoen von Wildenegg, der Kunsthändler Marczell von Nemes, der Industrielle und Politiker Albert Hackelsberger und ab 1940 Ida Kaselowsky, die in erster Ehe mit dem Industriellen Rudolf Oetker verheiratet gewesen war. Nach dem Tod der Schloßbesitzerin durch einen Bombenangriff 1944 wurde Rudolf August Oetker Eigentümer und bestellte den Maler Anton Leidl als Freund der Familie zum Schloßverwalter. Leidl veränderte später einen Pavillon im westlichen Schloßpark zum Atelier und errichtete nebenan ein Haus, das er, zur Erinnerung an die blauen Augen Magdalena Kaselowskys, der Schwägerin der einstigen Schloßbesitzerin, »Violaburg« nannte. Nach dem Krieg fanden in Schloß Tutzing zunächst sogenannte »Freizeiten«, später Tagungen für Kriegsheimkehrer statt. Seit Herbst 1950 beherbergt es offiziell die Evangelische Akademie Tutzing; ihr langjähriger Direktor war der Kirchenrat Gerhard Hildmann, erster, später »dienstältester« Studienleiter und ein besonderer Glücksfall für die Akademie wurde der Schriftsteller Heinz Flügel.

*

Tutzinger Gedichtkreis – Marie Luise Kaschnitz

Heinz Flügel setzte bald mit einer literarischen Veranstaltung einen hohen Maßstab. Die erste Dichtertagung der Evangelischen Akademie im September 1951 ist durch ein Gedicht von Marie Luise Kaschnitz (1901–1974) berühmt geworden. Die unter das Frage-Motto »Wozu Dichtung?« gestellte Begegnung führte neben anderen die Dichterinnen Luise Rinser und Marie Luise Kaschnitz, die Dichter Rudolf Alexander Schröder und Otto von Taube sowie den Philosophen und Schriftsteller Max Picard mit, wie es offiziell hieß, »Vertretern der jungen Generation« zusammen. Die Tagung inklusive Dampferfahrt machte schon deshalb großen Eindruck, weil allein zwei Vorträge – des Theologen Otto Michel aus Tübingen »Über die Anfechtung« und des Philosophen Max Picard »Über objektive Dichtung« – als Kommentare zu dem »Tutzinger Gedichtkreis« der Marie Luise Kaschnitz verstanden wurden, obwohl die beiden Referenten das Gedicht noch gar nicht kannten: Es war eine glückliche Fügung.

Das Gedicht ist ein Monolog; gerichtet ist er an das Numinose, das Unsichtbare, den »Vater«, den nicht mehr genannten Gott. Was ist aus der Schöpfung geworden, heute, im modernen Zeitalter, wo alles, was einmal zu gelten schien, zerstört, verloren, zerschlagen ist und sich das viellärmige Schweigen ausbreitet ringsum. Der Ausweg aus dem Dilemma ist die Verbindung der Gegensätze, als »Dein letztes Geheimnis« und gestellte Aufgabe:

Verlangen wirst Du, daß wir, die Lieblosen dieser Erde,
Deine Liebe sind.
Die Häßlichen Deine Schönheit,
Die Rastlosen Deine Ruhe,
Die Wortlosen Deine Rede,

Die Schweren Dein Flug.
(...)
Und einige wirst Du bisweilen beweglich machen
Schneller als Deine Maschinen und künstlichen Blitze,
Überflügeln werden sie ihre Angst.
Fahrende werden sie sein. Freudige.
Reich wird und voll von Süße sein
Die Begegnung, der Gruß im Vorüber.
Nisten werden sie in ihrer Heimatlosigkeit
Und sich lieben in Tälern des Abschieds,
Gleitet Ihr Sterblichen -

Zum 10. Todestag der Dichterin stiftete die Evangelische Akademie Tutzing im Oktober 1984 den Marie Luise Kaschnitz-Preis. Die erste Preisträgerin war Ilse Aichinger; zum 20. Todestag erhielt den Preis 1994 die aus Wien gebürtige, in Konzentrationslager verschleppte und heute in Kalifornien lehrende Literaturwissenschaftlerin Ruth Klüger für ihr Buch *weiter leben. Eine Jugend* (1992).

Die Villa der Dichter
Waldschmidts Weg ins Paradies

Zeitsprung, hundert Jahre zurück. Im Jahr 1853 ließ Graf Karl Theodor von Vieregg auf der Landzunge nördlich von Tutzing eine italienische Villa als Gästehaus für das Schloß errichten. In dieser später unter dem Namen »Midgard-Haus« bekannt gewordenen ersten Villa Tutzings haben im Verlauf eines halben Jahrhunderts vier unterschiedliche, aber für ihre Zeit sehr typische Dichter – darunter auch eine Frau – gewohnt.

Auf einem sehr bezeichnenden Umweg kommt Maximilian Schmidt, der spätere »Waldschmidt«, schon im ersten Dampfschiff-Sommer 1851 von Starnberg über Seeshaupt nach Tut-

Die Villa der Dichter, ca. 1890. Zeichnung: Hans am Ende

zing in ein »Paradies«. Die schwärmerische Schilderung der »landschaftlichen Schönheiten des Sees« im ersten Teil seiner Autobiographie präsentiert einen Dichterblick, der sich als ein religiös umflortes Fluchtmittel aus dem Alltag versteht.

Der junge Offizier nimmt im Juli 1851 zwei Tage Urlaub, fährt in Begleitung seiner Schwester und einer älteren Dame im Stellwagen von der Münchener Heiliggeistkirche in drei Stunden zum Gasthaus Pellet in Starnberg und sieht von dort gleich das Zugspitz-Panorama vor seinen »trunkenen Blikken«. Auf der Fahrt mit dem Dampfschiff nach Seeshaupt steigert sich sein »Entzücken von Station zu Station«. Schmidt bekommt den klassischen Touristenblick auf eine vermeintliche Idylle, die er gleichzeitig mit dem Dampfschiff durchkreuzt und beendet:

Der See selbst war damals und bis zur Eröffnung des einen Dampfschiffes durch Himbsel nur belebt von Einbäumen der Fischer, welche die Herren des renkereichen Gewässers waren. Ob er damals idyllischer und poesiereicher war, ist wohl keine Frage.

In Seeshaupt übernachtet die kleine Gesellschaft im Post-Gasthof. Am nächsten Morgen ist Schmidt schon bei Sonnenaufgang »in einem Schiffchen auf dem See« und lernt »so recht die unbeschreibliche Pracht dieses Stückchens Paradies kennen«. Er blickt verträumt zu den Bergen und denkt, »wie glücklich der Mensch sein müßte, dem es vergönnt wäre, da sein Heim zu haben«. Diese erste Idee kann er kurz darauf am Ende einer Wanderung von Bernried nach Tutzing an einer bestimmten Stelle genauer fassen:

[Ich] *kam an die nahe Landspitze, auf welcher jetzt die Villa Ebers steht. Damals war es nur eine Feldfläche ohne jeden Baum. Die Aussicht von hier übertraf alles, was ich seit gestern geschaut, es war ein wunderbar abgeschlossenes Bild mit dem Dorfe im Vordergrunde, hinter welchem sich die Zugspitze majestätisch aufbaute. Ich warf mich am Ufer ins Gras und schwärmte. Ich wünschte mir, an dieser Stelle ein Schlößchen zu haben mit hübschen Anlagen und herrlichen Blumenbosquets, natürlich mit einem geliebten Wesen, und so den Himmel auf Erden zu besitzen. Ich nahm mir vor, ein Buch zu schreiben und durch dasselbe so reich zu werden, daß sich mein Wunsch realisieren ließe. Schon betrachtete ich mich in meinem wachen Traume als Herr dieses Edens trotz der wenigen Sechser, die sich in meinem Geldbeutelchen befanden und gerade noch ausreichten zur Heimfahrt. Es war ein süßer Traum.*

Und der Traum wird wahr! Der arme Poet kommt einige Jahre später genau hier, an dieser Stelle, tatsächlich zu einem Haus. Maximilian Schmidt, seit 1863 verheiratet, kaufte dank finanzieller Unterstützung seiner Frau Auguste Haßlacher, der Tochter eines Goldbortenfabrikanten, 1864 die »Villa am Fadelbach bei Tutzing« von Graf Vieregg und zog mit seinem »geliebten Wesen« ein. Der Traum wurde Wirklichkeit, doch Ernüchterung folgte bald:

Wir kauften die (...) Villa, vergrößerten sie, indem wir das dazu gekaufte Terrain beflanzten, um einen schönen Park zu erhalten(,) und mochte sich auch meine Begeisterung für einen derartigen Besitz bedeutend reduzieren, ich verlebte doch glückliche Jahre dort mit Weib und Kindern. In den siebziger Jahren [1872] *verkauften wir das Anwesen; es ging später in den Besitz von Dr. Georg Ebers über. Es gilt für eine der schönsten Besitzungen am See und niemand fährt mit dem Dampfboot daran vorüber, ohne es mit Wohlgefallen zu betrachten. Es war mein erstes »bleibendes« Werk.*

Die Ernüchterung hing damit zusammen, daß Schmidt von seinem Besitz sehr wenig hatte. Unter der Woche konnte er abends zwar aus seiner Kaserne in München in zwei Stunden parforce nach Tutzing reiten, mußte aber schon in aller Frühe wieder aufbrechen, um pünktlich zurück zu sein. Die Schönheit des Sees, ja die Ehrfurcht vor dem als »Gottesdienst der Natur« bezeichneten Wetter- und Lichtwechsel regten dafür, wie Schmidt berichtet, seine Phantasie an, gaben ihm also Stoff zum Schwärmen und zum Schreiben.

Schmidts zerrüttete Gesundheit nach dem Krieg von 1866 brachte es mit sich, daß er auch die Tutzinger »Seeluft« nicht mehr vertrug. Im Februar 1869 vermietete er die Villa daher für den Sommer an »den König und die Königin von Neapel«, den von Garibaldi vertriebenen Franz II. und seine Frau Marie, die »Heldin von Gaeta«, eine Tochter des Herzogs Max in Bayern. Zu den Sommergästen in der Tutzinger Villa gehörten Kaiser Franz Joseph von Österreich und Kaiserin Elisabeth, die Schwester Maries, König Ludwig II. von Bayern und andere hochgestellte Persönlichkeiten. Am 4. Oktober reiste das Königspaar mit Gefolge wieder ab nach Rom.

Unterdessen versuchte sich Maximilian Schmidt mit einer Holzstoff-Fabrik in Regenstein bei Kötzting im Bayerischen Wald als Unternehmer. Einige Sabotageakte und vor allem der, entgegen den Plänen, doch nicht gebaute Bahnanschluß bereiteten der Fabrik bald ein Ende. Schmidt sah sich gezwungen, neben zwei Häusern in München auch die Tutzinger Villa Ende Januar 1872 an Sophie von Kwist, die Gattin des Geheimrats und Adjutanten des Großfürsten Michael von Rußland, zu verkaufen. Zwei Jahre später, 1874, nahm Schmidt seinen Abschied vom Militär und widmete sich ausschließlich dem Schreiben.

Der Ägyptologe Georg Ebers

Der zweite Dichter im alten Gästehaus von Schloß Tutzing war seit 1882 der Ägyptologe und Verfasser sogenannter »Professorenromane« Georg Ebers (1837–1898). Der Sohn eines jüdischen Bankiers aus Berlin erkrankte nach Beginn eines Jurastudiums an einem chronischen Rückenmarksleiden; während der mehrjährigen Krankheit studierte er, anfangs autodidaktisch, Hieroglyphen und fand so zu seinem eigentlichen Fach. Bei einem Kuraufenthalt in Wildbad im Schwarzwald ergab sich 1863 die Bekanntschaft mit Henriette Hallberger und ihrem Mann, dem Stuttgarter Verleger. Hallberger erfuhr bei einem Besuch, daß der junge Gelehrte sich nach der Promotion über *Memnon und die Memnonssage* (1862) nicht nur mit seiner Habilitation, sondern auch mit dem Plan ägyptischer Romane beschäftigte. Der Verleger war von dem Manuskript überzeugt und gab Ebers die Gelegenheit, den Roman *Eine ägyptische Königstochter* 1864 zu veröffentlichen. Das Buch wurde neben *Ein Kampf um Rom* (1876) des Historikers Felix Dahn der erfolgreichste »Professorenroman« seiner Zeit und begründete eine lebenslange Freundschaft zwischen dem Verleger und seinem Autor. Zwar erschien der nächste Roman *Uarda* erst 1876, aber dann gab es beinahe jedes Jahr einen Ebers-Roman, davon achtmal vor ägyptischem Hintergrund. Zudem verfaßte Ebers den ersten Baedeker für Ägypten (1877; 1890). Ebers löste eine regelrecht Ägypten-Mode aus, und sein Verdienst wird darin gesehen, überhaupt Interesse für die alte Kultur geweckt zu haben. Ein Prachtwerk wie die bei Hallberger erschienenen zwei Bände *Aegypten in Wort und Bild* (1879/80) mit lithographierten Karten, sowie zahlreichen Holzstich-Tafeln und Textholzstichen veranlaßte Egon Friedell allerdings zu der Bemerkung in seiner *Kulturgeschichte Ägyptens und des Alten Orients* (1936), Ebers sei »der berühmte Erfinder eines Ägyptens für höhere Töchter«. Und an den Romanen wird kritisiert, daß er vor der ägyptischen Kulisse nicht historische, sondern Themen der eigenen Zeit antikisiert und idealisiert behandelte. Thomas Mann nannte Georg Ebers entsprechend in einem Aufsatz über Theodor Storm 1930 einen »hervorragenden Ägyptologen und schlechten Poeten«. Hans Fischer gibt in seiner Dissertation jedoch zu bedenken, daß Ebers Ägypten für seine Zeit »genießbar machen wollte« und seine Romane nur für ein Lesepublikum des 19. Jahrhunderts gedacht waren.

Seit 1865 verheiratet und habilitiert, wurde Ebers 1869 Professor in Jena, unternahm Ende des Jahres seine erste Reise nach Ägypten und bekam 1870 eine Professur in Leipzig. Der Höhepunkt seiner wissenschaftlichen Karriere war die Entdeckung des nach ihm benannten »Papyros Ebers« auf seiner zweiten Ägyptenreise 1872/73. Das interessante medizinische Manuskript erschien 1875 unter dem Titel *Papyros Ebers. Das hermetische Buch über die Arzeneimittel der alten Aegypter in hieratischer Schrift.* Die alten medizinisch-magischen Rezepte und Beschwörungen sind von großem Reiz. Für sich selbst fand Ebers darunter allerdings kein Mittel gegen sein Rückenmarksleiden, das 1876 wieder ausbrach und ihn 1889 endgültig zur Aufgabe seiner wissenschaftlichen Arbeit zwang.

Zwei Jahre nach dem Tod seines Freundes Eduard Hallberger kaufte Ebers 1882 die Villa am See und zog mit seiner Frau und sechs Kindern, darunter dem Sohn Hermann, nach Tutzing. Im Rückblick auf das erste Jahr in dem schönen Haus schrieb er im

Sommer 1883 das Eröffnungsgedicht in sein Gästebuch (Stadtbibliothek München/Literaturarchiv). Der hochgestimmte Ton gibt einer biedermeierlichen Idylle Ausdruck, die ein religiöses Lebensgefühl, ganz ähnlich wie bei Maximilian Schmidt, bestimmt:

Das erste Jahr an diesem klaren See,
Im eig'nen Heim, im Schatten eig'ner Bäume;
Mir ist als habe freundlich eine Fee
Verwirklicht meiner Jugend schönste Träume.

Das Herz erweitert sich von frohem Dank,
Es wächst der Geist in dieser Sonntagsruhe,
Durch meine Seele zieht's wie Glockenklang
Und zum Gebet wird was ich denk' und thue.

Ein liebes Weib, ein schöner eig'ner Herd,
Das sind zwei wundervolle Gottesgaben.
Ich danke nur, denn, ach, ich bin nicht werth
So viel, so überschwänglich viel zu haben.

Ihr Kinder! Was uns jetzt erst widerfuhr,
Euch bietet 's das Geschick in frühen Jahren:
an einer Lieblingsstätte der Natur
Der Schöpfung Schönheit stündlich zu gewahren.

Ihr habt ein Vaterhaus, ein eig'nes Nest; –
Und wenn einst fernhin Eu're Pfade reichen
So wird sein Bild im Süden, Ost und West
Euch nie und nimmer aus der Seele weichen.

Wenn Ihr ermüdet von der Wand'rung Last
Euch sehnt den Staub zu schütteln von den Schuhen,
So suchet unter seinem Dache Rast,
denn es ist süß im Vaterhaus zu ruhen.

Und sehnt sich Euer Herz mit rascher'm Schlag
Beseligt sich zu öffnen einem zweiten:
Ihr kennt die Stätte, wo sich Tag für Tag
Der Liebe Arme Euch entgegenbreiten.

Eng ist dies Haus, doch seiner Wirthe Hand
Streckt sich den lieben Gästen weit entgegen;
Wer gern hier hauste, mag in diesem Band
Ein Zeichen der Erinn'rung niederlegen.

Tutzing den 21. Juli 1883. *Georg Ebers*

Ina Seidels Kindheitstage

Eines der Enkelkinder Georg Ebers' hat den Ratschlag aus dem Gästebuch besonders beherzigt, auch wenn die spätere Schriftstellerin Ina Seidel (1885–1974) nur indirekt mit ihrem geliebten Großvater verwandt war, denn die familiären Bande der Familie Seidel sind etwas besonders geknüpft. Georg Ebers heiratete 1865 die Witwe Antonie Loesevitz und hatte mit ihr sechs Kinder, darunter den Maler Hermann. Antonie Loesevitz' Tochter Emmy aus erster Ehe heiratete 1882 den Arzt Hermann Seidel und hatte mit ihm drei Kinder, die beiden Schriftsteller Ina und Willy sowie die Schauspielerin Annemarie Seidel, die 1935 den Verleger Peter Suhrkamp heiratete. Ein Bruder Hermann Seidels war Heinrich Seidel, Verfasser der seinerzeit erfolgreichen Prosaidyllen von *Leberecht Hühnchen* (1882/90). Einen der drei Söhne ihres Onkels Heinrich, also ihren Vetter Heinrich Wolfgang Seidel (1876–1945), heiratete Ina Seidel 1907 und lebte mit ihm ab 1934 in dem von ihr auf der Starnberger Ludwigshöhe, Ottostraße 16, erbauten Haus. Die beiden bekamen die Töchter Heilwig und Ulrike sowie den Sohn Georg, der sich unter dem Schriftstellernamen Christian Ferber einen Namen machte.

Ina Seidel und ihr Mann sind auf dem neuen Friedhof in Tutzing begraben. Die Entscheidung für diesen Ort hat vielleicht mit den Kindheitstagen der Schriftstellerin in Tutzing zu tun. Die Enkelin Georg Ebers' erinnert sich in ihrem *Lebensbericht* (1970) an diese Tage in der Villa am See:

Die Reisen nach München und weiter nach Tutzing waren von unsren frühesten Lebensjahren an das große Ereignis des Sommers gewesen. Die Großeltern besaßen seit 1882 ein Anwesen auf der zwischen Garatshausen und Tutzing vorspringenden Landzunge. Das Haus, ein behäbiges altmodisches Landhaus mit drei Veranden und einem Türmchen, grün berankt und in jenem warmen Farbton getüncht, den ich sommergelb nennen möchte, lag fast unmittelbar am See, zu dem Steinstufen zwischen zwei majestätisch hingelagerten Löwen hinunterführten. Der eine sehr naturalistische Löwe war aus Bronze, und eben weil er naturalistisch war, der unbequemere, vom Standpunkt unserer Gewohnheit, auf diesen Tieren zu reiten. Der andere, der wohl aus einer Mörtelmischung geformt war, hatte einen breiten Rücken ohne jede Wirbelsäule, er war bequem wie ein Sofa.

Ein weiteres Reittier war der Bernhardiner Pascha, geduldig wie die Steinlöwen. Außerdem gab es noch zwei Ziegenböcke, Max und Moritz, »mit denen der jüngste Bruder unserer Mutter, mithin unser Onkel Hermy, der nur vier Jahre älter war als ich, uns zu unserer Wonne gelegentlich umherkutschierte«. Der Einfluß des Ägyptologen Georg Ebers auf seine Umgebung zeigte sich auch daran, daß die Ziegenböcke im Stall zusammen mit einer Kuh namens Hathor und einem Kalb namens Horus untergebracht waren.

Anschaulich beschreibt Ina Seidel weiter das sinnenhafte Erleben des Erdbodens während der Kindheit als Voraussetzung für ein Gefühl von Heimat. Im Gegensatz zum »feinsandigen, weichen Boden« um Braunschweig, wo sie ihre ersten Jahre verbracht hatte, fand sie die Wege und Landstraßen in Oberbayern bei Trockenheit entweder »steinhart« und staubig oder, bei

Regen, zäh schlammig. Besondere Aufmerksamkeit galt den Kieseln:

An Kieseln ist der oberbayerische Boden ungemein reich, vor allem dort, wo das Wasser vorherrscht. Unser Tutzinger Garten war ringsum mit einer angeschwemmten Kieselschicht umgeben, am breitesten war sie dort, wo der das ganze Grundstück durchfließende Bach in den See mündete. Diese Kieselbänke, auf die der See an jedem windigen Tag Holzstücke, Rohrstengel, und die braunen ovalen Schalen der Seemuscheln spülte, bildeten einen Hauptreiz unserer Sommertage, wie denn der ganze See eine einzige, nicht auszuschöpfende Freude für uns bedeutete.

Ganz besonders schön aber war es am Steg mit der Bade- und Schiffshütte. Hier lagen auch zwei Ruderboote, die behäbige »Mathilde« und die wendigere, beliebtere »Toni«: »Mit ihr durften wir früh auf das Wasser hinaus. Im Umkreis des Steges war der Seegrund steinfrei und von fester, durch den Wellenschlag leicht gerippelter Beschaffenheit.« In der Summe kommentiert Ina Seidel diese Eindrücke ihrer Kindheit als »ein unbeschreibliches Glück«, als »etwas unvergleichlich Festliches«; das viele Schwimmen ist eine »immer wiederholte Taufe«, und alles in allem vermitteln diese Erlebnisse das Gefühl »einer tiefen und selbstverständlichen Liebe« zu Oberbayern. Hier sind die wesentlichen Eigenschaften der Texte Ina Seidels versammelt: das pathetisch-religiöse Schwärmen überwiegt den sachlichen Befund; es gibt keine Sorgen, abgesehen vom Blick auf das schwere Leiden ihres Großvaters, dessen Arbeits- und Krankenzimmer seine Frau schützen mußte:

Viele Sommer vergingen hier in der heiligen Stille der Arbeit und des Duldens, während durch die Fenster die besonnte Fläche des Sees hereinspiegelte und durch die offenen Balkontüren der Duft der Hängenelken drang. Von Zeit zu Zeit brauste eins der großen festlichen Dampfschiffe – Bavaria, Wittelsbach, Luitpold – vorüber, und wir Kinder lagen draußen auf dem vom Gezirp der Maulwurfsgrillen tönenden Thymian-

rasen oder hockten auf den reglosen Löwen, schläfrig an den Anblick des von den Segeln belebten Sees und der Berge verloren, unwissend, wie gut wir es hatten und wieviel wir den beiden dort oben für unser ganzes Leben an Dank schuldig waren.

Georg Ebers starb 1898, seine Witwe zog bald darauf nach München. Von ihren literarischen Vorbildern – dem Onkel mit seiner biedermeierlichen Idylle und dem Großvater mit seiner idealisierenden Trivialisierung – hat sich Ina Seidel in ihren eigenen Arbeiten nicht sehr weit weg entwickelt. Naturfrömmigkeit, wie sie sich in den Kindheitserinnerungen zeigt, gerät ihr, in Verbindung mit einem protestantisch-christlichen Ethos, nicht nur in der Lyrik zu idealistischen Verklärungen. Ihr unkritisches Wunschdenken ließ sie 1941 daher auch den, später freilich bedauerten, Hymnus »Lichtdom« auf den »Führer« Adolf Hitler anstimmen.

Ina Seidels bekanntestes Buch wurde *Das Wunschkind* (1930), ein Mutter- und Erziehungsroman aus der Zeit der Französischen Revolution. In diesem Buch spätestens holten die Muster ihrer Ahnen die Epigonin ein. Der Wunsch nach Ausgleich aller Dissonanzen, das pathetische Betonen des Mythischen erwiesen sich allerdings erneut als Erfolgsrezept. *Das Wunschkind* wurde zum größten Erfolg der DVA und erreichte bis 1983 eine Auflage von 1,1 Millionen Exemplaren.

Georg Kaisers Weg ins Gefängnis

Die ehemalige Ebers-Villa in Tutzing ist im Sommer 1920 zur Station eines expressionistischen Dramas geworden, in dem es keinen Unterschied mehr zwischen Leben und Bühne gab. Es geht dabei um die Kombination Armut und Größenwahn. Erste Station: Ein schon recht erfolgreicher Dramatiker gerät mit seiner Frau und drei Kindern in Geldnot; Hab und Gut werden in Weimar gepfändet. Zweite Station: Die Familie zieht um, lebt erst in einer Münchener Pension und mietet vom 1. Mai 1919 bis August 1920 die Wohnung eines amerikanischen Malers in der Ainmillerstraße 5/0. Da sie die Miete nicht bezahlen können, verkaufen und versetzen der Autor und seine Frau kostbare Gegenstände aus der Wohnung: Teppiche, Silber, ein Gemälde und ein Konversationslexikon. Dritte Station: Mitte Mai 1920 mietet die Ehefrau die Villa in Tutzing von einem Fabrikbesitzer für 16.000 Mark im Jahr. Auch hier wird keine Miete bezahlt, dafür wandern zwei wertvolle Gemälde und zwei indische Götterbronzen aus dem Haus in den Kunsthandel. Vierte Station: In Berlin, wo er auf Geld durch Filmabschlüsse hofft, wird der Dramatiker verhaftet und nach einer langen Fahrt in ein bayerisches Gefängnis gebracht. Fünfte Station: Gefängnis, Verhandlung und vorzeitige Entlassung haben einen durchschlagenden Werbeeffekt: Die mit Abstand meisten Uraufführungen in Deutschland erleben bis 1933 Stücke des inkriminierten Expressionisten.

Dieses Stück hat der geradezu ekstatisch produzierende Dramatiker Georg Kaiser (1878–1945) nicht geschrieben, sondern gelebt. Was für einen anderen Autor vielleicht das Ende seiner Karriere bedeutet hätte, geriet Georg Kaiser selbst in der schlimmsten Misere zum Erfolg, weil er unerschütterlich an seine künstlerische Bestimmung glaubte. Dieser Glaube war das Resultat eines langen Irrens.

Kaiser, Sohn eines Kaufmanns aus Magdeburg, machte eine Buchhändlerlehre, fuhr als »Kohlentrimmer« nach Südamerika, arbeitete als Kontorist in Buenos Aires und kam 1901 malariakrank wieder zurück. Ein Nervensanatorium und eine gescheiterte Annäherung an den George-Kreis in Berlin sind weitere Stationen. Die Heirat 1908 gibt durch eine reiche Mitgift, die allerdings bald verbraucht ist, etwas Stabilität.

Obwohl noch kein Stück von ihm veröffentlicht ist, sieht sich Kaiser schon auf dem Olymp. Den ersten wirklichen Bühnenerfolg hat er 1917 mit der Uraufführung seines zweiten Stückes *Die Bürger von Calais* (1913/14) in Frankfurt am Main; das Stück gilt durch die zeitlose Parabel von der Opferbereitschaft des »neuen Menschen« als beispielhaft für den Expressionismus und gehört zur Schullektüre. Noch im gleichen Jahr wurde an den Münchener Kammerspielen Kaisers Drama *Von morgens bis mitternachts* uraufgeführt. Das Stück über einen Bankkassierer, der mit 60.000 Mark versucht, ins »echte Leben« zu fliehen, endet mit dem Selbstmord des Helden. Das Geldmotiv und der Wunsch, alle Brücken hinter sich zu sprengen, wie es in dem Stück heißt, um sich zu einem neuen Leben zu befreien, spielen von nun an in Leben und Werk Kaisers eine dominante Rolle.

Die Reaktionen auf Kaisers folgende Dramen – wie *Die Koralle* (1917) über die Nöte eines Milliardärs mit sich und seinen Industriearbeitern und vor allem auf die beiden Teile des Dramas *Gas* (1918/20) mit ihrer weiterhin aktuellen Anklage gegen die Produktion von Gas als gefährlich explosiver Energie und besonders von Giftgas zur gezielten militärischen Vernichtung von Menschenleben – waren sehr unterschiedlich. Während Gustav Landauer Kaiser 1919 einen dramatischen »Plastiker« nannte, der mehr ein »Drastiker« sei, ließ Thomas Mann eine Lesung Kaisers aus *Gas* Ende Januar 1919 in der Münchener Galerie Caspari einfach »kalt«. Immerhin schaute sich Thomas Mann zusammen mit seiner Frau am 7. November dank Freikarten im Münchener Schauspielhaus die *Gas*-Premiere an, blieb aber im Tagebuch kurz angebunden: »Ich brauche nicht zu urteilen. Das Stück hat schließlich Erfolg.«

1. Station

Diese gegensätzlich bestätigenden Stimmen erklären vielleicht ein besonderes Selbstbewußtsein des Dramatikers, das auch seine kriminellen Aktionen in München und Tutzing bestimmte. Aus seinen Briefen an Gustav Landauer zu Beginn der Revolution im

November 1918 wird zudem erkennbar, wie sehr Kaiser die dramatische Zuspitzung der Ereignisse mit dem eigenen Werk in geradezu wörtliche Übereinstimmung brachte. So schreibt er an Gustav Landauer am 6. November in Stil und Thema auf sein Stück *Gas* bezogen:

Dies Geschehnis – durch den Krieg hervorgerufen – hat mich mit äusserster Auflehnung erfüllt. In Dichtung – die nicht mehr Dichtung ist – nicht sein darf! – giesst es sich über: das neue Werk [gemeint ist das Stück *Hölle Weg Erde* (1919)] *bildet sich über mich hinaus: es ist Aufschrei – Aufruf.*

Was wird jetzt werden? Wird Morgenröte? – oder Explosion? Sind millionen Einzelne da? – – oder nur Millionen? Wartend in Furcht – wartend in Glut der Ihre Georg Kaiser

Grausam gibt die militärische Reaktion mit ihrer brutalen Zerschlagung der Münchener Räterepublik Anfang Mai 1919 die Antwort auf Kaisers Fragen. Die bestialische Ermordung Gustav Landauers im Stadelheimer Gefängnishof ist für Kaiser eine entscheidende Zäsur, wie er in einem Brief vom 17. Mai an Otto Liebscher schreibt:

Gustav Landauer tot –: sie haben in seinem Kopf den Himmel entzweigeschossen. Ich fühle mich masslos beraubt; was das Leben bisher gegen mich katastrophierte, sinkt klein vor der Verstümmelung meines Seins. –

Gustav Landauer war am 1. Mai im Haus von Else Eisner, der Witwe des ermordeten Ministerpräsidenten Kurt Eisner, aufgrund einer Denunziation festgenommen worden. Über Kreuzhof, wo er gleich erschossen werden sollte, nach Starnberg ins Amtsgerichtsgefängnis gebracht, konnte er sich bei einem Verhör noch beeindruckend verteidigen. Doch am nächsten Morgen fuhr man Landauer zusammen mit drei verhafteten Starnberger Arbeiterräten nach Stadelheim, wo er bei seiner Ankunft ohne Verfahren aus bloßer Willkür mißhandelt und erschossen wurde.

Vor diesem Hintergrund entschuldigt sich Georg Kaiser geradezu dafür, daß sein neues Stück *Hölle Weg Erde* sich aus ihm ›herausgerissen‹ habe. Und während dieses Stück für ihn ein »neuer Anfang« sei, wachse schon wieder »neues Werk aus voller Vision in grosse Gestaltung« – gemeint ist damit das Sokrates-Drama *Der gerettete Alkibiades* (1919). Diese intensive Arbeit sieht er zugleich als Mission und hofft, »dass bald nach mir einer kommt, der mich vollendet« (Brief an Maria Liebscher, 16. VII. 1919). Erschöpft reist er Ende Juli 1919 nach Tutzing und schreibt, zurück in der Münchener Ainmillerstraße 5, an seinen Freund, den Komponisten Fritz Stiedry, wie sehr bei ihm derzeit die »Kunst« gegenüber dem »Leben« in Frage stehe:

Ich war einige Tage in Tutzing – sehr allein und immer inmitten des Sees – – und mir geht es wie Ihnen: man möchte einmal nicht zurückkehren und von neuem anfangen –: mit gar keiner Kunst und mit einer Form des Seins, die masslos gross ist wie keine Kunst.

Doch wenige Tage später ist *Der gerettete Alkibiades* beendet; Kaiser preist sein Stück in einem Brief vom 13. August an Otto Liebscher als Wiedergeburt Griechenlands gegen »Goethe-Winckelmann« und fordert: »Die Menscheit muss mir danken – oder es giebt sie nicht. – – Was tue ich nun? Für einige Zeit untergehn – abseits gehn – wieder auferstehn.«

2. Station

Kaisers ›Untergang‹ ist demnach vorbereitet und wird schon vor der Katastrophe in bewußtem Seitenblick auf das Schicksal Christi verstanden. Daher bleibt Kaiser auch nicht bei seiner Familie, die sich Mitte August in Tutzing »in der Sonne rösten« läßt (Brief an Otto Liebscher, 15. VIII. 1919), sondern bemüht sich in München intensiv darum, Geld aufzutreiben, da er doch – und er meint diese Begründungen ganz ernst – gearbeitet habe »wie ein Heiliger« (Brief an Maria Liebscher, 16. VIII. 1919), um »dem

Gott in mir« Genüge zu tun, in der Hoffnung, nach der »Fron« wieder Mensch sein zu dürfen (Brief an Maria Liebscher, 29.8.1919).

Die eigene hohe Meinung dämpften in diesen Wochen nur die Absagen verschiedener Theater und die damit zusammenhängenden finanziellen Schwierigkeiten. Mit neuen Hoffnungen von einer Reise nach Berlin zurück, schrieb Georg Kaiser am 2. Oktober 1919 an Otto Liebscher, er sei nun zur Beruhigung in Tutzing und wolle hier »in dieser menschenlosen Stille – ich bin mit Margarethe und [dem 1914 geborenen Sohn] Anselm der einzige Gast im Hotel und auf dem See unbeschränkter Herrscher – die ›Odyssee‹ vorbereiten.« Das Drama *Odyssee* blieb zwar nur Fragment, aber Georg Kaiser bereitete in diesen Tagen zielstrebig seine ganz reale Odyssee ins Gefängnis vor. An Otto Liebscher schrieb er im gleichen Brief, er könne seine Schulden bei ihm in Höhe von 25.000 Mark leider nur bis auf den »peinlichen Rest« von 5.000 Mark zurückzahlen. Dieses Geld hatte Kaiser, wie sich später herausstellte, aber nicht selbst verdient, sondern durch den Verkauf zweier Gemälde und von Schmuck bekommen, die ihm von den Töchtern eines Kommerzienrats Engelhorn zur Wertschätzung bzw. zur Verwahrung nach dem Zusammenbruch der Räterepublik in München anvertraut worden waren.

3. Station

Schritt für Schritt ging Kaiser ins Unheil. Dabei war er am 9. Oktober 1919 im Tutzinger Hotel »Seehof« zuversichtlich, allen »Schurken, die mich antasten durften«, mit seinen zwei neuen (nicht erschienenen) Stücken »eine unerbittliche Abrechnung« präsentieren zu können. Dieser unangenehme Ton aus schlechtem Gewissen erfuhr in dem Brief an Otto Liebscher die jetzt schon vertraute Selbststilisierung Kaisers zum künstlerischen Gottesdiener:

Ich weiss, dass in meinen grossen Stunden der reine Gott in meines Leibes Demut sein Gezelt aufschlägt –: ich weiss dass ich sein Wächter bin und will mit aller Kraft den Gott in mir verteidigen. –

Für diesen »Gottesdienst« waren Georg Kaiser alle Mittel recht. Obwohl sich an seiner finanziellen Situation nichts änderte und er in einem Brief vom 10. Mai 1919 an Otto Liebscher erklärte, sich »in der Flüssigkeit seiner Mittel« getäuscht und »augenblicklich kein Geld« zu haben, mietete Margarethe Kaiser Mitte Mai die ehemalige Ebers-Villa in Tutzing für eine Jahresmiete von 16.000 Mark. Antonie Ebers hatte die Villa 1903 an den Fabrikbesitzer Dr. Hermann Scholl für 150.000 Mark (inklusive 4.000 Mark für das Inventar) verkauft. Die »Villa Scholl« (Haus Nr. 39) ging im August 1918 für 185.000 Mark an den Fabrikbesitzer Karl August Ferber aus Aachen, der sie Mitte November 1918 zum gleichen Preis seinem Schwiegervater Freiherrn von Welck vermachte. Ferber übrigens gab der Villa den neuen Namen »Haus Midgard«. Georg Kaiser schrieb schon Anfang März 1919 einen Brief aus diesem Haus und war bald dazu entschlossen, das Haus zu ›mieten‹. In einem Brief vom 12. April aus dem Hotel Seehof vertröstete er den Maler Fritz Schaefler, der Kaiser portraitiert hatte, mit der Aussicht, daß er sich (wohl wegen des Bildkaufs) demnächst entscheiden wolle, wenn er das Bild »in den hellen Zimmern unseres Hauses am See« betrachten könne.

Als Thomas Mann am 17. Mai für die Pfingstwoche mit der Bahn nach Feldafing ins »Villino« reiste, fühlte er sich »fixiert von G. Keyser, dem Expressionisten, der im nächsten Waggon fuhr«. Wahrscheinlich wußte er nicht, daß sich Kaiser aufmachte, sein glücklicher Nachbar in Tutzing zu werden. Es wurde ein kurzes falsches Glück. Kaiser gefiel sich darin, den generösen Villenbesitzer zu spielen und den Komponisten Fritz Stiedry in einem Brief vom 30. Mai zu fragen:

Wohin entlaufen Sie im Sommer? Kommen Sie an den Starnberger See – nach Tutzing. Wir segeln de l'aube jusqu'à minuit – und entwerfen Pläne für Dichtung und Musik.

Kurz darauf erzielte Georg Kaiser am 7. und 18. Juni mit den Verkäufen zweier Gemälde und zweier indischer Götterbronzen aus der Villa Scholl in einer Münchener Kunsthandlung einen Erlös von knapp 10.000 Mark. Nach außen hin gab er sich allerdings kurios bescheiden und um das Wohl seines Gastes besorgt. Als sich Fritz Stiedry für den August ankündigte, schrieb ihm Kaiser am 19. Juli, daß sein Gast bei ihm nichts zu essen bekommen und nur schlafen könne: »Zweifellos werden Sie besser oder reichlicher im Hotel essen, ich darf also nicht mit einer Einladung auch für die Mahlzeiten Ihre Gesundheit beeinträchtigen.« Dann sagte Kaiser am 25. Juli ganz ab, am 2. August aber wieder zu.

4. Station

Am 25. August 1920 schließlich reiste Kaiser nach Berlin, angeblich um durch Verhandlungen über Filmverträge das nötige Geld zum Rückkauf der veräußerten Preziosa aus der Villa Scholl zu verdienen. Doch der Plan schlug fehl. Am 13. Oktober 1920 wurde Georg Kaiser im Berliner Nobel-Hotel »Esplanade« »wegen Unterschlagung, Betrugs u.a.« verhaftet. Eine Odyssee durch mehrere deutsche Städte führte ihn am 5. November nach München in das Gerichtsgefängnis am Neudeck zurück. Seine Frau Margarethe war schon am 12. Oktober festgenommen worden, die drei Kinder kamen vorläufig in ein Heim.

5. Station

Was folgte, war für Kaiser das Drama im Drama. Seine Briefe aus dem Gefängnis an seine Frau sind Monologe des Elends und der Verzweiflung, in denen Kaiser allerdings kaum Reue zeigt, sondern vielmehr sich selbst als »den im Gefängnis von der menschlichen Gesellschaft abgesonderten Dichter« thematisiert (9.XI.1920). Mitte Dezember, mittlerweile zur Untersuchung in die Psychiatrische Universitätsklinik überführt, erhält er einen Brief seiner Frau mit dem Vorwurf, er habe ihre Existenz vernichtet. Das läßt er nicht gelten. Er bietet alles auf, ihre Gemeinsamkeit zu beschwören, auch die Erinnerung an den ersten Tag in Tutzing:

Ich vergegenwärtige mir mein erstes Kommen nach Tutzing damals: Du und Anselm nebeneinander auf der Bank beim Essen in der Veranda – abendlich. Warum entfällt mir das Bild niemals? Weil ich durch Dich den Blick nach meinen Kindern öffne – weil ich sehe, wo Du siehst. (21.XII.1920)

Er stellt alles in Frage, sich, die Literatur, aber insgeheim sind auch diese Tage im Gefängnis nur wieder ein erklärtes Experiment: Sich selbst und sich als Dichter auch in extremer Situation zu erleben. Eine weitere familiäre Erinnerung an den Starnberger See am 2. Januar 1921 empfindet er daher distanziert:

Einmal dachte ich heute daran, weil so sommermildes Wetter weht, wie man doch jetzt auf dem Starnberger See segeln könnte. Mir war, als ob ich vor tausend Wochen mit Dir dagewesen wäre und Anselm sein helles Haar im Boot schaukelte. Ach, das hat es alles einmal gegeben – ich mache die Feststellung und bleibe unberührt.

Die Frage, wozu er »ausersehen« sei, »zum Heiligen oder zum Ochsenknecht« (21.XII.1920), hatte sich Georg Kaiser in der Haft schon selbst beantwortet. In einem Brief an Max Schach, datiert »fünf Tage vor der Verurteilung«, also am 10. Februar 1921, machte Kaiser klar, wie sehr er die ganze Affäre als Bestätigung seines »Ich« und zugleich in Korrespondenz zum eigenen Werk erfahren habe:

Dem Ausbruch aus meinem Werke Dichter *entnahm ich jene seltsame Weise, die mich jetzt in den Kerker geführt hat. Selbstverständlich tat ich das nicht mit dem Vorsatz, der die Handlungen kontrolliert – es war ein unausbleiblicher Zwang da, der mich mit sich trug. Diesen Zwang in mir gehabt zu haben, betrachte ich als die höchste Gnade, die mir zuteil werden konnte.*

Es ist der gleiche »Zwang«, der Kaisers Figur des Kassierers in seinem Stück *Von morgens bis mitternachts* (1917) den räuberischen Griff in die Kasse tun läßt, um aus seinem bisherigen Leben zu fliehen. In den Prozeß gegen ihn und seine Frau am 15. Februar ging Georg Kaiser daher mit einem gestärkten Selbstwertgefühl hinein. In seiner Verteidigungsrede vor dem Landgericht München II führte er aus, er habe sich für eine »Idee« geopfert, halte sich »für einen exorbitanten Ausnahmefall«, stehe außerhalb des Gesetzes, sei »namenlos groß« und gehöre mit Heinrich von Kleist und Georg Büchner in eine Reihe. Nachdem der Hauptankläger August Ferber für seinen Schwiegervater Freiherrn von Welck das Angebot einer Totalentschädigung durch Kaisers Verleger Gustav Kiepenheuer abgelehnt hatte, wurden der Dramatiker zu einem Jahr, seine Frau zu vier Monaten Gefängnis verurteilt. Schon am 16. April aber war Georg Kaiser nach vorzeitiger Entlassung auf Bewährung wieder frei.

Der Prozeß fand ein großes Presse-Echo; der Dramatiker hatte seinen Auftritt vor Gericht geschickt in eigener Sache genutzt. Der klügste Einspruch gegen Kaisers Dichterbild stammte dabei von dem Kulturhistoriker Egon Friedell. Er, der anfangs seine »vorbehaltlose Begeisterung« für den Dichter Georg Kaiser gestand, kritisierte, daß der Dichter allgemein keineswegs über den Gesetzen stehe, sondern statt dessen moralisches Vorbild sein müsse. Außerdem sah Friedell eine fatale Verbindung zwischen dem Geld-Motiv in Kaisers Dramen und seiner Erhöhung zu einer gleichsam göttlichen Macht. Ein wesentlicher Unterschied aber bestehe darin, »diese Religion des Geldes« zum Bühnenthema zu machen oder »diese Teufelslehre« auch zu leben.

Georg Kaisers erfolgreiche Zeit dauerte bis 1933; 1938 emigrierte er in die Schweiz, am 4. Juni 1945 ist er in Ascona gestorben. Die Villa der Dichter ist heute, nachdem sie vor wenigen Jahren durch eine Bürgerinitiative gerade noch vor dem Abriß bewahrt werden konnte, ein Prominentenlokal.

Zwischenweg

In Tutzing, wo heute ein Installateur namens Gottfried Keller und ein Postbote namens Rainer Rilke leben, lassen sich auf einem kleinen literarischen Spaziergang noch weitere bekannte und weniger bekannte literarische Namen erkunden. An den Orten, wo der Sommergast Heinrich Mann an einem Drama schrieb, die Kinderbuchautorin Marina Thudichum aufwuchs und der Kunstschriftsteller und Diplomat Wilhelm Hausenstein den Zweiten Weltkrieg überstand, wird länger verweilt. Erwähnt sei aber auch der Kommerzienrat und Pelzhändler Oskar Schüler (1884–1946) im eigenen Haus an der von ihm gebauten und nach ihm benannten Oskar-Schüler-Straße 3. Der heimliche Dichter besang erotische Erfahrungen in etwas wackligen und leicht kitschigen Liedern und Gedichten und gab sie mit eigenen Zeichnungen unter dem undatierten Titel *Im Banne Eros* im Selbstverlag heraus. Konkreter werden seine »Liebes= und verliebte Geschichten. Aus seinen Erinnerungen dem Leben nacherzählt«, die Oskar Schüler, wieder mit eigenen Zeichnungen versehen, 1938 ebenfalls im Selbstverlag unter dem Titel *Bacillus Erotikus* erscheinen ließ. Nicht nur wegen des lokalen Bezugs auf Tutzing ist die letzte der Geschichten »Liese – Lotte« vom Abenteuer des alternden

Kommerzienrats mit zwei weiblichen Sommergästen am ehesten gelungen. Aber mehr wird nicht verraten.

Kurz nach Ostern 1946 kam der Schriftsteller Heinz Flügel (1907–1993) nach Tutzing und baute als Mann der ersten Stunde die Evangelische Akademie mit auf. Er heiratete Waldtraut von Reiswitz, die Nichte des Majors und historischen Schriftstellers Ludwig von Schlözer, und lebte mit ihr in der alten Schlözer-Villa an der Traubinger Straße 18. Zwischen 1951 bis zu ihrer Einstellung 1960 gab Heinz Flügel die protestantische Zeitschrift »Ekkart« heraus. Der zeitlebens skeptisch Fragende erinnert sich in seinen autobiographischen Aufzeichnungen *Zwischen den Linien* (1987) auch an Spaziergänge mit dem Dichter Peter Paul Althaus, der seit 1945 erklärtermaßen »mit der einen Hälfte meines Herzens in Schwabing, mit der anderen am Starnberger See« lebte, genauer im Tutzinger Haus an der Kustermannstraße 12. Der selbsternannte »Bürgermeister« der »Traumstadt« Schwabing entwarf die Figur des »Doktor Enzian«, der sein Vorbild »Palmström« des Dichters Christian Morgenstern gar nicht erst verleugnen will.

Madame Legros: Heinrich Mann

Während Thomas Mann Anfang Juli 1913 in Viareggio an der ligurischen Küste mit den Vorbereitungen zum *Zauberberg* begann, reiste sein Bruder Heinrich (1871–1950) nach Tutzing und schrieb an seinem Drama *Madame Legros* (1913). In einem Brief aus der Villa Schüssel (heute Hallberger Allee 5, Restaurant La Torre) vom 11. Juli 1913 an eine ihm unbekannte Dame äußerte er sich, offenbar als Antwort auf eine Anfrage, zur Rolle der Frau, die im kleinen das von den Männern Erkämpfte durchsetze und zum anderen durch ihre »größere Emotionsfähigkeit« den Männern Kraft zu großen Taten gebe. Wie sehr, gerade in diesem Sinn, die eigene Dramen-Heldin auf Theaterbesucher wirkte, schildert Heinrich Mann in seinem Lebensbuch *Ein Zeitalter wird besichtigt* (1946):

»Madame Legros«, ein Drama aus den menschenfreundlichen Anfängen der Französischen Revolution, paßte seine Zeit ab. 1913 in ein paar Wochen glücklich hingeschrieben, erschien es auf einer Münchener Bühne 1917.

Das Stück, zur denkbar schlechtesten Zeit aufgeführt, war auf dem Weg, ein Mißerfolg zu werden. Doch dann schien sich etwas vom Glück der Zeit seiner Entstehung übertragen zu können. Unvergeßlich wurde dem Autor, wie eine Frau, die schon öfter die Aufführung besucht hatte, durch das Stück »Reue« empfand und sagte, endlich könne man einander wieder in die Augen sehen. Ein Hoffnungsschimmer, mitten im Krieg.

Kinderwelt: Marina Thudichum

Ganz in der Nähe der ehemaligen Villa Schüssel, an der Bahnhofstraße 12 und 14, stehen als die beiden einzigen dort belassenen alten Häuser die Villen des Architekten Engelbert Schnell (1895) und des Schriftstellers und Komponisten Gustav Thudichum (1886). Die Ecke mit den Villen Schnell, Thudichum und der nicht mehr existierenden Villa Renner hatte einst den Spitznamen »Es pressiert!«. In dem älteren »Haus mit den zwei Türmchen« und dem einst großen Garten wuchs die Kinderbuchautorin Marina Thudichum (1906–1990) auf. Nach fünf Jahren als Erzieherin im Feldafinger Haus des Schriftstellers Alfons von Czibulka ging sie 1930 nach Berlin. Hier schrieb sie anfangs Gedichte, Kurzgeschichten und Kindererzählungen für den »Berliner Lokal-Anzeiger«, bevor 1935 ihr erstes Buch *Mit Geige und Figurenkasten. Eine Mädelgeschichte aus Oberbayern* erschien. Als Autorin von bereits neun Kinderbüchern zog sie 1940 mit ihrer vierjährigen Tochter Monika nach München um und wurde Lektorin im

Verlag Paul Hugendubel. Nach dem Krieg hatte sie mit dem Buch *Mohrle, kommst du?* (1949) einen großen Erfolg; die Aktualisierung der Geschichte durch den Blick auf konkrete Probleme der Nachkriegszeit setzte in der bundesdeutschen Kinderliteratur einen neuen Akzent. Von 1961 an baute Marina Thudichum in Donauwörth das Kinder- und Jugendprogramm des katholischen Ludwig Auer Verlags auf. In 25 Jahren gab sie 100 Bücher heraus, darunter 20 eigene. Die vielseitige Autorin, die auch Lyrik, Lieder, Theaterstücke und Spielbücher schrieb, ist noch heute in vielen Anthologien und Grundschulbüchern vertreten.

Diese Entwicklung ist nur durch die ersten Lebensjahre der Autorin in Tutzing zu verstehen. Die Tochter des vermögenden Schriftstellers und Komponisten Gustav Thudichum (1866–1949) und seiner Frau Viktoria war wegen der sieben und vierzehn Jahre älteren Brüder Fritz und Ernst »beinahe ein Einzelkind« und blieb viel allein. Wie sich Marina Thudichum 1985 im Katalog »Bücher aus fünfzig Jahren« des Auer Verlags erinnerte, hatte das phantasiebegabte Mädchen keine Mühe, sich in viele verschiedene Personen zu verwandeln und alle möglichen Schicksale zu erleben. Mit kindlichem Zauberblick beseelte sie auch in der Münchener Winterwohnung (Amalienstraße 50/II), die erst 1915 aufgegeben wurde, Dinge des Haushalts und wies ihnen neue Rollen zu. Von Gedichten angerührt, fragte sie ihren älteren Bruder Ernst, ob es auch Dichterinnen gebe und sie eine werden könne. Von der Muse müsse man geküßt werden, antwortete der Bruder; die Muse sei aber eine Zauberin, man könne sie nicht hören und nicht sehen, man spüre nur ihren Kuß. Wochenlang wartete die Kleine danach auf diesen Kuß, den sie doch schon längst bekommen hatte.

Die letzten Jahre des Friedens bis 1914 waren die schönsten ihrer Kindheit. Von den ersten Schwimmübungen mit dem Papa im alten Schwimmbad an der Seepromenade; vom wellenreichen Anlegen des Dampfers; von Spaziergängen auf die Ilkahöhe, wo ein Grammophon zu Kaffee, Butter- und Honigbroten Volkslie-

Villa Thudichum, ca. 1900

der spielte, und weiter zum »Hallberger-Tempel«; vom Postboten Lidl, der die Post schon gelesen hatte und kommentierte, bevor er sie übergab – von all dem berichtet Marina Thudichum in ihren Erinnerungen an Tutzing unter dem Titel »Als der ›Luitpold‹ noch über den See dampfte« (1985) in der Ortschronik. Eine geradezu schon philosophische Weisheit hörte sie in dieser Zeit von ihrem Bruder Fritz, als der sein erstes Fahrrad bekam und ausprobieren wollte, wie lange er damit von der Bahnhofstraße zu den ehemaligen Weihern der Brauerei an der heutigen Kellerwiese und wieder zurück brauche. Als er überraschend schnell wieder da war, sagte er zu seiner Schwester: »›Ach weißt du, die Welt ist nur groß, wenn man zu Fuß geht.‹«

Im letzten Sommer vor dem Krieg – vermutlich zur gleichen Zeit, da Heinrich Mann in der Villa Schüssel an seinem Drama *Madame Legros* schrieb – kam ein französisches Ehepaar mit seinem Sohn Jean als Sommergäste in die Villa Thudichum. Marina verstand sich prächtig mit ihm, allerdings verweigerte sich der Junge strikt dem Wasser. Der tränenreiche Abschied mit der Vertröstung auf das nächste Jahr wurde unversehens ein Abschied für immer. Der Ausbruch des Ersten Weltkriegs beendete nicht nur »eine schöne und geruhsame Zeit«, er war das Ende einer Epoche. Nach dem Tod der Mutter 1922 wurde die Villa Thudichum 1924 verkauft.

Der Malerblick: Wilhelm Hausenstein

Neben München, Frankfurt und Paris gehörte auch Tutzing zu den wichtigen Stationen im Leben des Kunstschriftstellers und Diplomaten Wilhelm Hausenstein (1882–1957). Zwischen 1932 und 1950, als er, zum ersten Generalkonsul und ab 1953 zum ersten Botschafter der Bundesrepublik Deutschland in Frankreich ernannt, nach Paris umzog, wohnte Hausenstein mit seiner 1890 geborenen belgischen Frau Margot und der 1922 geborenen Tochter Renée-Marie, die beide heute in Florida leben, im ersten und zweiten Stock des »Buchenhauses« am heutigen Höhenberg 15. Das Haus gehörte damals dem Reserveoffizier und Prokuristen Cäsar von Hofacker. Er wurde im August 1939 eingezogen, war nach der Besetzung Frankreichs 1940 in der deutschen Militärverwaltung in Paris tätig und kam 1943 in den Stab des militärischen Befehlshabers, General Carl-Heinrich von Stülpnagel, mit dem zusammen er den anfangs erfolgreichen Umsturzversuch in Frankreich vom 20. Juli 1944 organisierte. Cäsar von Hofacker, ein Vetter des gescheiterten Attentäters Graf Stauffenberg, wurde am 20. Dezember 1944 in Berlin-Plötzensee hingerichtet; sein Grab befindet sich auf dem alten Tutzinger Friedhof.

Wilhelm Hausenstein und seine Familie fanden im Tutzinger Buchenhaus ein ›inneres‹ Exil. Seit 1936 durfte Hausenstein, einer der fleißigsten und angesehensten Publizisten der Weimarer Republik, kein Buch mehr veröffentlichen; und 1943 verlor er mit dem Verbot der »Frankfurter Zeitung« seine dortige Stelle, die er neun Jahre lang als Leiter der Literaturredaktion und verantwortlicher Redakteur der Frauenbeilage in einem gewissen journalistischen Freiraum mit Kollegen wie Benno Reifenberg und Dolf Sternberger hatte behaupten können. Als er sich 1938 weigerte, aus seinem Standardwerk *Kunstgeschichte* (1927) die Namen jüdischer Künstler zu streichen, wurde das Buch eingestampft. Zur materiellen Not kam die drohende Deportation seiner jüdischen Frau Margot. Nur dank des couragierten Tutzinger Bürgermeisters Paul Herre konnte diese Gefahr bis zum Kriegsende immer wieder gebannt werden.

Die Tochter Renée-Marie emigrierte 1942 nach Brasilien. Das Tagebuch, das Hausenstein damals in einem alten Haushaltsbuch seiner Tochter anlegte, um mit ihr weiter in Verbindung bleiben zu können, gehört zu den wichtigsten und eindringlichsten Dokumenten der sogenannten ›inneren Emigration‹. In den Tagebüchern der Jahre 1942 bis 1946, von Hausensteins Seenachbarn in Ambach und Kollegen W.E. Süskind 1967 unter dem Titel *Licht unter dem Horizont* herausgegeben, sind vor allem die Bestandsaufnahmen der Zerstörungen Münchens nach den Bombenangriffen 1943/44 der schmerzliche Abschied von einer Stadt und einer Epoche, die Hausenstein noch in ihrem alten Glanz und Leuchten kennen- und liebengelernt hatte.

Das Studium der Geschichte und Soziologie unter anderem bei Friedrich Naumann und Lujo Brentano in Heidelberg, Tübingen und ab 1903 in München schloß Hausenstein 1905 zwar mit einer historischen Dissertation ab, wandte sich aber danach dem Sozialismus als »erlebte(r) Wissenschaft« und der Kunstgeschichte zu. Aus dieser Kombination entwickelte der zwischen 1907 und 1919 entschiedene Sozialdemokrat sein Konzept einer »Soziologie der Kunst«, das er in seinen ersten Büchern über den *Bauern-Brueghel* (1910), über das *Rokoko* (1912) und in der Studie *Der nackte Mensch in der Kunst aller Zeiten* (1913) prägnant vorführte. Ein Jahr nach seinem Austritt aus der SPD wegen ihrer Kompromisse mit den Rechten erschien 1920 das in seinen Grundzügen schon 1912 konzipierte Buch *Bild und Gemeinschaft*. Souverän verstand Hausenstein den Umgang mit verschiedenen Welten.

Unbeschadet seiner sozialistischen Neigungen hatte er in Paris im Frühjahr 1906 vormittags »Dienst« als Vorleser bei der Ex-Königin Marie Sophie von Neapel (Tochter des Herzogs Max in Bayern aus Possenhofen, Schwester der Kaiserin Elisabeth von Österreich und 1869 Sommergast in der Tutzinger Dichter-Villa). Nachmittags war er mit seinem Seminarkollegen Theodor Heuss und dem Maler Albert Weisgerber unterwegs und erlebte auf den vielen Erkundungen in der Stadt den, wie sich Heuss erinnerte, »›Durchbruch‹ zur Sinnenhaftigkeit«.

Hausensteins große Zeit wurden die Jahre nach dem Ersten Weltkrieg. Einen neuen Standard setzten seine Bücher zum *Barock* (1929) und zu *Rembrandt* (1927), den er von seinen landschaftlichen Bedingungen her deutete. Zugleich wies Hausenstein nachdrücklich auf zeitgenössische Künstler hin. Albert Weisgerber widmete er 1918 ebenso eine Monographie wie 1921 dem ungleich moderneren »Malerzeichner« Paul Klee und dem eigenwilligen Lovis Corinth. Ganz in der Tradition der leidenschaftlichen Wanderer des 19. Jahrhunderts wie Goethe, Seume und Burckhardt entwarf Hausenstein sodann in vielen Reisebüchern eine, wie er es nannte, »ästhetisch-historische Geographie« von Landschaften und Städten. Die jeweiligen Besonderheiten gingen ihm durch eine genaue vergleichende Schilderung auf. Dabei fühlte er sich weniger als Dichter denn als Maler: »Ich malte mit schauenden Augen« heißt es in seinem Buch *Drinnen und Draussen* (1930), worin er sich auch die Frage stellte:

Aber was ist ein Schreiber, wenn er nicht ein Maler mit Worten ist? Was ist ihm mehr gegeben? Der Gedanke? Ach, ihn schreibt man nicht; er ist am schönsten, wenn er nur umschlossen ist vom Sichtbaren, wie ein Kern vom Apfel, er und das Gefühl.

Für seinen Malerblick eignete sich besonders die Landschaft am Starnberger See, die er schon 1903 von Schloß Berg aus kennengelernt und sich dabei vorgestellt hatte, wie es sei, wenn man einmal nach einer Nacht am See – etwa in Tutzing – die Fensterläden »in den leuchtenden Morgen hinein« aufstoßen könnte. Den See empfand Hausenstein als ein Bild, die Uferhügel als geformten Rahmen. Aufgrund dieser formalen »Bestimmtheit« war für ihn der Starnberger See »männlich«, im Gegensatz zur »sinnlichen Süße und frommen Milde des Chiemsees«. Solche fragwürdigen Unterschiede sind bei Hausenstein nicht selten und gehören wohl, bei aller Aufgeschlossenheit, zu seiner insgesamt konservativen Art. Diese Vergleiche sind aber auch Ergebnisse von Annäherungen, von Bewegungen an einem bestimmten Tag, in einem bestimmten Licht. Je nach den Jahreszeiten der Landschaft und den Lebenszeiten des Autors gibt es trotz vieler Konstanten, wie der Liebe zu Bayern, immer wieder einen anderen Text oder ein anderes Bild von den aufgesuchten Landschaften und Orten.

Einen seiner schönsten Malerblicke hat Hausenstein in seinem Buch *Die Welt um München* (1929) dem »Herbst am Starnberger See« gewidmet und gleich am Anfang sein grundsätzliches Defizit, nicht malen zu können, noch einmal eingestanden: »Wer nicht malen kann, muß eins *nach* dem andern sagen –«. Diesmal holt er seine Vergleiche aus einer ganz alten Zeit:

Wie lange verharren die Bäume im Grünen! Drüben am andern Ufer, um das weiße Schloß der Grafen Pocci, haben die Wälder das Ansehen eines alten Gobelins; eines Gobelins, der ein wenig falb geworden ist, aber noch lange nicht mürb wie Zunder; die Wälder sind dunkelgrün, mattgrün und tragen nur eine gelinde Bräune. Im Garten drunten (…) kann man [dem Baum] *durchs magere Laub schon an die schwarzen Äste sehen; die Blätter sind schon gelb wie Teerosen.*

Hausensteins Erklärung am Ende eines Spaziergangs auf die Ilka-Höhe, warum der See von dort oben am schönsten sei, ist schließlich ein Musterbeispiel für seinen inszenierten Malerblick, für die Absicht, die Landschaft während der Schilderung zu bewerten, ihr einen Herrschaftsaspekt, unabhängig von den Schlössern am See, zuzuweisen. Hausenstein traf sich hier mit dem alten Westenrieder, der schon 1784 das »Schneegebirge« über dem See als einen Anblick »voll erhabner und einfacher Maiestät«, wie den Anblick »eines weisen, und ernsthaften, aber huldreichen Monarchens« bezeichnet hatte. Hausenstein hat also nach vielen Jahren verstanden, warum die Seelandschaft bei Tutzing so besonders schön ist:

(…) weil der Raum um den See dort am größten geformt ist, dort am meisten gespürt wird. Der See geht dort auch in die Breite, und so betont sich eine Dimension mehr, in beglückender Parallele zur Benediktenwand, die der regierende Berg dieser Landschaft ist. Die Uferlandschaft besitzt eine weise Kunst, sich vom See wegzuziehen und wieder zu ihm zurückzukehren. Dies, glaube ich, ist es: der Raum dieser Welt, der Welt um den Starnberger See, ist nirgends so groß gebildet und ins seiner Größe nach Länge, Quere, Höhe, Tiefe so verspürbar wie auf den westlichen Anhöhen über Tutzing.

Während der Jahre des Tutzinger Exils schrieb Hausenstein, der ehemalige Protestant, nach der Konversion 1940 mit seiner Frau

Blick von der Ilka-Höhe

zum Katholizismus seinen »autobiographischen Roman« *Lux Perpetua* über seine Kindheit im Schwarzwald. Das Buch erschien 1947 ebenso unter Hausensteins Pseudonym Johann Armbruster wie eine Sammlung von fünf Erzählungen unter dem Titel *Herbstlaub*. Darin verdient die kleine Novelle »Ein Baum ist gefallen« besondere Beachtung. Hausenstein schildert hier sehr anschaulich, wie im Tutzinger Garten eine alte, in der Wurzel verfaulte Buche an einem Vorfrühlingsmorgen unversehens umbricht, als er selbst noch etwas unlustig am Schreibtisch sitzt:

Plötzlich hörte ich ein unverständliches Rauschen. Es erhob sich hinter mir im Freien und tat, als käme es von Strömen aus lauter Seide, von Kaskaden aus Taft.

Überraschung, Schrecken und Schauder bringt der Fall mit sich, Trauer stellt sich ein über den Verlust, die Leere und die verschobenen Proportionen im Garten. Doch dann wächst »das Zerrüttete« wieder zusammen; es gibt mehr Licht, kleinere Bäume können sich entwickeln, und es eröffnet sich eine neue Aussicht:

Auch eine ungewohnte Sicht auf das Horizontblau des Wettersteins und der Lechtaler Alpen, auf den blühenden Neuschnee der Kämme war nun frei; man hatte nie daran gedacht, sie könne möglich sein, und erkannte sie mit Entzücken.

Diese Geschichte ist auch als Parabel auf den Untergang einer alten, verfaulten Welt zu verstehen, bot doch, wie Hausenstein am 23. Februar 1948 in einem Brief an Stefan Andres schrieb, »dieses deutsche Dasein grosso modo das Bild einer aasigen Fäulnis«. Und in seinem Vortrag »München – Gestern, heute, morgen« (1947) sah er »etwas wie eine fast schon metaphysische Ursache dafür, daß unsere Stadt zusammengestürzt ist«, darin, daß sie nicht mehr »mit den Augen der Liebe« angeschaut worden sei: »Auch der aufgebaute Stein ist auf das schauende Menschenauge angewiesen«.

Im Tutzinger Refugium zog Hausenstein den zum Überleben notwendigen »Sauerstoff« aus der Übersetzung von Gedichten Baudelaires und einem umfangreichen Essay dazu. Nach dem Krieg erschienen neben diesen Werken eine einfühlsame Studie über *Die Masken des Komikers Karl Valentin* (1948) und das *Zwiegespräch über den Don Quijote* (1949). Für die neue Tageszeitung in München, die Hausenstein auf Wunsch der Amerikaner konzipieren sollte, fand er im Juli 1945 den Namen »Süddeutsche Zeitung« und konnte in der konstituierenden Sitzung den Redakteur Franz Joseph Schöningh empfehlen; von seinem weitaus umfangreicheren Konzept blieb zu seiner großen Enttäuschung nicht mehr übrig.

Hausenstein wurde 1950 zum Präsidenten der zwei Jahre zuvor gegründeten Bayerischen Akademie der Schönen Künste gewählt. Die noch im gleichen Jahr folgende diplomatische Berufung nach Paris erwies sich in Kürze als Glücksfall für alle Seiten. Der Homme de lettres als Politiker, in Deutschland bis heute, anders als in Frankreich, die große Ausnahme, gab der deutsch-französischen Freundschaft eine tragfähige Basis. Seine

Pariser Erinnerungen (1961) zeigen, wie geschickt Hausenstein die Vorbehalte der Franzosen, aber auch die administrativen Hindernisse der Bonner Diplomatie zu meistern verstand. Von Adenauer 1955 kurzfristig wieder abberufen, verbrachte Hausenstein seine beiden letzten Lebensjahre in München-Bogenhausen (Lamontstraße 1/III), wo heute ein Weg und ein Gymnasium seinen Namen tragen. Wenige Tage vor seinem 75. Geburtstag ist er dort am 3. Juni 1957 gestorben; auf dem alten Friedhof von St. Georg liegt Hausenstein gleich neben seiner alten Freundin Annette Kolb.

Feldafing

Von der Terrasse des Hotels »Kaiserin Elisabeth« in Feldafing gibt es eine Aussicht, die ein weitgereister Gast nur mit einem einzigen Punkt auf der Welt, dem Goldenen Horn von Konstantinopel, vergleichen wollte. Die Schönheit des Ortes mit der vorgelagerten Insel, die König Max II. mit einem klassizistischen Casino und einer Rosenzucht veredelte, wollte er ab 1853 auch als Besitzer eines eigenen Schlosses genießen. Doch der Bau gedieh nur bis zu den Grundmauern und wurde nach dem Tod des Königs 1864 sofort eingestellt. Den großen Schloßpark verwandelte Joseph Peter Lenné in einen ausgedehnten englischen Garten, der 1926 einen offenen Golfplatz aufnahm. Elisabeth von Österreich, eine Tochter des Herzogs Max in Bayern aus dem nahen Possenhofen, kehrte zwischen 1870 und 1886 immer wieder für längere Aufenthalte nach Feldafing zurück und nahm im Hotel Strauch Quartier; der Hotelier Max Strauch, mit Oskar Strauch, dem Besitzer des Seehotels in Leoni verwandt, nutzte die Gunst der Stunde und gab seinem Hotel den Namen der Kaiserin. Elisabeth, die sich in vielen heimlichen Gedichten, am Vorbild Heinrich Heine orientiert, in eine Gegenwelt zu ihrem ungeliebten Leben am Wiener Hof flüchtete, fand in dem Berg Jainzen hinter der Kaiservilla in Ischl ihren »Zauberberg« und besang ihn 1885 so innig, daß es von dort aus nicht mehr schwerfällt, sich einen literarisch bekannteren »Zauberberg« auch in Feldafing vorzustellen:

Mein Zauberberg.

Weiss einen Wundergarten,
So wunderinnig schön,
Der Blumen alle Arten
Vielduftig darin steh'n.
(...)
O du mein Berg der Lieder!
O du mein Feenreich!
Voll Gaben steig ich nieder,
Aus deinem Waldbereich!

Der Zauberberg in Feldafing: Roman eines Romans von Thomas Mann

Auf der Landkarte des Geistes erhebt sich *Der Zauberberg* (1924) von Thomas Mann (1875–1955) seit siebzig Jahren als beachtliches Massiv. Einige wesentliche Teile seines Romans hat Thomas Mann in Feldafing zwischen 1919 und 1923 geschrieben und dort zu dem berühmten Abschnitt *Fülle des Wohllauts* die genau nachweisbare Anregung bekommen. Zeit-, Orts- und Werkgeschichte gehen dabei eine sehr eigene Verbindung ein, die wiederum etwas von den vielen komplexen Beziehungen ahnen läßt, aus denen dieser Roman der Weltliteratur besteht. Die Geschichte, wann und wie und vor allem über welche Stationen Thomas Mann nach Feldafing kam, ist selbst ein kleiner Roman und läßt sich nicht in wenigen Sätzen berichten. Sie beginnt schon sehr früh und hat zunächst gar nichts mit Thomas Mann zu tun.

Geburtstagsüberraschung

In Feldafing geboren wurden am 24. Juli 1883 Katia Pringsheim (gest. 1980), die spätere Frau des Dichters, und ihr Zwillingsbruder, der spätere Dirigent und Musikpädagoge sowie seit 1931 Direktor der Kaiserlichen Musikakademie in Tokyo, Klaus Pringsheim (gest. 1972). Wie Katia Mann in ihren *Ungeschriebenen Memoiren* (1974) berichtet, waren weder die Niederkunft noch Zwillinge erwartet worden:

Meine Eltern waren mit meinen drei älteren Brüdern zur Sommerfrische am Starnberger See. Da hatten sie ein kleines Haus gemietet in Feldafing. Meine Mutter erwartete das vierte Kind, und als es dann kam, auch noch zu früh, waren es zwei, mein Zwillingsbruder und, ganz unerwartet, ich. Niemand war da außer der Bauersfrau, und es gab ja kein Telefon. Da sagte sie: Jessas! Es kommt noch eins! Das war dann ich. Als abends an dem Tag mein Vater nach Hause kam, wurde er von der Bauersfrau aufgeregt empfangen: Herr Doktor! Herr Doktor! Zwillinge san ankommen! Ihn rührte fast der Schlag.

Soweit Katia Pringsheim. Das erwähnte Sommerhaus, die 1871 errichtete Villa Nr. 58, wurde nach dem Zweiten Weltkrieg abgerissen; an ihrer Stelle befindet sich heute das Haus Bahnhofstraße 15.

Wir lebten sommers viel auf dem Lande …

Unabhängig von dieser persönlichen Beziehung fuhr später auch die junge Familie Mann standesgemäß zur Sommerfrische an den Starnberger See. Im zweiten Ehejahr verbrachten der zweiunddreißigjährige erfolgreiche Autor und seine acht Jahre jüngere Frau die Ferien mit den Kindern Erika und Klaus von Mitte Juni bis Ende September 1907 in Seeshaupt in der »Villa Hirth« des Münchener Privatiers Adolf Hirt an der St. Heinricher Straße 81 (heute »Haus Eberle«). Thomas Mann arbeitete hier an seinem

Eheroman *Königliche Hoheit* (1909). Viele Jahre später, am Pfingstmontag 1920, kam Thomas Mann auf einer Segelpartie – »Genußreiche, schöne Fahrt« – von Feldafing aus in die Sichtnähe dieser Seeshaupter Villa und erinnerte sich an jenen lang zurückliegenden Sommer.

Im Jahr zuvor (1906) hatten die Manns ihre Ferien in Oberammergau (»Villa Friedenshöhe«) verbracht; Thomas Mann hatte dort schon mit der Arbeit an *Königliche Hoheit* begonnen. Ende September 1908, nach einem Aufenthalt in Venedig, begann der Bau des Landhauses in Bad Tölz; Architekt war Gabriel von Seidl. In seinem *Lebensabriß* (1930) faßt Thomas Mann zusammen: »Wir lebten sommers viel auf dem Lande, in Oberammergau, wo ich große Teile von ›Königliche Hoheit‹ schrieb, dann eine Reihe von Jahren auf unserer 1908 erworbenen Besitzung in Tölz an der Isar«.

Am Haus der heutigen Heißstraße 25 in Bad Tölz erinnert eine Tafel an die Sommeraufenthalte der Familie in den Jahren 1909 bis 1917. Klaus Mann hat die dort zusammen mit Erika und den 1909 und 1910 geborenen Geschwistern Golo und Monika erlebten Abenteuer eher fiktional in seiner *Kindernovelle* (1926) und autobiographisch konkret in *Kind dieser Zeit* (1932) geschildert. Sein Vater wiederum hat in diesem Landhaus im Juni 1912 eines seiner bekanntesten Bücher, den, wie er ihn selbst nannte, »petit roman« *Tod in Venedig,* beendet. Dieses Buch hatte ebenfalls, ähnlich wie vorher *Buddenbrooks* und später *Der Zauberberg*, seine eigene Entstehungsdynamik erwiesen und die Arbeit an dem im Anschluß an *Königliche Hoheit* begonnenen Hochstaplerroman *Felix Krull* (1954) unterbrochen. *Tod in Venedig* erschien noch im Sommer 1912 als bibliophil ausgestatteter »Hundertdruck« (Bd. 13) im Münchener Hyperionverlag Hans von Weber.

Ein Besuch mit Folgen

Zum Zeitpunkt der Schlußzeilen von *Tod in Venedig* war Thomas Mann allein in Bad Tölz mit seiner Mutter Julia und den Kindern. Denn Katia war in diesem Jahr an einem »Lungenspitzenkatarrh« erkrankt und weilte seit März zur Kur in Davos. Dort besuchte sie ihr Mann vom 15. Mai bis zum 12. Juni und

(...) sammelte – aber das Wort entspricht sehr schlecht der Passivität meiner Erlebnisart – jene wunderlichen Milieueindrücke, aus denen die Hörselbergidee zu einer knappen Novelle sich bildete, gedacht wiederum als rasche Einlage in die Schwindlerbekenntnisse, die durchaus zur Fortsetzung lockten, und als Satyrspiel zu der novellistischen Tragödie der Entwürdigung, von der ich kam. (»Lebensabriß«, 1930)

Der Hörselberg, der Hexenplatz und Geisterberg bei Eisenach, verband sich also mit dem Kurort der Graubündener Alpen zum literarischen *Zauberberg*, dessen Entstehungszeit von über elf Jahren alle bisherigen Arbeitserfahrungen von Thomas Mann in den Schatten stellte.

Dabei sah es anfangs nach einer zügigen und absehbaren Arbeit aus. Im Juli 1913 begann Thomas Mann mit der ersten Niederschrift des Romans und war im Dezember vermutlich schon beim Abschnitt »Von der Taufschale und dem Großvater in zwiefacher Gestalt« (Kapitel II,1). Ende Januar las er Auszüge in der Münchener Galerie Caspari vor; alles verlief wie gewohnt. Dann kam der Krieg.

Die Satire auf das lässig mondän-morbide Leben im Lungensanatorium wird von der Realität ad absurdum geführt. Thomas Mann begrüßt, unterstützt, ja verficht diesen Krieg in verschiedenen Texten. Noch eine Weile arbeitet er an seinem Buch. Den Jahreswechsel 1914/15 verbringt im Bad Tölzer Landhaus und erlebt dort ein »Schneeabenteuer«, das seine Spuren im berühmten »Schnee«-Abschnitt (Kapitel VI,7) des *Zauberberg* hinterlassen hat: »(...) – ein Schneeabenteuer war es, ich hatte so viel

Schnee in meinem Leben noch nicht gesehen und habe eigentlich bei dieser Gelegenheit erst Bekanntschaft mit diesem Element gemacht – (...)« (Brief an Ernst Betram, 17.II.1915). Entsprechend gibt es später im Roman »(...) Schnee in Massen, so kolossal viel Schnee, wie Hans Castorp in seinem Leben noch nicht gesehen«.

Aber im Herbst 1915 unterbricht Thomas Mann schließlich doch die Arbeit am *Zauberberg* beim Abschnitt »Hippe« (Kapitel IV,5) und leistet bis Anfang 1918 mit den *Betrachtungen eines Unpolitischen* (1918) seinen, wie er im Vorwort dazu erklärt, mehr als zweijährigen »Gedankendienst mit der Waffe«. Das Buch ist im wesentlichen eine forcierte Auseinandersetzung mit seinem Bruder Heinrich. In dieser konservativ-nationalen Standortbestimmung grenzt Thomas Mann seine ästhetizistisch-ironische Kunstauffassung von einer aktivistisch-pathetischen ab und erklärt seinen Gegner zum »Zivilisationsliteraten«. Er ging dabei so sehr von seiner eigenen, vollständig ästhetisierten Weltsicht aus, daß er in der politischen Haltung eines jeden Künstlers nur eine Rolle, nicht aber ein ernstzunehmendes Programm sehen konnte. Heinrich Mann hat auf diesen Vorwurf in seiner Gedenkrede für Kurt Eisner im März 1919 souverän reagiert und den ermordeten ersten Ministerpräsidenten Bayerns mit dem »ehrenvollen Namen eines Zivilisationsliteraten« ausgezeichnet. Erst 1922 kommt Thomas Mann zur Aussöhnung mit seinem Bruder.

Idyllen

Im März 1918 war für Thomas Mann der »Gedankendienst mit der Waffe«, der ja vor allem deshalb ausgefochten wurde, »weil infolge des Krieges der Roman sonst intellektuell unerträglich überlastet worden wäre« (Brief an Paul Amann, 25.III.1917), beendet. Um sich wieder in den *Zauberberg* einzustimmen, begann Thomas Mann zwei Tage nach dem Versand der *Betrachtun-*

gen an den Verlag am 18. März 1918 mit dem Prosa-Idyll *Herr und Hund* (1919). Schauplatz ist die Isarlandschaft um die Dichterresidenz im Münchener Herzogpark, das »Revier« von Herrn Thomas Mann und seinem Hund Bauschan. Seit Januar 1914 wohnte die Familie Mann im eigenen Haus an der Poschingerstraße 1 und der Föhringer Allee. Bauschan war eine Erwerbung der letzten Bad Tölzer Ferien im Sommer 1916; das Landhaus dort wurde im August 1917 verkauft. *Herr und Hund* ist eine Landschafts- und Lebensstudie in einem verwilderten und ausdrücklich so benannten »Zaubergarten«. Die bauliche Erschließung dieses Terrains durch die »Handelssozietät« Heilmann & Littmann geriet durch den Krieg ins Stocken; bereits angelegte Straßen führten ins Leere, ihre Schilder verwitterten. In dieser Flußlandschaft fühlte sich der Erzähler wohl: »Ich bin der Landschaft anhänglich und dankbar, darum habe ich sie beschrieben. Sie ist mein Park und meine Einsamkeit (...)«.

Nach einem Sommer in Abwinkel am Tegernsee (»Villa Defregger«) kam Thomas Mann mit *Herr und Hund* Mitte Oktober 1918 zu Ende und begann kurz darauf den, in seinen Augen mißlungenen und erst später durch *Unordnung und frühes Leid* (1925) richtiggestellten, in Hexametern abgefaßten *Gesang vom Kindchen*, das nachträgliche Loblied auf die Geburt der Tochter Elisabeth am 24. April 1918. Man stelle sich vor: Während in München Revolution herrscht und der Freistaat Bayern ausgerufen wird, während Kurt Eisner erschossen wird und das Experiment zweier Räterepubliken im April 1919 grauenhaft scheitert, dichtet im Herzogpark Thomas Mann, antiker Form sich nähernd, den *Gesang vom Kindchen* – für ihn Revision und Neubeginn zugleich. Kaum ist das Stück beendet und zusammen mit *Herr und Hund* unter der Bezeichnung »Zwei Idyllen« erschienen, triumphiert die im Buch angesprochene »Lebenswahrheit« im Hause Mann erneut: Sohn Michael wird am 21. April geboren. Kurz darauf, Ende April 1919, nimmt Thomas Mann die Arbeit am *Zauberberg* wieder auf. Und nun endlich kommt Feldafing in den Blick.

Sorgen des Wohlstands

Die am Tegernsee erlebte Geldentwertung im Sommer 1918 ist für Thomas Mann ein erstes Signal der rein materiellen Schwierigkeiten, die das Ende des Krieges und die Niederlage mit sich bringen werden. Am 3. Januar 1919 hat er daher beim Abendbrot im Herzogpark ein wichtiges Gespräch mit seinem gleichaltrigen und langjährigen Freund, dem Kunsthistoriker, Kunstsammler und vor allem Kunsthändler Georg Martin Richter (1875–1941), dem Patenonkel seines Sohnes Michael. Es geht in dem Gespräch darum, wie die Ängste des Wohlstands vor den zu erwartenden Vermögensabgaben gelindert werden können; geraten wird, »man solle Anschaffungen machen, soweit nur die Wünsche reichen. Gut«, schreibt Thomas Mann im Tagebuch, »ich wünsche mir ein Phonola- oder einen ähnlichen Apparat.« Ein Phonola ist ein halbautomatisches Klavier mit Druckluftantrieb über Tretbälge wie beim Harmonium. Ein Phonola also soll es sein – oder etwas ähnliches. Dieser Wunsch wird auf eine sehr merkwürdige Weise in Erfüllung gehen.

Einen Monat später vermittelt Richter seinem Freund den Kauf eines niederländischen Genrebildes und eines französischen Marmorreliefs, »um dreißigtausend Mark vor der Enteignung verschwinden zu lassen« (Tagebuch, 24.I.1919). Zudem hat Richter den Plan, zusammen mit dem Kunsthändler Georg Caspari, bei dem er in diesen Tagen in Stellung ist, einen »Luxusverlag« zu gründen und den *Tod in Venedig* »in kostbar illustrierter Ausgabe« herauszubringen (Tagebuch, 1.II.1919). Zwar nicht mit Caspari, dafür mit H.H. Schlieper gründet Richter tatsächlich am 1. September 1919 den Phantasus-Verlag (ab März 1922 Phantasus-Verlag S. Buchenau & A. Häger) und bringt dort im Frühjahr 1920 als Phantasus-Druck Nr. 2 Thomas Manns Erzählung *Der kleine Herr Friedemann* mit elf Holzschnitten und vier Initialen von Otto Nückel heraus. Im April 1921 erscheint außerhalb der Reihe Thomas Manns frühe, 1905 auf

Wunsch seines Schwiegervaters zurückgezogene Novelle *Wälsungenblut* mit 32 zum Teil ganzseitigen Steinzeichnungen von Thomas Theodor Heine.

Die Luxusausgabe von *Tod in Venedig* kam im Phantasus-Verlag zwar nicht zustande; die finanziellen Überlegungen dazu im Frühjahr 1919 bewogen Thomas Mann jedoch, sich an Richters drittem Projekt zur Vermögenssicherung zu beteiligen – dem Kauf eines Hauses am Starnberger See. Deshalb fuhren die Freunde im März 1919 nach Feldafing.

Richter hatte das Haus Nr. 139 in Feldafing seit Anfang März bezogen und versuchte jetzt, den Freund zur Kaufbeteiligung zu überreden. Trotz Kälte und fast dauerndem Regen war Thomas Mann nach seinem ersten Besuch auch sehr beeindruckt, wie sein Tagebucheintrag vom 12. März 1919 verrät: »Das Hotel Kaiserin Elisabeth, wie Feldafing überhaupt, ist entschieden ein Fund.« Bruno Frank, der Schriftstellerkollege und Freund, lud ihn zum Mittagessen in das Haus an der heutigen Wielingerstraße 28 ein, wo er zwischen 1916 und 1926 gemeldet war; die in New York geborene Schriftstellerin Emma Bonn imponierte ihm bei ihrer Einladung in ihre Villa im Schluchtweg (heute Dr.-Appelhans-Weg) 2 mit einer englischen Gesellschafterin. Dazu kamen »Dampferfahrten auf dem See. Die weiße Alpenkette dahinter im Sonnenschein« und vor allem die »verschiedenen Besuche mit Richter auf ›seinem‹ Grundstück u. in ›seinem‹ Häuschen«.

Ein Haus und seine Geschichte

Die kleine Villa Nr. 139 an der einstigen Firnhaberstraße (seit 1961 Siemensstraße) mit dem späteren Namen »Haus Buchenreck« hatte ein merkwürdiges Schicksal, und es ist ein kleines Wunder, daß sie überhaupt noch steht. Der Baugrund gehörte einst zum südlichen Teil der sogenannten Höhenberg-Kolonie der Münchener Immobiliengesellschaft Heilmann, einer Unter-

Thomas Manns »Villino« in Feldafing

gesellschaft der Baufirma Heilmann & Littmann, die unter anderem auch den Bogenhausener Herzogpark baulich erschloß. Das Häuschen wurde 1912 nach Plänen der Architekten Campbell & Drach für den Kaufmann Wilhelm Enders erbaut. Der Baustil fand nicht völlige Zustimmung. Zwar hatte der mit einem Gutachten beauftragte »Bayerische Verein für Volkskunst und Volkskunde e.V. mit dem Sitze in München« keine sogenannte »Erinnerung«, also keine Einwände gegen den Bau anzumelden, merkte in seinem Schreiben vom 12. September 1912 jedoch an, »dass manche Einzelheiten des bewusst betonten *englischen* Stilcharakters unseren *heimischen* Verhältnissen nicht genug Rechnung tragen.« (Staatsarchiv München, Bauplan Starnberg/ Feldafing Nr. 372). Möglicherweise aber war es genau diese für die Gegend so untypische Stilform, die Thomas Mann besonders ansprach.

Das Haus scheint vor allem ein Spekulationsobjekt gewesen zu sein; der Bauherr Wilhelm Enders hatte schon 1910 ein Landhaus am Tutzinger Fußweg (Nr. 122, heute Eichgraben 6) gebaut und errichtete 1913 ein drittes Haus (Nr. 149, heute Eichgraben 20) an der Koempel- und Eichgrabenstraße. Im gleichen Jahr stieß er das Haus Nr. 139 wieder ab. Bei seinem ersten Verkauf 1913 kostete das Haus noch 7.200 Mark; nach zwei weiteren Besitzern, einem Umbau und einem Weltkrieg erwarb Georg Martin Richter das Haus am 18. März 1919 für 48.000 Mark (Staatsarchiv München, Kataster 20605).

Im Januar 1921 gab Richter handschriftlich auf der Rückseite seiner »Niederlassungs=Anzeige« eine Rechtfertigung seiner häufigen Abwesenheit von Feldafing. Sein ständiger Wohnsitz sei zwar in München (Max-Josef-Str. 1), aber das Landhaus habe er aus gesundheitlichen Gründen »nach überstandener schwerer Krankheit« und in der Absicht »dauernd hier zu wohnen« erworben. Als Geschäftsmann mit einer Kunsthandlung und einem Verlag könne er nicht immerzu zwischen München und Feldafing hin und her fahren. Daher sei das Feldafinger Haus ständig von der »Gutsbesitzersgattin« Sofie Piekarska bewohnt »und ausserdem jede Woche vorübergehend von meiner Frau und mir.« Richter verkaufte das Haus aus unerklärlichen Gründen auf dem Höhepunkt der Inflation für phantastische 2 Billiarden Mark; der Kataster-Eintrag vom 13. Dezember 1923 läßt vermuten, daß der Verkauf noch vor dem Ende der Einführung der Rentenmark am 1. Dezember 1923 zustande kam. Knapp vier Jahre später ging das Haus für 30.000 Mark an den Kaufmann Erich Meyer aus Concordia in Argentinien. Dieser letzte private Besitzer verkaufte das Haus 1938 für 70.000 Mark an die NSDAP.

In Feldafing wurde ab 1934 die »NS-Deutsche Oberschule Starnbergersee« aufgebaut, die bis zur Fertigstellung einer eigenen Anlage in zum Teil aus jüdischem Besitz gekauften Häusern untergebracht war. Die 1936 dem »Stellvertreter des Führers« unterstellte und 1939 von ihm in »Reichsschule der NSDAP Feldafing« umbenannte Eliteschule nahm eine Sonderstellung ein als erste höhere Schule der Partei. Das kleine ehemalige Richter-Haus trug zu dieser Zeit den Namen des Admirals

Franz Ritter von Hipper und wurde von einer Familie Keneder als Hausmeisterwohnung genutzt.

Ab 1938 begann auf dem Schulgelände der Bau von Unterkunftsgebäuden, sogenannter »Sturmblockhäuser«, im alpenländischen Stil. Während des Krieges wurden zu dieser Arbeit auch etwa 80–90 Häftlinge aus dem KZ Dachau eingesetzt, die in einer separierten Baracke untergebracht waren. Vom 1. Mai 1945 an befand sich auf dem Gelände ein Lager vorwiegend jüdischer »DPs« (Displaced Persons), das selbstverwaltet mit einer Vielzahl kultureller Einrichtungen bis zum 31. Mai 1951 bestand; im März 1953 schloß das in deutsche Verwaltung übergegangene Lager endgültig. Heute befindet sich auf dem Gelände die Fernmeldeschule der Bundeswehr.

Die kleine Villa, wahrscheinlich schon während der zwanziger Jahre »Haus Bucheneck«, später »Villa Seifert« benannt, ging 1950 in den Besitz des Freistaats Bayern, genauer in die Obhut des Bayerischen Landesamts für Vermögensverwaltung und Wiedergutmachung, über. Sie ist heute, im Vergleich mit dem Bauplan von 1912, vom Grundriß her erhalten geblieben, aber vollständig renoviert und gehört der Standortverwaltung. Eine neue Würdigung des Hauses im Gedenken an Thomas Mann ist im Gespräch.

Pläne

Thomas Mann war angetan: »Träume von einem Absteigequartier zur Erholung und zum Arbeiten. Auch Einladung von Frank in sein Fremdenzimmerchen, ebenso von der Bonn, deren Park lockt. Also mancherlei Möglichkeiten« (Tagebuch, 12.III. 1919). Frau Katias Einwand gegen eine finanzielle Beteiligung hatte gegen diese »mancherlei Möglichkeiten« keine Chance. Die bequeme Art des Reisens mit dem Dampfer über den See, das gute Mittagessen in Starnberg, die Erholung und die Aussicht auf ungestörte Arbeit zogen den Dichter in ihren Bann. Die

Atmosphäre aus Mondänität und Abgeschiedenheit in Verbindung mit dem ›englischen‹ Häuschen bot die beste Möglichkeit, sich wieder in den seit 1915 unterbrochenen *Zauberberg* hineinzufinden. Zusätzlich reizte wohl die Aussicht, sich hier vielleicht sogar selbst anzusiedeln: »Die schönen Besitzungen an den Ufern des weiten Sees fesselten mich sehr« (Tagebuch, 12.III.1919).

Nach einigem Zögern setzte Thomas Mann am 24. März schließlich den Geschäftsbrief an seinen Freund auf, worin er 10.000 Mark für den Hauskauf in Aussicht stellte und zugleich, als Absicherung, ein Honorar von 4.000 Mark plus Tantiemen für die (nicht verwirklichte) Luxusausgabe von *Tod in Venedig* verlangte. Eine merkwürdige Investition. Thomas Mann besaß zwar keinen vertraglich definierten Anteil an der Villa, erhielt aber die Möglichkeit, das Haus und seine Umgebung nach Belieben zur Erholung und für seine Arbeit zu nutzen. Materiell ging der Plan nicht auf. Richter teilte seinem Freund im Frühjahr 1923 mit, »die Umstände hätten ihn leider gezwungen, sein Haus zu verkaufen«, und gab Thomas Mann das über die Jahre im Safe verwahrte, mittlerweile völlig wertlos gewordene Bündel Geldscheine aus dem Jahr 1919 zurück. Tatsächlich verkaufte Richter das Haus, wie gehört, erst am 13. Dezember 1923 für die inflationäre Summe von 2 Billiarden Mark. Dies alles tat der Freundschaft aber keinen Abbruch; die negative Kapitalanlage zahlte sich auf einer anderen, weit gehaltvolleren Ebene für Thomas Mann und den *Zauberberg* um so mehr aus.

Im Villino

Von Ende April bis Mitte August 1919 machte sich Thomas Mann daran, die bisher geschriebenen Kapitel des *Zauberberg* zu überarbeiten. Gleich zu Beginn beschwor der neue »Vorsatz« »den Erzähler, den raunenden Beschwörer des Imperfekts«. Thematische und gesundheitliche Probleme hoffte Thomas Mann durch ein paar Tage in Feldafing lösen zu können. Doch die erste Abreise mißlang auf bezeichnende Weise. Bei der Zerschlagung der Räterepublik Bayern war es auch in Starnberg Ende April zu einem Massaker durch die »Württembergische Freiwilligen-Armee Haas« mit 28 Toten gekommen. Über den Bezirk Starnberg war das Kriegsrecht und Standrecht verhängt, der Fußgängerverkehr nach München wurde verboten, Bahnfahrten waren nur mit einem Erlaubnisschein möglich. Ohne diesen Schein oder »Reisepermeß«, den ihm später der Feldafinger Bürgermeister Anton Floßmann ausstellte, kam auch Thomas Mann nicht nach Starnberg.

Mit Hilfe eines zweiten Reisepasses von Georg Martin Richter konnte er schließlich am Samstag, dem 17. Mai 1919, fahren. Die Beeinträchtigung der Reise – »Stand bis Starnberg mit meinem Koffer auf der Plattform; unangenehm war nur der Kohlenrauch« – erinnert an die Bahnfahrt Hans Castorps auf den Zauberberg, als »der hereinstreichende Atem der schwer keuchenden Lokomotive seinen [=des Buches *Ocean steamships*] Umschlag mit Kohlenpartikeln verunreinigte«. Mit dem Dampfer fuhr Thomas Mann nach Possenhofen, ließ sich, offenbar erwartet, sein Gespäck auf einem Schubkarren hinterherfahren und kam schließlich in dem »Villino« zu seinem ersten Besuch an. Er blieb eine Woche.

Bis ins Detail ausführlich schildert Thomas Mann im Tagebuch vom 18. Mai das Haus und seine Umgebung. In dem recht kleinen Häuschen standen ihm im ersten Stock »zwei Zimmerchen« zur Verfügung, ein Schlafraum und ein »Arbeitszimmerchen« mit einem »hübschen kleinen braunpolierten Biedermeier-Schreibtisch«. In einem »kajütenartigen Speisezimmer« wurde mittags von der Wirtschafterin Fräulein Kreszentia Stehle – »eine Kleine mit goldenem Klemmer, die aber Stiefel zu putzen bereit sein soll« (Tagebuch, 17.V.1919) – aufgetischt; sie bekam dafür 2.50 Mark pro Tag. Zudem erwähnt Thomas Mann noch »R.[ichter]'s Schreibzimmer, das Morgensonne hat« (Tagebuch, 19.V.1919); es befand sich in der Bibliothek des Erdgeschosses. Der von Thomas Mann beschriebene Zustand ist heute, nach vielen Veränderungen, immerhin gut vorstellbar. Zum Haus gehörten weiter ein Garten, wo ebenfalls gegessen oder Tee getrunken, gelesen oder geschlafen wurde, und ein »Wäldchen«. Weiter gab es noch ein kleines Gartenhaus, »Laube« genannt, das 1931 einer Garage wich, und, etwas vom Grundstück entfernt am See, eine Bootshütte. Unangenehm wirkte anfangs nur die Kälte; erst 1920 bekam das Haus »Centralheizung« und war auch im Winter bewohnbar. In den kalten Maitagen 1919 mußte sich der sehr kälteempfindliche Thomas Mann entweder tagsüber warme Sonnenplätze suchen oder sich abends, bei der Lektüre von Jean Pauls Roman *Flegeljahre*, »in Paletot und Plaid« selbst wärmen. Kaum nötig, hier an die »Kunst, sich [in Decken] einzupakken«, im vierten Kapitel (»Exkurs über den Zeitsinn«) des *Zauberberg* zu erinnern. Und die Eintragungen – »Verfroren, aber in guter Verfassung« (19.V.1919); »Gesichtshitze, verfroren, müde« (20.V.1919) – entsprechen wiederum dem empfindlichen Frieren Hans Castorps schon im ersten Kapitel des *Zauberberg*, mit dem sich Thomas Mann in diesen Tagen erneut beschäftigte.

Zauber am See

Aufgewogen wurden diese Unbilden allemal durch die Ruhe, ja Einsamkeit am Ort und durch den Zauber des Sees schon auf dem ersten Gang zur Bootshütte und nach Garatshausen:

Der See herrlich meerartig. Gingen dann ein Stück gegen Tutzing den schönen Waldweg am See entlang. Schloß des Fürsten Thurn u. Taxis, Luxusbesitzung mit vielen Baulichkeiten. Die Lage ist wundervoll. (Tagebuch, 18.V.1919)

Oder, einen Tag später, auf einem Abendspaziergang in Richtung Starnberg:

(...) immer am See entlang u. sein seidiges Rauschen neben mir. Sah die Überfahrt zur Roseninsel und die öffentlichen Badeanlagen. Ging in etwas größerer Höhe durch den Park zurück, ohne, außer mehreren Rehen, ein lebendes Wesen zu sehen.

Am nächsten Tag gerät Thomas Mann in einen romantischen Zauberwald. Nachdem er in »Richters Zimmer u. Winterpaletot anderthalb Stunden am 1. Kap. Zbg. gearbeitet« hat, versucht er vergeblich, Bruno Frank auf dessen Höhe an der Wielingerstraße zu besuchen.

Ging darauf in dem ausgedehnten Gehölz dort oben spazieren, mit Genuß der Stille, der neuen Umgebung, der Einsamkeit. Zahlreiche zwitschernde magere Eichhörnchen. Ein bildhübscher junger Rehbock, untersetzt und elegant zugleich, mit schwarzer, etwas süffisanter Schnauze und festen kurzen Geweihhörnern über der Stirn.

Das ist, in der damals noch weithin intakten natürlichen Umgebung, beinahe schon eine Begegnung mit einem verzauberten menschlichen Charakter; erkennbar wird, wie Thomas Mann selbst bei solch einer Begegnung unentwegt beobachtet, vergleicht, beschreibt. Schließlich wirkt auch das nahe Gebirge magisch herein. Von einem Spaziergang nach Possenhofen bleibt die Notiz: »Der See war still, das Schneegebirg sehr magisch beleuchtet« (Tagebuch, 20.V.1919). Zum Vergleich: »Großartige Fernblicke in die heilig-phantasmagorisch sich türmende Gipfelwelt des Hochgebirges, in das man hinein- und hinanstrebte (...)« eröffnen sich Hans Castorp zu Beginn bei seiner Fahrt auf den Zauberberg.

Tonio Kröger-Einsamkeit

Aus diesen Erlebnissen, den Erfahrungen dieser Tage, zieht Thomas Mann am Donnerstag, den 22. Mai, nachmittags im Garten schreibend eine wichtige Bilanz. Er sieht auf der einen Seite »die kapellenartige Atmosphäre des Hauses«, den Bereich mönchischer Arbeitsklausur, und auf der anderen die ausgedehnten Spaziergänge wie heute »am See entlang« nach Tutzing: »(...) saß an der Dampferbrücke u. las das Starnberger Lokalblatt, ging dann durch den Ort und etwas landeinwärts, zur sogen. Waldschmied-[d. i. Waldschmidt-] Schlucht hinauf und oberhalb des blauen, leicht gekräuselten Sees auf Wald- und Wiesenwegen hin, dann zur waldigen Landstraße runter und zurück (...).« Er schätzt das märchenhafte mittägliche »Tischlein-deck-dich«, auch wenn der Wirtschafterin ein Soufflé mißlingt – und kommt zu einem für sein Leben und Werk insgesamt höchst aufschlußreichen Befund:

Es ist lange her, daß ich so lange allein war. Ich nannte es heute unterwegs meine Tonio Kröger-Einsamkeit. Zu Anfang regte sie mich auf, aber die Umstände begünstigten sie so sehr, daß ich mich rasch in sie eingelebt habe. Über Einsamkeit und ›Weib und Kinder‹ wäre manches zu sagen, d. i. über ihre Würdigkeit, Ratsamkeit, Zuträglichkeit, ihre inneren Wirkungen. Die entscheidende Erwägung und Sicherheit bleibt mir, daß ich mich meiner Natur nach im Bürgerlichen bergen darf, ohne eigentlich zu verbürgerlichen. Hat man Tiefe, so ist der Unterschied zwischen Einsamkeit u. Nicht-Einsamkeit nicht groß, nur äußerlich.

Dieser Selbstbefund gehört zu den wichtigsten Eintragungen Thomas Manns in sein Tagebuch. Mit der Bezeichnung »Tonio Kröger-Einsamkeit« wertet er diese Tage in Feldafing entschieden auf und erinnert zugleich gezielt an die berühmte Künstler-Novelle aus dem Jahr 1903, die er selbst, wie Peter de Mendelssohn schreibt, »stets seinen Hauptwerken zugerechnet und ebenbürtig neben seine großen Romane gestellt« hat.

*

Anlaß für *Tonio Kröger* war 1899 eine fünftägige Urlaubsreise Thomas Manns in das dänische Seebad Aalsgard am Sund, nahe Helsingör, gewesen. Das Grundthema der erst Ende 1902 fertiggestellten Novelle, der Konflikt Geist/Leben, Künstler/Bürger, wird auch am Motiv der Einsamkeit dargestellt. Sie ist zum einen die trotzig allgemein behauptete »Lust am Worte und an der Form«. Zum anderen zeigt sie sich konkret bei einem Spaziergang, der, ähnlich wie bei Thomas Manns Gang zur Tutzinger Waldschmidt-Schlucht, weg von der Küste in einen Buchenwald führt, wo Tonio Kröger »ein tiefes Vergessen, ein erlöstes Schweben über Raum und Zeit« genießt, das stärker ist als das gleichzeitige stechende »Gefühl von Sehnsucht oder Reue«. Tonio Kröger erweist sich hier thematisch und formal als Vorläufer oder besser Verwandter Hans Castorps. Und ist die in diesen Feldafinger Maitagen 1919 doppelt erfahrene Abgeschiedenheit im Schreibhaus wie in der Landschaft für Thomas Mann persönlich nicht ebenso Ausdruck dieses Grundthemas? Die Verbindungen zwischen *Tonio Kröger* und dem *Zauberberg* hat er selbst vor allem auf der Ebene der musikalischen Komposition gesehen und nach dem Grundthema auch das wesentliche Strukturprinzip seines Werks benannt: »Zum ersten Mal war die epische Komposition hier [in *Tonio Kröger*] als geistiges Themengewebe, als symphonischer Beziehungskomplex verstanden, wie es später, im größerem Maßstabe, beim ›Zauberberg‹ geschah.« (»On Myself«, 1940). Zur Erinnerung: Wir sind in Feldafing – und zugleich nahe dem Zentrum des *Zauberberg*, dem Zentrum der literarisch-musikalischen Kunst Thomas Manns.

*

Die Abreise am Samstag, den 24. Mai, ist eine Rückkehr ins Profane, in den Alltag. Neugierig leiht sich Thomas Mann schon im Zug nach München eine Zeitung aus, um sich nach dem

Stand der Pariser Friedensverhandlungen zu erkundigen, zu denen er sich drei Tage vorher sehr polemisch in einem offenen Brief aus Feldafing geäußert hatte. Die Warnung davor, Deutschland durch den geplanten Zahlungsfrieden wirtschaftlich zu vernichten, traf sich mit den Argumenten eines längeren Appells »An Wilson!« auf der Titelseite des Starnberger »Land- und Seeboten«, den Thomas Mann am 22. Mai an der Tutzinger »Dampferbrücke« gelesen hatte. Der offene Brief »zum Frieden« erschien am 30. Mai in zwei Berliner Zeitungen.

Zweifel

Seinen zweiten Besuch im Feldafinger Haus Anfang Oktober 1919 faßt Thomas Mann im Tagebuch am 21. Oktober knapp zusammen. Er wird vorzüglich verpflegt, arbeitet ruhig und kontinuierlich, nach Abschluß der Revision der Vorkriegskapitel, an den neuen Abschnitten des *Zauberberg*, empfindet zwar »die Einsamkeit zuweilen als abenteuerlich«, bekommt aber auch Besuch, unternimmt »Segelfahrten mit Richter« und kehrt schließlich »mit einigen neuen Manuskriptblättern nach München zurück«. Er steht kurz vor dem Abschluß des vierten Kapitels mit der für Hans Castorp so entscheidenden ärztlichen Untersuchung. Mitte November ist er damit fertig; es folgt die endgültige Umstellung der Kapitel eins und zwei.

Ein »schlimmer Zwischenfall« am 9. November mit seiner Frau Katia läßt kurz Zweifel aufkommen über das »Feldafinger Verhältnis«; Richter hatte die 10.000 Mark, im Gegensatz zu Katia, bei der Steuer angegeben, und Katia geriet darüber »in größten Zorn«. Doch die Vorteile Feldafings überwiegen und ermöglichen den besonderen »Fund« bei der Arbeit am fünften Kapitel des *Zauberberg*.

Vielleicht wollte Richter den schlechten Eindruck seiner Steuerangabe wettmachen, indem er den Marktwert des Feldafinger Hauses steigerte und gleichzeitig an den alten Phonola-Wunsch seines Freundes dachte. Jedenfalls erfuhr Thomas Mann am 2. Januar 1920 von ihm, daß »Feldafing (...) durch ein ausgezeichnetes Grammophon bereichert ist. Der Kauf einer Segelyacht ist im Gang.« Vielleicht hat sich deshalb auch Katia Mann überzeugen lassen, ihren Gatten bei seinem nächsten Besuch Ende Januar/Anfang Februar zu begleiten. So wurde sie Zeugin eines folgenreichen Ereignisses: In dem kleinen Haus erklang große Oper.

Der Clou des Aufenthalts: sein vorzügliches Grammophon, *das ich allein und mit K. und Richter beständig spielen ließ. Die Tannhäuser Ouvertüre. Bohême. Aida-Finale (italienischer Liebestod). Caruso, Battistini, die Melba, Tita Ruffo etc. Neues Motiv für den ›Zbg.‹, gedanklich und rein episch ein Fund.* (Tagebuch, 10.II.1920)

Nicht viel anders reagiert Hans Castorp im *Zauberberg* auf das Grammophon: »In ihm hieß es: ›Halt! Achtung! Epoche! Das kam zu mir.‹«

Fast alles dreht sich in den kommenden Tagen und bei den folgenden Besuchen Thomas Manns in Feldafing um diesen »Zauberkasten«, diese »Wundertruhe« zwischen Unterhaltung und Magie, wie er im Abschnitt »Fülle des Wohllauts« des letzten Romankapitels so auffällig häufig genannt wird. In Verbindung mit den Schallplatten, der »Literatur«, die in den »Zauberbüchern« der Alben verwahrt wird, und der »Zirkelgraphik«, dem feinen »Liniengepräge«, das der geradezu ›atmende‹ Apparat wieder zum Leben erweckt, läßt sich in diesem Abschnitt nicht nur – lange vor Walter Benjamin – eine besondere Vorliebe für musikalische Kunstwerke im Zeitalter ihrer technischen Reproduzierbarkeit erkennen. Eröffnet der Abschnitt »Schnee« (Kapitel VI,7) als thematischer Höhepunkt des Romans mit dem Schlüsselsatz »Der Mensch soll um der Güte und Liebe willen dem Tode keine Herrschaft einräumen über seine Gedanken« den Ausblick auf eine entschiedene Humanität, so ist, im Vergleich damit, der erst im Sommer 1924 geschriebene Abschnitt »Fülle des Wohllauts« (Kapitel VII,7) nichts weniger als die Poetik des Romans, sein technisches Herzstück, sein Zentrum.

Und Hans Castorp, der bezeichnenderweise sofort »den Schlüssel des Schränkchens« an sich nimmt und damit als einziger Zugang zu der daraus tönenden »Geistermusik« hat, der »allein mit den Wundern der Truhe in seinen vier Wänden« sich einschließt, »– mit den blühenden Leistungen dieses gestutzten kleinen Sarges aus Geigenholz, dieses mattschwarzen Tempelchens, vor dessen offener Flügeltür er im Sessel saß, die Hände gefaltet, den Kopf auf der Schulter, den Mund geöffnet, und sich von Wohllaut überströmen ließ« – jener Hans Castorp ist in dieser Situation nichts weniger als der von Thomas Mann selbst, freilich durchaus zweideutig, so bezeichnete »Gralssucher« im Totenreich vor dem geweihten Schrein, und der Grammophonschrank mit dem Namen »Polyhymnia«, der Muse des ernsten, instrumental begleiteten Gesangs, avanciert in diesem nicht zufällig siebten Abschnitt des siebten Kapitels zur »Abwandlung des Tempels der Initiation«, zur »Stätte gefährlicher Forschung nach dem Geheimnis des Lebens« und damit zum Symbol für den *Zauberberg* insgesamt, den Thomas Mann in seiner »Einführung« (1939) eben so verstand.

Fülle des Wohllauts

Feldafing wird zum Zauberort; zahlreich sind die Entsprechungen zwischen dem Autor und seinem Helden beim »Musizieren« mit dem Grammophon, »für das ich eine etwas ins Lasterhafte abbiegende Leidenschaft habe, u. dem ich im Zbg. eine wichtige Rolle zuweise«. Diesem Tagebucheintrag vom 21. Mai 1920 entspricht die Einleitung in die »Fülle des Wohllauts«, wo Hans Castorp von den stumpfsinnigen Freizeitbeschäftigungen des vorhergehenden Abschnitts weg »einer anderen, edleren, wenn auch im Grunde nicht weniger seltsamen Leidenschaft in die Arme« geführt wird. Der im Roman ausführlich dargestellte und als Beispiel für »die siegende Idealität der Musik, der Kunst, des menschlichen Gemüts« bewertete Liebestod in Verdis Oper *Aida* (1871) läßt sich auf das Feldafinger Musizieren ebenso zurückführen wie das Schicksal des Don José in Bizets *Carmen* (1875). Ins Feldafinger Tagebuch schreibt Thomas Mann am 21. Mai 1920: »Die Beziehungen des Zbg. zu ›Carmen‹ gingen mir auf bei dem ›lustbetonten‹ Kult der Piccaver-Platte ›Hier an dem Herzen treu geborgen‹«. Schweren Herzens sieht Hans Castorp in den vorgespielten Szenen der französischen Oper seine Beziehung zu Clawdia Chauchat gespiegelt. Eine Anspielung auf das lange vorher im Abschnitt »Walpurgisnacht« (Kapitel V,9) französisch geführte Gespräch der beiden verstärkt nur die »Beziehungen« der beiden Liebespaare. Die Kombination »felsige Klüfte« und »Freiheit« für die Ausweglosigkeit Josés klingt übrigens schon lange vorher im Abschnitt »Noch jemand« (Kapitel VI,2) an, wenn Hans Castorp – »leichtsinnig« wie es heißt – den ersten Vers des König-Ludwig-Lieds »Auf den Bergen wohnt die Freiheit« anstimmt und anschließend fragt, was denn Freiheit sei.

Bemerkt sei noch, daß die erste Fassung des französischen Gesprächs der »Walpurgisnacht« in den ersten Maitagen 1921 »mit Hülfe des Wörterbuchs« geschrieben wurde; in einem Brief an Martin Platzer berichtete Thomas Mann am 6. Mai, er gehe »spazieren und arbeite an einer kuriosen Szene im ›Zauberberg‹«. Am 10. Mai schloß er die Szene und das Kapitel in der Feldafinger »Laube« mit der charmanten Bleistift-Bitte Clawdias ab. Bruno Frank half dem Freund dann bei der Korrektur und Redaktion des französischen Gesprächs.

Schließlich sind die Stimmen der Sänger im Feldafinger Häuschen ebenso magisch anwesend wie im Roman. Im Tagebuch heißt es am 25. März 1920: »Richter ließ unten noch Caruso und Journet singen, als seien die Stars zu Besuch.« Dem entspricht die Romanstelle:

Menschliche Stimmen entströmten dem Schrein (...), und namentlich wenn man in eines der offenen Nebenzimmer trat und den Apparat nicht sah, so war es nicht anders, als stände dort im Salon der Künstler in körperlicher Person, das Notenblatt in der Hand, und sänge.

Ob Thomas Mann am 31. März 1920 zu Besuch bei Emma Bonn von ihr unter den Liedern von Schubert auch Hans Castorps Lieblingslied vom »Lindenbaum« vorgesungen bekam, läßt sich leider nicht nachweisen. Bekannt ist aber, daß dieses Lied ebenso zum Schallplattenrepertoire Thomas Manns gehörte wie die anderen Favoriten Hans Castorps. Die mehrmals wiederkehrende »zauberhafte Wendung« im »Lindenbaum« ist für den Erzähler im *Zauberberg* jedenfalls Anlaß, die Bedeutung des Liedes für Hans Castorp als »Ausdruck und Exponent eines Geistig-Allgemeineren« zu erklären, von dort Castorps »Sympathie mit dem Tode« abzuleiten und schließlich den mächtigen welterobernden »Seelenzauber« zu beschwören, der von diesem Lied ausgehen konnte.

Für Thomas Mann wurde das Grammophon beinahe das wichtigste Requisit seiner Arbeit und seines Hauses, es war sein »ein und alles«, wie eine gute Bekannte des Autors sagte. Der Maler Hermann Ebers, Anreger der Joseph-Romane, erinnert sich an den Grammophonspieler Thomas Mann in seinem Münchener Haus:

Von Musik sprach er gern und viel und hatte auch immer wieder das Bedürfnis, Musik zu hören und mit Musikern Umgang zu pflegen. (...) In der geräumigen Diele bewahrte Thomas Mann eine große Sammlung von guten Schallplatten auf und ich erinnere mich noch eines Abends, an dem er ein neues, vorzügliches Grammophon, von dem er ganz begeistert war, immer wieder andrehte. Wir mußten viel Richard Wagner, dessen

Kunst ihn ständig anzog und beschäftigte, über uns ergehen lassen, obwohl wir uns sehr viel lieber mit ihm unterhalten hätten.

Die Plattensammlung Thomas Manns steht heute wohlverpackt im Keller des Hauses seines Neffen, des Dirigentensohns Klaus Pringsheim, in Orleans bei Ottawa in Kanada.

Haussuche

Nach dem »Feldafinger Mausloch mit seinem Grammophon« sehnt sich Thomas Mann bald nach seinem dritten Aufenthalt schon wieder zurück, wie er in einem Brief an Ernst Bertram am 18. Februar 1920 gesteht. Diese Tage in Feldafing und anschließend bei seiner Mutter Julia auf dem Schweighart-Hof in Polling hatten nicht nur das Grammophon-Erlebnis mit sich gebracht, sondern auch eine weitere und stetige Arbeit am ersten Abschnitt (»Ewigkeitssuppe und plötzliche Klarheit«) des fünften Kapitels ermöglicht: »Stimmung zum Zbg. auf dem Lande erstarkt, teils allgemein als Arbeitsruhe, aber auch sachlich.« (Tagebuch, 10.II.1920)

Diese Erfahrungen verstärkten wohl den Wunsch, in Feldafing oder seiner Umgebung ein eigenes Haus zu suchen. Thomas Mann besichtigte zunächst bei seinem folgenden Besuch Ende März 1920 »die verkäufliche Nachbarsvilla, die ihre Vorzüge hat, ohne mich zu begeistern« des Würzburger Arztes »Dr. Kirchlechner« (d. i. Dr. Kirchgeßner). Gemeint ist hier das ebenfalls von Wilhelm Enders 1910 erbaute Landhaus Nr. 122 (heute Eichgraben 6). Zwei Tage später, am 30. März, sah sich Thomas Mann, offenbar erneut, »das schöne Haus N° 169 in Ober-Tutzing« an. Das imponierende »von Hillernhaus« (heute Traubinger Straße 35) aus dem Jahr 1910 war 1911 von der Erzählerin Wilhelmine von Hillern (1836–1916) gekauft worden, die mit ihren beiden Romanen *Die Geier-Wally* (1875) und *Am Kreuz* (1890) große Erfolge erzielt hatte.

Am 1. April 1920 bekam Thomas Mann von der Immobiliengesellschaft Heilmann Vertreterbesuch »in Sachen der 200 000 M-Villa, die ich nicht sehr liebe«. Einen guten Eindruck gewann er schon vorher am 26. März bei einem Besuch in der Tutzinger Prittwitz-Villa an der Hauptstraße 12: »Die Wohndiele prächtig mit dem Blick auf den See.« Zum eigenen Haus in der Landschaft um Feldafing konnte sich Thomas Mann letztlich aber doch nicht entschließen.

Sommerfrische

Der Sommer kam in diesem Jahr schon im Mai. An Pfingsten war Thomas Mann wieder draußen, schrieb vormittags »im Gartenhäuschen oder im ›Wäldchen‹« am Abschnitt »Freiheit« (Kapitel V,3) über das Thema »Komik der Vernunft« und fuhr mittags, mit entschiedenem Lustgewinn, zweimal im Ruderboot auf dem See. Natur und Kultur verbinden sich bei Thomas Mann auf sehr eigene Weise, wie sein Eintrag im Tagebuch vom 21. Mai 1920 – »Nachmittags in der Gartenhütte« – erkennen läßt:

(…) das erste Mal gegen Tutzing bei Ostwind und leicht gekraustem Wasser. Das Rudern mit der Strömung ist lustiger, da man schneller vorwärts zu kommen scheint. Sobald man wendet, beginnt das Klappern und Pladdern der kleinen Wellen am Bug. Es war sehr warm, ich fuhr ohne Rock und Weste und legte auch die Hosenträger ab. Da ich kein Unterjäckchen trug, war der Oberkörper, nur mit dem Hemd bekleidet, dem Luftzuge frei, was ein sehr angenehmes Gefühl ist. Für den Kulturmenschen grenzt Natürlichkeit nahe an Wollust.

Das zweite Mal fuhr er, wie er gleich darauf notiert, »bei dunstiger Luft und spiegelglattem See nach Possenhofen«. An Pfingstmontag ging es dann auf die eingangs schon erwähnte Segelfahrt nach Seeshaupt:

Genußreiche, schöne Fahrt. Ich sah unser Haus [= die Villa Hirt] *am See wieder, wo wir den zweiten Sommer nach unserer Verheiratung verbrachten. Wir aßen kräftig im Gasthof, segelten dann nach Tutzing, kreuzend, denn der Wind hatte gedreht, und tranken Thee auf der Terrasse des Hotel Simson. Dann, bei völliger Windstille, mußte der Schiffer uns heimrudern.*

Das Ergebnis dieser vielen sportlich im Freien verbrachten Tage ist schon äußerlich zu erkennen. Zu Hause angekommen, wirkt Thomas Mann auf seine Frau »verbrannt u. im Gesicht voller geworden« (Tagebuch, 25.V.1920).

Knapp und prägnant ist die Zusammenfassung im Tagebuch vom 25. Juli: »Große Hitze. Gerudert, im See gebadet und das Grammophon spielen lassen.« Nach einem Abendessen mit seiner Frau und Lion Feuchtwanger bei Bruno Frank konstatiert Thomas Mann allerdings »Sehr schlechte Arbeitsverfassung«. Dafür hatten die Kinder Erika und Klaus mehr von ihrem Vater, als sie mit ihrem Freund Richard Hallgarten zu Besuch kamen, und ein »Schöner ländlicher Sommertag mit den Kindern« fand seinen krönenden Abschluß – worin? Richtig, in einer Vorführung des Grammophons!

Ausklang

Im Januar 1921 kann sich Thomas Mann dank der funktionierenden »Centralheizung« zu »angestrengter Arbeit« nach Feldafing zurückziehen. Anfang Mai empfindet er im Haus »die Einsamkeit abenteuerlich, als erregenden Druck«, das Häuschen selbst jedoch, schreibt er, wirke »drückend, hat nicht genug Freiheit« (Tagebuch, 6.V.1921). Am gleichen Tag beendet er die Lektüre von Prosper Mérimées Novelle *Carmen* (1845), arbeitet sodann in der »Gartenhütte« am französischen Gespräch zwischen Hans Castorp und Clawdia Chauchat und schließt den Abschnitt »Walpurgisnacht« und damit das fünfte Kapitel am 10. Mai 1921 ab.

Ein kurzer Besuch von Katia und Thomas Mann bei dem Maler und Illustrator Hermann Ebers in Seeshaupt am 25. September läßt den Wunsch des Autors nach einem eigenen Besitz am Starnberger See wieder stärker werden. Ebers hatte seine Freunde mit anderen Gästen zum Essen mit anschließendem Betrachten von Bildern und Illustrationen zu Mozart-Opern eingeladen. Doch anstatt sich die Bilder anzusehen, schlief Thomas Mann nach dem Essen, laut Tagebuch, »in dem schönen Arbeitszimmer mit Ostseeartigem Blick auf den See«.

Der letzte Feldafing-Eintrag im erhaltenen Tagebuch dieser Jahre erwähnt am 28. Oktober 1921 einen Besuch des Freundes Kurt Martens und, neben Einladungen bei Emma Bonn und Bruno Frank, »Gänge nach Tutzing, Grammophon-Musik, wie üblich. Große Stille und Menschenleere. In das VI. Kap. Zbg. eingearbeitet«. Darüber hinaus kam Thomas Mann noch einmal eine Woche vor Weihnachten und kurz im April 1922 zu einem Arbeitsaufenthalt nach Feldafing.

Noch jemand

Als Gegenspieler Settembrinis taucht im zweiten Abschnitt »Noch jemand« des sechsten Kapitels der Jesuit Leo Naphta auf, der die seltsame Lehre eines christlichen Kommunismus vertritt. Naphta trägt bekanntlich Züge des marxistischen ungarischen Literaturhistorikers Georg Lukács (1885–1971), den Thomas Mann im Januar 1922 in Wien kennenlernte. Leo Naphta, laut Thomas Mann »ein halbjüdischer Jesuitenzögling mit krassen Anschauungen«, ersetzte die bis dahin vorgesehene Figur des vermutlich protestantischen Pastors Bunge als Gegenspieler Settembrinis. Die Diskussion des Gottesstaates im *Zauberberg* ist, wie erst kürzlich Hans Wißkirchen dokumentiert hat, einer der literarischen »Hauptquellen« des Romans zu verdanken, der Darstellung *Geschichte und System der mittelalterlichen Weltanschauung* (1887) von Heinrich von Eicken. Erinnert sei in diesem

Zusammenhang aber auch daran, daß gegenüber von Feldafing auf der sogenannten Rottmannshöhe das gleichnamige ehemalige Sommerhotel und spätere Sanatorium 1920 von den Jesuiten in ein Exerzitienhaus für Männer umgewandelt wurde; schon im Gründungsjahr wurden 79 Exerzitianten, 1921 gar schon 616 und bald über tausend pro Jahr gezählt. Diese aktuelle Entwicklung konnte Thomas Mann als erklärter Leser des Starnberger Lokalblatts von Anfang an beobachten. Der Starnberger »Land= und Seebote« brachte die Nachricht von der Umwandlung der Rottmannshöhe in ein Exerzitienhaus der Jesuiten Anfang März 1920 und kommentierte den Vorgang am 13./14. März in einem Artikel »Das Lied von der Rottmannshöhe« schwülstig ausführlich mit einer Reihe unfreiwilliger Anklänge an den *Zauberberg*:

Die einst Vielgefeierte [= Rottmannshöhe] *wurde durch die Ungunst der Zeiten und den Wandel der Mode bald die Vielumstrittene! Es wechselten deren Besitzer und der Zweck ihrer Bestimmung: vom Hotel zum Kurhaus und Sanatorium und der allmähliche Niedergang war nicht aufzuhalten. Der Weltkrieg raubte auch ihr den Lebensfaden, die Bergbahn fiel, die eine freundliche Verbindungsbrücke mit den Gästen aus der großen Welt gewesen (...). Und die Rettung erschien in Gestalt eines frommen Priesters vom Orden der »Gesellschaft Jesu« und sie wird in Gnaden aufgenommen! (...) In den Hallen der Rottmannshöhe werden nunmehr fromme Weisen ertönen.*

Als Thomas Mann am 24. März nach Feldafing kam, wird ihm die auffällige Neuigkeit nicht verborgen geblieben sein. Die rasante Entwicklung der Rottmannshöhe zum vielbesuchten Exerzitienhaus spiegelt sich dann zwei Jahre später in einer längeren Meldung der gleichen Zeitung wider. Am 2. Mai 1922 listet der »Land= und Seebote« auf, zu welchen Zeiten die verschiedenen Interessengruppen – die »Gebildeten Herren«, Lehrer, Studenten, Arbeiter und Gesellen, Männer und Jünglinge sowie Priester – ins Exerzitienhaus »Maria Patrona Bavariae« auf die Rottmannshöhe kommen können. Vielleicht war die Figur des Leo

Naphta bei Thomas Mann ebenso vorbereitet und bedurfte ebenfalls nur noch einer konkreten Begegnung wie im Fall des Mynheer Peeperkorn, dem Gerhart Hauptmann die entscheidenden Züge lieh.

Finis Operis

Spätere Arbeitsbesuche in Feldafing sind bislang nicht nachweisbar. Im Sommer 1923 konnte Thomas Mann das sechste Kapitel seines Romans beenden. In einer Art von Parforcejagd schrieb er sodann die zehn Abschnitte – darunter auch »Fülle des Wohllauts« – des siebten Kapitels in zwei Monaten bis September 1924; dann, am 27. September 1924, zwölf Jahre nach dem Besuch in Davos und dem damals gefaßten Plan eines satirischen Gegenstücks zum *Tod in Venedig*, steht das »Finis Operis« unter dem Manuskript. Das Buch ist Ausdruck der persönlichen Wandlung seines Autors und zugleich die »Weltdebatte« (Peter de Mendelssohn) einer Epochenwende. *Der Zauberberg* hat bald großen Erfolg, macht seinen Autor endgültig weltberühmt und führt nicht zuletzt zum Nobelpreis für Literatur im Jahr 1929.

So gibt es auf der geistigen Landkarte des Starnberger Sees einen neuen Aussichtspunkt: Gegenüber der Rottmannshöhe von Leoni bietet der *Zauberberg* in Feldafing mit dem wundersam erhaltenen »Villino« eine ausgezeichnete Fernsicht durch Raum und Zeit.

Dichterkinder – Kleine Nachschrift

Von Feldafing in die weite Welt – das Buch *Rundherum. Das Abenteuer einer Weltreise* (1929) der Dichterkinder Erika (1905–1969) und Klaus Mann (1906–1949) beginnt an einem bekannten »Schauplatz: Ein Landerziehungsheim in Feldafing am Starnberger See, während der Ferien als Hotel benutzt.«

Gemeint ist das Haus Nr. 107, die 1903 gebaute heutige »Parkvilla«, wo seit 1916 die Erzieherinnen Antonia von Arnsberg-Menge und Hedwig Scheidt von Hagen ein sogenanntes Töchterpensionat leiteten. Nach einer Umgestaltung des Heimes zur Pension zwang die politische Situation Anfang der dreißiger Jahre die beiden Erzieherinnen zur Verpachtung und 1937 schließlich zum Verkauf des Hauses und seines Nebengebäudes an die NSDAP. Das Haus an der Höhenbergstraße 15 ist heute umgebaut und in Eigentumswohnungen aufgeteilt; das zugehörige »Nebenhaus« beherbergt das Evangelische Gemeindehaus.

Die Idee zur Weltreise kam den beiden Dichterkindern ausgesprochen spontan, wie sich Klaus Mann in seinem »Lebensbericht« *Der Wendepunkt* (1952) erinnert:

Es war eine tropisch warme Nacht Mitte August. Erika und ich spazierten an den malerischen Ufern des Starnberger Sees, nicht weit von Feldafing. Wir lebten damals mit Freunden in einem bescheidenen Hotel auf dem Land. Jede Nacht fuhr Erika dort hinaus, sobald sie mit ihrer Vorstellung in den Münchener Kammerspielen fertig war.

Der Ennui der Dichterkinder ist ausgeprägt:

»Ich weiß nicht, was mit mir los ist«, klagte sie. »Alles geht nach Wunsch, aber ich habe keinen Spaß daran.« Es gab ein Schweigen, ehe sie hinzufügte: »Der Starnberger See ist hübsch, und es spielt sich nett an den Kammerspielen. Aber ich wär lieber anderswo. Zehntausend Meilen weg von hier ...«.

Ihr Bruder Klaus antwortet: »›Gar keine schlechte Idee‹ (...). Es gibt genug Dinge, vor denen man davonlaufen möchte.‹« Diese Lust am Abenteuer war besonders bei Klaus schon früh ausgeprägt, wie seinen Erinnerungen *Kind dieser Zeit* (1932) zu entnehmen ist. Sei es das Abwarten des Sechsjährigen nachts um drei auf einem kleinen Balkon mit der Schwester Erika, »nur um zu sehen, wie die Welt aussah, während man eigentlich schlafen sollte«; seien es die anfangs künstlerischen, später eher kriminellen Aktivitäten der »Herzogpark-Clique« um die Geschwister Mann, Streiche, die den besorgten Eltern keine andere Wahl ließen, als ihre beiden Ältesten in einem Landerziehungsheim im Odenwald unterzubringen – immer ist die Lust am Abenteuer aus Übermut und Trotz gegen die dominierende Welt, besonders des Vaters, schnell entfacht. Aus einer Laune heraus gehen die Dichterkinder auf ihre Weltreise 1927/28 – die Kosten beglich der Papa.

Das Kind im Spiegel: Emma Bonn

Mit der jüdischen Schriftstellerin Emma Bonn blieb Thomas Mann nach seiner Zeit in Feldafing ebenso in Verbindung wie mit Bruno Frank. Emma Bonn, geboren 1879 in New York, gestorben 1942 in Theresienstadt, war als junges Mädchen nach Frankfurt gezogen und hatte sich am 11. April 1913 in Feldafing angemeldet. Mitten im Ort besaß sie zwei große Häuser, wovon das Haus »Hofbauer« (Nr. 23) aus dem späten 17. Jahrhundert, die 1914 umgebaute und durch ein Gärtnerhaus samt Garage erweiterte »Villa Bonn« am Schluchtweg (heute Dr.-Appelhans-Weg) 2, bis heute erhalten blieb. Aus dem Gärtnerhaus wurde inzwischen das Haus an der Possenhofener Straße 11. Das zweite Haus »Isermann«, ebenfalls aus dem 17. Jahrhundert, erwarb Emma Bonn 1925, ließ es abbrechen und an seiner Stelle »eine gärtnerische Anlage errichten. An der Seestraße erbaute sie dann 1926 ein Wohnhaus für 2 Familien. Dieses Haus führt jetzt die Nummer 24« (Kistler). Gemeint ist damit vermutlich die heutige Adresse Seestraße 13. Beide Häuser kaufte eine nationalsozialistische »Reichsorganisation« (»Das Braune Band von Deutschland«) im September 1940 zum Preis von 160.000 bzw. 145.000 Mark.

Emma Bonn schrieb Erzählungen und Romane, in denen Krankheit und Erinnerung als Grundmotive immer wiederkehren. Dem Roman *Die Mündung* folgten noch im gleichen Jahr zwei Novellen unter dem Titel *Die Verirrten* mit einem programmatischen Geleitwort Bruno Franks »Von der Tradition des Erzählers«. Thomas Mann empfahl die angeblich von ihm gelesenen Novellen im Juni 1916 Korfiz Holm für die »Kleine Bibliothek« des Albert Langen Verlags als »entschieden talentvoll«, kam jedoch drei Jahre später nach der »Pflichtlektüre« zu dem Urteil »ausgemachter Kitsch« (Tagebuch, 31.XII. 1919).

Ungleich besser sind die nächsten Bücher Emma Bonns. Eine orientierungslose Jugend verschiedener sozialer Schichten in den Wirren der Nachkriegszeit zeigt der Roman *Das blinde Geschlecht* (1923). Ob wohlstandsbehäbig, künstlerisch, politisch oder werktätig – den Jugendlichen bleibt als Ausweg aus der Misere nach dem Zerfall der alten Werte nur der »Dienst am Nächsten«. Der Roman fand in der Kritik durchweg positive Resonanz. Sogar die *Times* befand: »(...) ein anregender und nachdenklicher Roman über die Zustände im Nachkriegs-Deutschland«. Das literarische München nahm jedoch kaum Notiz von der Autorin aus Feldafing. In einem Brief an den Münchener Bibliotheksdirektor Hans Ludwig Held vom 28. Oktober 1932 beklagte Emma Bonn das mangelnde Interesse an ihrem Werk, wobei allerdings zu beachten sei, »dass ich schon seit Jahren gezwungen bin, ein sehr zurückgezogenes Leben zu führen und die letzten 3 1/2 Jahre ans Bett gefesselt bin«.

Anfang der dreißiger Jahre erschienen ihre drei letzten Bücher, von denen der Roman *Sonne im Westen* (1931) jetzt Thomas Manns lebhafte Zustimmung fand. Er habe, schrieb er der Autorin am 19. Juni 1931,

(...) diese mit soviel ruhigem und natürlichen künstlerischem Anstand erzählte Geschichte einer kämpfenden Seele, die sich schließlich in der ihr einmal bestimmten Rolle auf Erden zurechtfindet, mit Rührung gelesen und glaube wohl, daß sie das Beste ist, was Sie gegeben haben.

Die Verbindung von Krankheit und Musik – eine Sängerin erkrankt an Brustkrebs – erinnert schon thematisch an den *Zauberberg*; beiden Romanen gemeinsame Motive wie die Todesszene aus *Aida* oder Erinnerungen an *Carmen* lassen sogar noch eine wesentlichere Verwandschaft erkennen. Thomas Manns Schlußformel in seinem Brief – »Eingedenk freundlicher gemeinsamer Stunden in Feldafing« – spielt zumindest in einem biographischen Sinn darauf an.

Hält der Roman *Sonne im Westen* noch eine künstlerische Distanz, so gleicht die schwerkranke, gelähmte Heldin der schmalen Erzählung *Abkehr* (1934) der Autorin immer mehr. Thomas Mann, der schon 1931 das Manuskript lesen konnte, hielt die Novelle in einem Brief aus Nidden vom 14. August 1931 für »eine feine, beseelte Arbeit«; besonders interessierte ihn daran die »Psychologie der Krankheit, die Krankheit als Lebensform, und die tiefe Erfahrung, die hier herrscht (...) wird jeden feineren Leser ergreifen«. Er fand die Darstellung »lebendig und unterhaltend«, und auch wenn er das Gespräch der beiden Hauptfiguren als etwas »unergiebig« kritisierte, schloß er doch mit einem, auch für sein eigenes Werk, wichtigen Befund:

Es geht von der künstlerischen Darstellung der Krankheit eine sittigende Wirkung aus, die doch eigentlich die Aufgabe der Dichtung ist.

Als Thomas Mann das Buch 1934 von Emma Bonn ins Exil nach Küsnacht bei Zürich zugeschickt bekam, dankte er am 17. August für »die schöne, schmerzliche Geschichte« und wünschte Emma Bonn gute Gesundheit »im schönen Feldafing, das für uns einer tief versunkenen Vergangenheit angehört«. Den besonderen Wert des Buches erkannte auch der *Tagesanzeiger Zürich* am 22. November 1934 und zog einen auszeichnenden Vergleich: »Die subtilen Erlebnisse einer kranken Frau, die in der Welt ihres Krankenzimmers immer ferner der anderen Welt wird, sind mit einer Feinheit dargestellt, die an Marcel Prousts Schilderungen seiner Kindheit erinnern«.

Im Thomas Mann-Archiv, Zürich, hat sich von Emma Bonn nur ein Gruß zum 60. Geburtstag des Dichters am 6. Juni 1935 mit dem Wunsch erhalten, dem Dichter möge ein »Gefühl von Bestimmung und Erfüllung (...) manches Bittere der letzten Jahre, das ja auch Ihnen nicht erspart blieb, überstrahlen«. Unabhängig von dieser herzlichen Verbindung hat sich Thomas Mann auch zu dem schönsten und zugleich traurigsten Buch Emma Bonns geäußert.

Die alte, kranke Frau erinnerte sich ihrer Jugendjahre in Amerika und Deutschland in dem »Versuch einer Beschwörung« mit dem Zauber-Titel *Das Kind im Spiegel* (1935). Lewis Carrols zweites Alice-Buch *Through the looking-glass* (1872) klingt hier an, aber es ist nicht das Wunderland der Phantasie, sondern das der Kindheit, in das die Erzählerin mit Hilfe eines silbernen Schlüssels eintritt. Auf einer Briefkarte an Emma Bonn aus Küsnacht vom 16. Dezember 1935 lobte Thomas Mann das Buch ganz außerordentlich:

Umschlagzeichnung von Rolf v. Hoerschelmann (1935)

Es überbietet an Feinheit der Seelenkunde manches frühere und erschreckt angenehm durch wahrhaftige Neuigkeiten über die wunderliche Existenzform der Kinder.

Emma Bonn gelang es in diesem Buch, die Topographie einer Kinderseele vorzustellen. So heißt es im zweiten Kapitel:

Für ein Kind ist das Haus, in dem es seine ersten Jahre verlebt, kein Gefüge aus Menschenhand. Es ist Landschaft, durch die es seine ersten Entdeckungsreisen macht. Jedes Zimmer hat eine besondere Luft und nicht die Einrichtung entscheidet, prägt sich ein, sondern das, was das Kind darin erlebt: das Gefühl der Geborgenheit in dem einen, Stunden frostiger Bangigkeit in dem anderen, heiße Spiele oder erzwungenes Artigsein.

Die Heldin Bettina und die Autorin nähern sich einander beinahe ununterscheidbar an, wenn es heißt, Bettina besitze

(...) in hohem Maße die Gabe, Vergangenes wieder auferstehen zu lassen und als lebendige Gegenwart zu empfinden, Zukünftiges sich bis in das kleinste auszumalen, so daß es ihr schon als Wirklichkeit erschien. Das Gestern und das Morgen taumelten so ineinander wie zwei Nachtfalter, die ins gleiche Licht vorstoßen.

Das erste Klavierüben klingt aus den Zeilen fast handgreiflich spürbar herüber, die Schwierigkeiten beim Knüpfen der Schleife, beim Lernen der Uhr – der Alltag erster Lebensjahre erscheint im Wechselspiel von Erinnerung und Verdämmern. Das Buch schließt mit einer kurzen Überlegung zu einem Kinderwort:

Manches wurde gut und manches wurde nicht gut. Aber wie hübsch und tröstlich, dachte die alternde Bettina, daß es im Leben immer wieder solche Augenblicke gab, wo diese Kindergläubigkeit uns überfällt: nun wurde alles wieder gut.

Emma Bonn hatte gute praktische Gründe zu dieser Hoffnung. Noch heute ist in Feldafing die Erinnerung an ihr caritatives Wirken bei einigen älteren Bewohnern wachgeblieben. In ihrem Haus gab es Armenspeisung, und sie sorgte für Gabentische an Weihnachten. Doch ihr eigenes Leben endete grausam. Ihr Cousin, der Nationalökonom Moritz Julius Bonn (1873–1965), erinnert in seinem Buch *Wandering Scholar* (1948, dt. unter dem Titel *So macht man Geschichte?*, 1953) daran anläßlich seines Abschieds von Deutschland vor der Emigration:

Die letzte Nacht verbrachte ich in Feldafing bei meiner Kusine Emma Bonn. Sie war seit vielen Jahren bettlägerig, aber ihr Geist war immer rege geblieben. Sie hatte eine Anzahl von Novellen geschrieben. Eines ihrer Bücher, ›Der silberne Schlüssel‹ [›The silver key‹ hieß die englische Übersetzung (London 1936) von ›Das Kind im Spiegel‹ nach dem dortigen Vorwort], *war eine anmutige Beschreibung ihres eigenen Lebens. Sie war ständig an ihr Krankenlager gefesselt, bis zum Jahre 1942, als sie, zusammen mit anderen Opfern der Nazibestialität, nach Theresienstadt verschleppt wurde, wo sie zwei Wochen später verstarb.*

Die insgesamt sechs Bücher von Emma Bonn sind heute nahezu unauffindbar; vier davon verwahrt, wohl auf Betreiben des ehemaligen Direktors Hans Ludwig Held, als einzige Bibliothek in Bayern die Münchner Stadtbibliothek, Monacensia. Im dortigen Literaturarchiv finden sich zudem Briefe von und an Emma Bonn, so auch die hier zitierten Schreiben Thomas Manns.

Politische Novelle: Bruno Frank

Acht Jahre, von 1916 bis 1924, hat der in Stuttgart geborene Erzähler und erfolgreiche Bühnenschriftsteller Bruno Frank (1887–1945) nach eigener Angabe im Feldafinger Haus Nr. 125 an der Wielingerstraße (heute Nr. 28) gewohnt; gemeldet blieb er dort allerdings bis Oktober 1926. Seit 1910 mit Thomas Mann befreundet, den er als einen seiner »privaten Hausgötter« neben Schopenhauer und Flaubert bezeichnete, sah er sich selbst als einen »humanen Gentleman«, wie ihn der russische Schriftsteller Iwan Turgenjew darstelle. Obwohl er seinen ethischen und literarischen Geschmack selbst als »altmodisch« bezeichnete, zeigte sein bestes Buch, die *Politische Novelle* (1928), in der Begegnung zwischen dem unschwer als Aristide Briand erkennbaren französischen Ministerpräsidenten und einem deutschen Diplomaten eine subtile Analyse der damals aktuellen gefährdeten Situation Europas. Das schmale Buch erfuhr eine solch unverhältnismäßig heftige Ablehnung, daß Thomas Mann seinem Freund zu Hilfe kam und einen seiner eindringlichsten Essays zum Verhältnis der literarischen Kritik zur Menschlichkeit schrieb. Der Gegenstand des Buches, so Thomas Mann, beschäftige nicht nur Millionen Menschen, sondern sei zugleich »eine persönliche Herzensangelegenheit des schwäbischen Humanisten, dessen geistigste Liebe ›Europa‹ heißt, sie gilt der Ehre und Würde dieses gefährdeten und istinktunsicher gewordenen Erdteils«.

Bruno Frank, der Sohn eines jüdischen Bankiers, studierte in Tübingen, München, Straßburg, Heidelberg und Freiburg/Br. erst Jura, dann Philosophie und schloß 1912 mit der Promotion ab. Es folgten viele Reisen nach Frankreich, Italien und Spanien. Nach ersten Gedichtbänden und Erzählungen war für Frank der Tod seiner Verlobten, der Deutsch-Amerikanerin Emma Ley, eine heftige Zäsur. Der Toten sind die Gedichte des *Requiem* (1913) gewidmet, über das Thomas Mann 1914 schrieb:

Die Gefahr dieses jungen Schriftstellers war bisher sein Talent, seine Leichtigkeit. Nun hat das Leben in seiner furchtbarsten und feierlichsten Gestalt ihn mächtig angerührt; und was dem Menschen heute so überaus bitter ist, das wird dem Künstler, denke ich, ein tief ruhender Schatz und eine Quelle der Wahrheit für immer bleiben.

Dem war auch so. Zwar ließ die allseitige Euphorie für den Ersten Weltkrieg auch Bruno Frank zunächst patriotische *Strophen im Krieg* auf einem Flugblatt verbreiten, doch zog er sich, nach einer schweren Erkrankung aus dem Kriegsdienst entlassen, Anfang Februar 1916 nach Feldafing zurück und besann sich neu.

In seiner lyrischen Sammlung *Die Kelter* (1919) steht ein Gedicht, das wie ein Innehalten des Autors im Angesicht der friedvollen Landschaft am Starnberger See wirkt:

Starnberger See

Am dunklern Ufer glitt mir der Nachen hin,
Kein Laut zerbrach das Schweigen der Vollmondnacht,
Als nur ein Plätschern, wenn die Ruder
Milchige Perlen erhoben streuten.

Durch weißes Flimmern grüßten, mir zugewandt,
Des Hochgebirgs genäherte Riesen her
Vermessener Blicke Flug begrenzend,
Alte und grosse Wächter des Friedens.

Sodann wird das Leben auf dem Land, am See, im unaufgeregten Einerlei der Tage, als Geschenk ohne Sicherheit erfahren:

Unruhe

Als sollte dies mein erster Frühling sein,
So reut mich in der Stube jede Stunde,
So ruft mich jede an mit frischem Munde,
Streichelnden Wind, Feldblumen, Wellenschimmer
Wandernd zu lieben, rastend, als ein Schwimmer!

Als sollte dies mein letzter Frühling sein.

Die Besinnung geht einher mit Einsamkeit: »Sein vertrautester Umgang in dieser Zeit waren seine drei kleinen schwarzen Pudel, auf deren Verstand und Charakter er große Stücke hält.« So Bruno Frank in der Selbstdarstellung »Kleine Autobiographie« (1930). Vielleicht sind ihm durch diesen Umgang die Passagen in seiner eine ganze Biographie ersetzenden Novelle *Tage des Königs* (1924) über den alten Preußenkönig Friedrich II. und seine Liebe zu den Windspielen besonders gut gelungen.

Ein anderes Gedicht gibt etwas von der erwartungsvollen Haltung des Einsamen wider; zugleich ist der darin beschriebene Weg noch heute konkret sichtbar:

Der Wiesenpfad

Vor meinem Fenster geht die schrägen Matten
Ein Weglein hin, zum Wald emporgezogen,
Das schlägt, bevor es noch den Blätterschatten
Erreicht, wie zögernd einen kleinen Bogen.

Oft schau ich hin, als müßte aus den Bäumen
Bald jemand treten, der, anstatt zu kürzen,
Schicksalbedenkend willig würde säumen ..
Doch dann talab in meine Arme stürzen.

Ganz und gar nicht einverstanden war Thomas Mann mit Bruno Franks Engagement in München während der Revolution 1918/19, wie aus seinem Tagebuch ersichtlich wird. Bruno Franks Rede »Von der Menschenliebe. Gesprochen im Münchener politischen Rat geistiger Arbeiter« vom 10. Dezember 1918 fand er zwar »nicht ohne Anmut«, unterstellte aber seinem Freund ein taktisches Paktieren mit dem Zeitgeist. Nur war Bruno Frank zu diesem Zeitpunkt seinem Freund ganz einfach bereits voraus in der Einsicht, daß Gerechtigkeit und Pazifismus tatsächlich die moralischen Forderungen für die Zukunft seien.

Vor diesem Hintergrund sind die wichtigsten Arbeiten Bruno Franks in der Zeit bis 1933 zu verstehen. Neben der *Politischen Novelle* und *Tage des Königs* sind besonders zu erwähnen *Trenck. Roman eines Günstlings* (1926), das historische Schauspiel *Zwölftausend* (1927), das den Soldatenhandel deutscher Landfürsten im 18. Jahhundert thematisiert, und die vielgespielte Komödie *Sturm im Wasserglas* (1930) um den wohl zeitlosen Typus des machtbesessenen Lokalpolitikers. Ein eigenwilliges Porträt des Regisseurs Max Reinhardt ist die Novelle *Der Magier* (1929).

Bruno Frank heiratete Anfang Juli 1924 Elisabeth Massary, die Tochter der Operetten- und Chanson-Sängerin Fritzi Massary-Pallenberg, und zog mit ihr 1925 in den Münchener Herzogpark, in die unmittelbare Nachbarschaft zu Thomas Mann. Das

Haus Mauerkircherstraße 43 übernahm das Ehepaar Frank von dem – ebenfalls mit Thomas Mann befreundeten – Generalmusikdirektor der Münchener Oper Bruno Walter, als er nach Berlin übersiedelte, um neuer Direktor der Städtischen Oper Charlottenburg zu werden.

Bruno Franks *Politische Novelle* wurde durch den Tod Gustav Stresemanns am 3. Oktober 1929 sehr schnell von der Realität eingeholt. Das sei der Anfang vom Ende, habe Bruno Frank gesagt und drohend genickt; so Klaus Mann im *Wendepunkt*. 1933 emigrierten Bruno Frank und seine Frau über Österreich, die Schweiz und England nach Kalifornien. Die alten Freunde aus dem Münchener Herzogpark Thomas Mann, Bruno Frank und Bruno Walter fanden sich hier erneut in Nachbarschaft zusammen.

Schon 1934 konnte Bruno Frank sein erzählerisches Hauptwerk vorlegen, den Roman *Cervantes* über den Dichter des *Don Quichote* als den souveränen Geist, der über Sklaverei und Elend siegt. Die hier gewählte historische Distanz fiel beim zweiten Roman der Emigration *Der Reisepaß* (1937) zugunsten einer genauen Darstellung der Bedingungen für die Flucht aus Nazideutschland weg. Auch das liebevolle Porträt seiner Frau unter dem Titel *Die Tochter* (1943) steht vor dem Hintergrund der Zerstörung des jüdischen Lebens in Europa.

Bruno Frank, der im Exil auch das Drehbuch zu dem Hollywood-Film *Der Glöckner von Notre-Dame* schrieb, plante zuletzt den fingierten Lebensbericht des französischen Moralisten Chamfort (1741–1794). Das hinterlassene Fragment, geschrieben nach einem mißglückten Selbstmordversuch Chamforts, »zwischen Sterben und Tod, im offenen Grabe sitzend«, nimmt den Sarkasmus der Figuren Samuel Becketts vorweg.

Während Thomas Mann seinen Roman *Doktor Faustus* (1947) schrieb, starb Bruno Frank am 20. Juni 1945 an den Folgen eines Herzanfalls mitten im Schlaf. Sein Freund sei »ein Sonntagskind im Tode, wie er es, selbst noch unter den Unbilden der

Zeit, im Leben gewesen war«. So Thomas Mann in seinem *Roman eines Romans* über die *Entstehung des Doktor Faustus* (1949). Er dankte dort »dem liebenswürdigen Menschen, dem glücklichen Poeten, dem Freunde voll treuen Glaubens«. Sein Sohn Klaus Mann wiederum hob in seinem Beileidschreiben an Liesl Frank »diese warme, reiche Menschlichkeit, diese intellektuelle *honnêteté*, diese Treue, diese Generösität, dies urbane Lächeln bei solchem Wissen um die dunkelsten und schwersten Dinge« an dem Mann hervor, der ihm schon früh ans Herz gewachsen war.

Das sicher nicht ganz einfache Verhältnis zu Thomas Mann ließ Bruno Frank bescheiden dankbar dafür sein, daß, wenn ihm selbst, wie er sagte, schon nichts Hohes gelungen sei, er den einen oder anderen Leser vielleicht »an etwas Hohes« habe denken lassen können. Diese Selbstbescheidung ist kein Grund dafür, daß die meisten Werke Bruno Franks heute nicht mehr lieferbar sind. Ihm bleibe daher das letzte Wort:

Ein Dichter sagt:

Der Torweg bin ich nur, und schmucklos ist mein Bogen,
Allein es ist in königlichem Zug
Die ganze Welt durch mich hindurchgegangen,
Und ich war hoch genug.

Leben ohne Alltag: Rolf von Hoerschelmann

Eine besondere Figur im Feldafinger Zauberkreis ist der Graphiker und Illustrator Rolf von Hoerschelmann (1885–1947). Von kleinem Wuchs, mit Brille und einem charakteristischen Spitzbart, sah er einem der von ihm gezeichneten Kobolde ähnlich; Thomas Mann redete den humorvollen Mann in einem Brief vom 11. Februar 1933 freundlich nobel als »Lieber Herr von Hörselberg« an (Stadtbibliothek München/Literaturarchiv). Trotz künstlerischer Eigenständigkeit kann Hoerschelmann in Strich und Linie sein Vorbild Alfred Kubin (1877–1959) nicht verleugnen; vielleicht hätte er dem Spitznamen »der kleine Kubin« sogar zugestimmt. Literarisch ist der Kunst- und Autographensammler, der Bibliophile und Freund nahezu aller bedeutenden Persönlichkeiten der Münchener und Schwabinger Bohème in der ersten Hälfte dieses Jahrhunderts zwar selbst nicht hervorgetreten; doch einige Briefe aus Feldafing und eine Sammlung von Aufsätzen unter dem Titel *Leben ohne Alltag* (1947) zeigen den Zeichner als eine bemerkenswerte eigenständige und gleichzeitig typische Persönlichkeit der ›inneren Emigration‹ zwischen 1933 und 1945.

Die Flucht aus der Stadt nach Feldafing ins heutige Haus Schluchtweg 20 hatte der gebürtige Balte vermutlich schon 1927 angetreten. In einem Brief an seinen Freund Alexander von Bernus schreibt er von dort am 27. Mai 1937:

Ich bin nun schon zum 10. Male in meinem Häuschen am Buchenwalde eingekehrt und wohne sogar jetzt mutterseelenallein darin und horche nachts auf die mannigfachen Geräusche, die aus der Schlucht aufklingen. In die Stadt komme ich kaum mehr, die mir nichts mehr zu bieten hat. (...) Wie anregend es geworden ist, können Sie sich denken. Es erinnert ein wenig an Pompeji.

Die künstlerische Weltflucht in Feldafing während der Vorkriegszeit mit Arbeit, Lektüre und innigem Betrachten der Natur wurde nach dem verheerenden Bombenangriff auf München vom Oktober 1943 aufgrund der fast völligen Zerstörung seiner Schwabinger Wohnung in der Gedonstraße 8 für Hoerschelmann zum Dauerzustand. Schon geübt im Umgang mit der erhabenen Misere, konnte ihm auch die ›schlechte Zeit‹ nach dem Krieg nicht mehr viel anhaben. An Alexander von Bernus schrieb er am 4. August 1946, einem »glutheißen Hochsommertag«, beinahe schon feudal weltabgewandt:

Es ist schön, wenn man ermattet vom See heimkommt, Verse vorzufinden, die dann tagelang und nächtelang in Greifnähe zur Hand sind und helfen, die triste Misere des Tages zu negieren. Ich lebe allerdings ein Leben ohne Alltag, und das ist der größte Erfolg meines Erdendaseins.

Er sei von niemandem abhängig, niemandem etwas schuldig. Allerdings habe die Weltgeschichte 1945 auch vor Feldafing nicht haltgemacht: »Vor einem Jahre hatten wir hier ziemlich wilde Zustände und gerade unser früher so nobel ruhiges Feldafing wurde zum Brennpunkt phantastischer Ereignisse und zum Treffpunkt unendlich verschiedener Völkerschaften.«

In seinem Buch *Leben ohne Alltag*, im Todesjahr Hoerschelmanns 1947 erschienen, kommt der Zeichner auf diese Ereignisse noch einmal ausführlicher zu sprechen. Nach sachlichen Überlegungen über das »Sammeln alten Papiers« oder »Über Bilderbogen«, lebhaften Erinnerungen an Schwabing oder an interessante Begegnungen mit künstlerischen Kollegen, schildert der letzte Text des Buches, »Weltgeschichte privat« (1944/45), das Ende einer Epoche im einst »schönen Feldafing«.

Dieser Text hinterläßt einen zwiespältigen Eindruck. Der Künstler schreibt, er habe das Grauen bezeichnenderweise als Parkfrevel und Ruhestörung der Nationalsozialisten erlebt, als ›Unverschämtheit‹ der befreiten KZ-Häftlinge und in Bildern von »pittoresker Phantastik« beim Anblick alliierter Soldaten. Erst durch alte Freunde, jetzt in amerikanischer Uniform (gemeint ist vor allem Klaus Mann, der seinem Vater am 16. Mai 1945 in einem ausführlichen Brief über die Zerstörungen in München auch von seiner Begegnung mit Hoerschelmann in Feldafing berichtete), sei Hoerschelmann wieder in »Berührung mit der Außenwelt, von der ich acht Jahre lang abgeschlossen gewesen war« gekommen; bei den Freuden sei allerdings »Verständnis« für das isolierte geistige Leben mitten im Völkermord nur »schwer zu wecken« gewesen. Hoerschelmanns Blick auf die Kriegs- und erste Nachkriegszeit in Feldafing steht am Ende seines Buches und seines Lebens als das überraschend spießbürgerliche Zeugnis eines ästhetischen Wahrnehmens, dem in seiner Isolierung der Blick für die Opfer und damit für das Humane ebenso verlorenging wie den Mördern, vor denen er in seine Isolierung floh:

Sehr schmerzlich war im schönen Feldafing die um sich greifende Verwüstung durch die NS-Oberschule, in der viele Hunderte von Jungen, aufs opulenteste ausgestattet, erzogen wurden. Der ganze früher so vornehme Villenort und, was das schlimmste war, der herrliche Park, fiel ihnen zum Opfer. Mit kriegerischem Gesang oder wüstem Schreien und Johlen machten die jungen Barbaren die Gegend unsicher, bis sie selber am Kriegsende verschwanden und die vielen Neubauten den befreiten Dachauer Sträflingen eingeräumt wurden.

Im übrigen wurde Feldafing zum Lazarettort und statt des Hakenkreuzes dominierte das rote Kreuz. Jene durch einen Zufall gerade in unserer Gegend zur Freiheit gelangten Ka-Zetler, wie man die politischen Häftlinge aus den Konzentrationslagern nannte, machten für uns die Tage des Kriegsendes zu sehr unruhigen und aufregenden, da die verhungerten, meist jüdischen Unglücklichen sich über die Ortschaften ergossen, um teils demütig, teils unverschämt nach Nahrungsmitteln, Kleidungsstücken, Fahrrädern usw. zu fahnden. Die Zustände erinnerten einige Tage lang an einst gelesene Indianergeschichten.

Gleichzeitig zogen die Reste der berüchtigten SS durch die Ortschaften, mit der Absicht, sie gegen die anrückenden Amerikaner und Franzosen zu verteidigen. Sie mußten also verjagt werden, was meist den Ärzten der Lazarette gelang. So entstanden auf einmal die verschiedensten Fronten, und die einrückenden Amerikaner, die französischen Panzertruppen wurden manchen zum Schutz, manchen zum Verhängnis, denn Evakuierung der Villen, Plünderung und Beschlagnahmungen wurden alltägliche Ereignisse. Tagsüber gab es Bilder von pittoresker Phantastik, wenn die Franzosen inmitten ihrer Panzer einen bäuerlichen Obstgarten bevölkerten, Wäsche wuschen, erlegte Rehböcke ausnahmen, abkochten und selbstverständlich dazu Radiomusik erklingen ließen.

Der ewige Spiesser: Ödön von Horváth

Feldafing und Possenhofen sind im Werk und im Leben des Dramatikers Ödön von Horváth (1901–1938) Schauplätze wichtiger Ereignisse. Der Sohn eines adeligen ungarischen Diplomaten, der sich dank seiner multinationalen Vorfahren selbst als »eine typisch alt-österreichisch-ungarische Mischung« bezeichnete, kam in Fiume, dem heutigen Rijeka, zur Welt und wechselte mit seiner Familie bis zum Abitur 1919 so oft die Städte Belgrad, Budapest, Preßburg, Wien und München, daß er später eine »Autobiographische Notiz (auf Bestellung)« selbstironisch mehr nach Körpergewicht und Körpergrößen als nach Lebensorten ausrichtete.

Mit seinen Eltern zog Horváth 1923 nach Murnau, wo sich sein Vater im Jahr darauf an der Bahnhofstraße 15 ein prächtiges Landhaus baute. In Murnau begann Horváth mit Nachdruck seine schriftstellerische Arbeit. Die Unfälle und Konflikte beim Bau der Tiroler Zugspitzbahn zwischen 1924 und 1926 gaben ihm den Stoff zu seinem ersten Volksstück *Revolte auf Côte 3018* (1927), das, nach einer erfolglosen Premiere in Hamburg zu *Die Bergbahn* umgearbeitet, schließlich 1929 in Berlin mit großem Erfolg gespielt werden konnte und Horváth eine erste materielle Absicherung durch den Ullstein-Verlag verschaffte.

Innerhalb eines Jahres entwickelte sich Horváth zu dem – neben Bertolt Brecht und Carl Zuckmayer – wichtigsten jungen Dramatiker der Weimarer Republik. Es entstanden die Volksstücke *Italienische Nacht* (UA: Berlin, März 1931) – vom feigen Kneifen sozialdemokratischer »Reichsbannerleute« vor dummdreisten Nazi-Schlägertrupps in einer unschwer als Murnau erkennbaren Kulisse – und die noch im Jahr der Uraufführung auf Anregung Carl Zuckmayers mit dem renommierten Kleist-Preis ausgezeichneten *Geschichten aus dem Wienerwald* (UA: Berlin, November 1931). Hier wie dort zeigte Horváth mehr das Wehe als das Wohl seiner kleinbürgerlichen Protagonisten in einer drastischen Sprache voller Zwischentöne. Damit nicht genug, schrieb er zusätzlich den Roman *Der ewige Spießer* (1930), der seine Meisterschaft der gnadenlos egoistischen Dialoge noch durch die Kunstform des inneren Monologes steigerte – als könne den Figuren direkt beim Denken zugehört werden.

Romanschauplatz Feldafing

Der ewige Spießer. Ein erbaulicher Roman in drei Teilen spielt hauptsächlich in München an der Schellingstraße, am Starnberger See und in einem Eisenbahnabteil auf der Fahrt von München über Marseille nach Barcelona. Die erzählte Zeit dauert ziemlich genau »Sechsunddreißig Stunden« – so der ursprüngliche Titel des Romans. Er hat, laut Vorwort, die Aufgabe, den gerade erst im Entstehen begriffenen neuen »Typ des Spießers« sichtbar und, so aussichtslos das scheint, vielleicht auch unschädlich zu machen. 1929, im Jahr der Weltwirtschaftskrise und der beginnenden Massenarbeitslosigkeit, stellt der erste Teil des Romans den Betrüger Alfons Kobler vor. Sein großer Plan, auf der Weltausstellung in Barcelona eine reiche Dame zu »kompromittieren« und sich damit materiell endgültig abzusichern, schlägt kläglich fehl. Die während der Bahnfahrt nach Barcelona geführte Diskussion über »Paneuropa« oder besser über unverhüllt chauvinistische Güterabwägung ist in ihrer Scheinheiligkeit und Absurdität kaum zu überbieten.

Im zweiten Teil ist Anna Pollinger, Koblers Freundin, nach dem Zusammenbruch ihrer Firma plötzlich arbeitslos. Sie steht, um etwas Geld zu verdienen, einem Maler Modell und gerät von dort in die Fänge des Sportlers und Lebemannes Harry Priegler, der Anna zu einer folgenreichen Fahrt in seinem offenen »Sportwagen« an den Starnberger See einlädt.

Auf dieser Fahrt verwandelt sich die Welt für Anna zunächst sehr angenehm: »Die Stadt mit ihren grauen Häusern war verschwunden, als hätte sie nie in ihr gewohnt, und Villen tauchten auf, rechts und links und überall, mit Rosen und großen Hunden.« Es ist ein schönes Fahren im zausenden Wind; Harry erweist sich zudem als »ein blendender Herrenfahrer«, was doppelsinnig bedeutet, daß er gut fahren kann und dabei unglaublich schwadroniert über die Selbstschuld der Fußgänger bei Unfällen und den unfähigen deutschen Staat.

Jetzt fuhren sie durch Possenhofen.

Hier wurde eine Kaiserin von Österreich geboren, und drüben am anderen Ufer ertrank ein König von Bayern im See. Die beiden Majestäten waren miteinander verwandt, und als junge Menschen trafen sie sich romantisch und unglücklich auf der Roseninsel zwischen Possenhofen und Schloß Berg.

Es war eine vornehme Gegend.

Harry lädt Anna zum Essen in Feldafing ein – »›In Feldafing ist ein angenehmes Publikum, seit der Golfplatz draußen ist‹«, lautet die Begründung – und fährt mit ihr zum »Seerestaurant«; gemeint ist damit wohl der noch heute bestehende »Gasthof Forsthaus am See«. Die schöne Aussicht verdeckt zunächst die unschönen Absichten Harrys:

In Feldafing sitzt man wunderbar am See.

Besonders an solch einem milden Herbstabend. Dann ist der See still, und du siehst die Alpen von Kufstein bis zur Zugspitze und kannst es oft kaum unterscheiden, ob das noch Felsen sind oder schon Wolken. Nur die Benediktenwand beherrscht deutlich den Horizont und wirkt beruhigend.

Die Vornehmheit der Menschen hindert sie nicht, in unbeobachtet geglaubten Momenten heimlich in der Nase zu bohren. Der Kellner hört mißgelaunt Annas Magen knurren und sieht verächtlich ihren ärmlichen Hut. Harry bestellt erst »zwei Wiener Schnitzel mit Gurkensalat«, verlangt dann für sich russische Eier und wendet sich blasiert Anna zu mit der Behauptung, er verstehe nicht, warum er bei den Frauen soviel Glück habe. Gleichzeitig aber denkt er, mit einem verträumten Blick auf die Benediktenwand: »(...) das beste ist, ich wart, bis es finster ist, dann fahr ich zurück und bieg in einen Seitenweg – und wenn sie nicht will, dann fliegt sie halt raus.«

Gedacht, getan. Nachdem Harry ausgiebig vor Anna darüber monologisiert hat, welche von den Frauen an den Tischen ringsum er alle schon »gehabt« habe, ist es Nacht geworden; er zahlt, sie fahren nach Forstenried in einen Seitenweg – und am Ende dieses Ausflugs ist aus der arbeitslosen Angestellten Anna Pollinger eine Prostituierte geworden.

Der dritte und kürzeste Teil des Romans zeigt den Kellner Reithofer bei dem naiven Versuch, Anna eine Stelle zu verschaffen und sie aus ihrem neuen Milieu herauszubringen. Zu seinem Leidwesen muß er erkennen, daß das »Mistvieh« Anna keinerlei Hoffnungen mehr hat. Aufgesetzt wirkende Begriffe wie »Kultur und Zivilisation« oder gar »Solidarität« gelten erst recht nichts mehr angesichts der bloßen und aussichtslosen Not.

Nach Possenhofen und anderswohin

Feldafing ist in Horváths Roman Schauplatz einer Welt des falschen Scheins, des üblen Betrugs hinter der Fassade aus Vornehmheit und Reichtum. Das gleiche Thema, der Verrat der Menschen aneinander, verstärkt noch durch die immer krassere Arbeitslosigkeit, bestimmte auch Horváths neues, auf dem Oktoberfest spielendes Volksstück *Kasimir und Karoline* (UA Leipzig 1932). Die Entwicklungen, die Horváth in seinem Roman und in seinen Stücken vorhersah, traten schließlich noch fürchterlicher als erwartet ein.

Die Machtübernahme der Nationalsozialisten brachte Horváth und seine Familie schnell in große Bedrängnis. Spätestens seit seiner couragierten Aussage 1931 vor Gericht anläßlich einer

Ödön von Horváth, vermutlich am Steg in Possenhofen, 1936

von den Nazis in Murnau angezettelten Saalschlacht mit sozialdemokratischen Reichsbannerleuten – dem Anlaß zu *Italienische Nacht* – konnte sich Horváth in Murnau nicht mehr sehen lassen; er verließ das Land und ging nach Österreich. Die neuen Machthaber rächten sich, untersagten die Uraufführung von *Glaube Liebe Hoffnung* (1932) und ließen das Elternhaus in Murnau durchsuchen. Horváths Vater verkaufte 1934 das Murnauer Haus – es wurde 1973 abgerissen – und bezog mit seiner Frau eine bislang nicht identifizierte Villenetage in Possenhofen. Im August 1936 besuchte sie hier ihr Sohn zum letzten Mal. Unmittelbar nach seiner Ankunft erschien ein Polizist und wies Horváth an, das Land innerhalb von 24 Stunden zu verlassen.

Horváth lebt zu dieser Zeit in Carl Zuckmayers Haus Wiesmühl in Henndorf am Wallersee in der Nähe von Salzburg. Noch im gleichen Jahr beendete er fünf Theaterstücke, darunter *Glaube Liebe Hoffnung* und *Figaro läßt sich scheiden*. Im Jahr darauf erscheinen in Amsterdam Horváths zweiter Roman *Jugend ohne*

Gott und der dritte, *Kind dieser Zeit*. Auch in diesen Monaten der äußersten Bedrängnis arbeitet Horváth so intensiv wie nur möglich. Am 28. Mai 1938 kommt er auf einer längeren Reise nach Paris, um die Verfilmung seines Romans *Jugend ohne Gott* zu besprechen. Drei Tage später, am 1. Juni, stellt sich Horváth während eines Gewitters unter einen Baum und wird von einem herabfallenden Ast erschlagen. Sein Grab ist auf dem Friedhof des Pariser Vororts Saint-Ouen.

Diner am See: Lion Feuchtwanger

Im gleichen Jahr wie Ödön von Horváths Roman *Der ewige Spießer* erschien 1930 auch der Roman *Erfolg. Drei Jahre Geschichte einer Provinz* des in München geborenen Schriftstellers Lion Feuchtwanger (1884–1958). Das nach mehrjähriger intensiver Arbeit fertiggestellte Buch ist schon lange vor der Machtübernahme der Nationalsozialisten »der erste Anti-Hitler-Roman« (Skierka) geworden. Feuchtwanger wußte genau, wovon er schrieb und wovor er warnen wollte: Die »Provinz« des Romans ist Bayern, der Hauptschauplatz München, die erzählte Zeit umfaßt die Nachkriegsjahre 1921 bis 1924 mit dem Putschversuch Hitlers im November 1923 als zentralem Ereignis. Die Personen des Romans sind zwar stark typisiert, haben aber meistens auch konkrete historische Bezugspersonen. So verleiht Feuchtwanger selbst der Figur des Schriftstellers Jacques Tüverlin eigene Züge, seine Frau Martha kann mit Johanna Krain, der Ingenieur Kaspar Pröckl mit dem jungen Dramatiker Bertolt Brecht und der Kabarettist Balthasar Hierl mit dem Komiker Karl Valentin in Verbindung gebracht werden. Dieser Gruppe steht eine Reihe von rechten Machtpolitikern gegenüber, die historische Vorbilder haben: der Kultusminister Franz Flaucher den Ministerpräsidenten und Generalstaatskomissar Gustav Freiherr von Kahr, der Justizminister Otto Klenk den rechtsextremen Politiker in gleicher Position Christian Roth und vor allem der Monteur Rupert Kutzner den Demagogen Adolf Hitler.

Die Geschichte kreist um den Fall des Kunstwissenschaftlers Martin Krüger, hinter dem der Kurator der staatlichen Sammlungen August Liebmann Mayer erkennbar ist. Krügers Engagement für moderne Kunst im nachrevolutionären München führt zu einem Prozeß und zu einer Gefängnisstrafe. Einer der Geschworenen in diesem Verfahren ist der Kommerzienrat Paul Heßreiter, »Inhaber der ausgezeichnet gehenden Fabrik Süddeutsche Keramiken«, ein Bonvivant mit einer Wohnung in der Schwabinger Seestraße am Englischen Garten und einer reichen Freundin am Starnberger See. Heßreiter steht vermutlich für den Bankdirektor Ludwig Römer, der durch gewagte Devisenspekulationen eine der größten Pleiten dieser Inflationsjahre auslöste.

Das 15. Kapitel im ersten Buch »Justiz« des Romans *Erfolg* ist überschrieben »Herr Heßreiter diniert am Starnberger See«. Mit der ›schönen, üppigen‹ Witwe Katharina von Radolny fährt Heßreiter am Abend eines Prozeßtages auf ihr Gut Luitpoldsbrunn in der Nähe von Starnberg. Diese Fahrt eignet sich gut zu einem Vergleich mit der Fahrt des Herrenfahrers Harry und der arbeitslosen Angestellten Anna Pollinger in Horváths Roman. Abgesehen einmal von den gesellschaftlichen Unterschieden der Personen lassen sich auf dem Weg und am Ziel dieser Fahrt die verschiedenen literarischen Ansätze der beiden Romane erkennen. Wo Horváth zwei typischen Figuren der Mittel- und Unterschicht in einem konkret vorstellbaren Lokal drastische persönliche Züge gibt, typisiert Feuchtwanger zwei Figuren der Oberschicht und stellt sie an einem aus verschiedenen Aspekten kombinierten noblen Ort vor.

Die Fahrt im amerikanischen Wagen von München an den Starnberger See verläuft ruhig, die beiden Insassen sprechen über den Prozeß.

Es war eine schöne Nacht. Man hatte den Ort Starnberg passiert. Viele Menschen waren am Seeufer, doch die Nacht fing die Geräusche auf, ringsum schien alles still, man fuhr durch Laubwald, ein beleuchteter Dampfer war auf dem See.

Sie fahren offenbar am westlichen Seeufer entlang, hören, wie auf dem See in Booten gesungen wird, und kommen in Luitpoldsbrunn an. Die Beschreibung dieses fiktiven Gutes verdeutlicht zugleich auch die gesellschaftliche Rolle der Katharina von Radolny:

Sie hat mit dem Geld des Toten [= ihres verstorbenen Ehemanns] *ihr heruntergekommens Besitztum Luitpoldsbrunn, das ihr Prinz Albrecht bei der Trennung überschrieben hat, wieder hochgebracht. Von den Einkünften des Gutes und der Rente, die sie von der Vermögensverwaltung des ehemaligen königlichen Hauses bezieht, kann sie das Leben einer großen Dame führen. Ihr Gut ist musterhaft verwaltet, ein gesellschaftlicher Mittelpunkt, vor allem bei dem Kronprätendenten, dem ehemaligen Kronprinzen Maximilian* [gemeint ist Rupprecht von Bayern] *gern gesehen, ihre Freundschaft mit Heßreiter scheint fest begründet, sie macht große Reisen, interessiert sich freundlich für Kunstdinge.*

Rein lokal könnte mit Luitpoldsbrunn Schloß Garatshausen bei Tutzing gemeint sein, seit 1888 im Besitz der Fürsten von Thurn und Taxis. Wahrscheinlicher aber ist – durch den Namen des Prinzregenten Luitpold – der Bezug auf das Schloß Leutstetten aus dem Jahr 1565 nördlich von Starnberg. Hier richtete Prinz Ludwig, der spätere König Ludwig III., ein »Mustergut« ein, »von dem so mancher Impuls zur Verbesserung der Landwirtschaft ausging« (Schober). Das Schloß ist noch heute im Besitz der Familie Wittelsbach, liegt aber so weit entfernt vom See, daß das im Roman stattfindende »Abendessen auf der schönen, dem See zu gelegenen Terrasse« nur einen Fernblick ermöglichte und Heßreiter sein Bad im See am nächsten Morgen erst nach einer Fahrt mit dem Wagen zum Seeufer hätte nehmen können.

Herr Heßreiter diniert übrigens in den weiteren vier Büchern des Romans jeweils in einem eigenen Kapitel an einem für den Verlauf seiner Geschichte wichtigen Ort, in München, in Berlin, auf einem Schiff und schließlich, nach der Pleite und der Versteigerung seiner Habe, im »Juchhe« eines Hauses an der Elisabethstraße: »Als Juchhe bezeichnete man in jener Stadt [München] verächtlich die obersten Stockwerke der Häuser; denn dort oben war es hoch wie auf den Gipfeln der Berge, und es kam einen die Lust an, zu jodeln und Juchhe zu rufen. Allein Herr Heßreiter hatte kein Verlangen, zu jodeln.«

1933 nach Südfrankreich emigriert, wo er 1940 im berüchtigten Konzentrationslager »Les Milles« interniert wurde, flüchtete Lion Feuchtwanger noch im gleichen Jahr mit seiner Frau Marta über Spanien und Portugal nach New York und ließ sich in Los Angeles nieder; dort ist er 1958 gestorben.

Der wilde Mann, das Boot und ein Schuss: Joachim Ringelnatz, Lothar-Günther Buchheim und Wilhelm Bauer

Zu einem Zeitpunkt, da der 1918 in Weimar geborene spätere Maler, Graphiker, Schriftsteller und Kunstbuchverleger Lothar-Günther Buchheim acht Jahre alt war, schrieb der ehemalige »Hausdichter« der Münchener Künstlerkneipe »Simplicissimus« Hans Bötticher aus Wurzen in Sachsen unter seinem neuen Artistennamen Joachim Ringelnatz (1883–1934) ein satirisches Gedicht. Es wirkt auf den ersten Blick wie eine vorweggenommene Karikatur Buchheims, der noch vor dem Zweiten Weltkrieg nach Feldafing zog. Das Gedicht »Der wilde Mann von Feldafing« erschien erstmals in der Sondernummer »Bayern« der satirischen Zeitschrift »Simplicissimus« vom 26. Juli 1926, in der endgültigen Fassung dann im Gedichtband *Allerdings* (1928):

Der wilde Mann von Feldafing

Er schien zum Kriegsmann geboren,
Er trug nach allen Seiten hin Bart.
Selbst seine Beine waren behaart
Und steckten in Stiefeln mit Sporen.
Und trotzig über der Schulter hing
Ihm ein gewichtig Gewehr.
Mit gerunzelter Stirne ging
Er auf dem Bahnhof von Feldafing
Hin und her.
Und stehend, stolz und schulterbreit
Fuhr er dann drei Stationen weit
Die Kinder bestaunten ihn sehr.
Doch ehe noch ein Tag verging,
Schritt er schon wieder durch Feldafing
Mit einem Rucksack schwer.
Doch weil es so stark regnete,
Daß niemand ihm begegnete,
Ärgerte er sich sehr.
Als er durch seinen Garten schritt,
Sang dort ein Vögelchen Kiwitt.
Da griff er zum Gewehr:
Puff !!!

Ein kleines Löchelchen –
Ein kurzes Röchelchen –
Dann eine Katze – und etwas später:
Ein kleines Knöchelchen
Und eine Feder. –

Der wilde Mann von Feldafing.

Was, wenn überhaupt, verbindet nun diesen satirisch dargestellten bayerischen Rohling mit dem langjährig ortsansässigen Sachsen Buchheim? In ganz anderem Sinne »wild« ist doch Buchheims künstlerische Herkunft aus dem Expressionismus, sowohl als Maler wie später auch als Kunstsammler und Verleger.

Mit Ringelnatz selbst verbindet Buchheim schon mehr. Beide waren »als Mariner im Krieg« und verfaßten ein Buch darüber. Seine Erlebnisse im Zweiten Weltkrieg als Leutnant und Kriegsberichterstatter während des U-Boot-Krieges schrieb sich Buchheim mit seinem erfolgreichen Roman *Das Boot* (1973) von der Seele. Das 1981 mit ebenso großem Erfolg verfilmte Kriegsbuch hat sein Pendant im autobiographischen Tagebuch *Als Mariner im Krieg,* das Joachim Ringelnatz 1928 (als Gustav Hester) über seine Zeit im Ersten Weltkrieg veröffentlichte.

Eine weitere Gemeinsamkeit, allerdings mit großen stilistischen Unterschieden, ist die künstlerisch-literarische Doppelbegabung. Kaum bekannt ist Ringelnatz als Zeichner und Maler, dem Wilhelm Hausenstein 1931 ein »unbezweifelbar feines Talent« zugestand. Buchheim debütierte literarisch mit der Schilderung einer Donaufahrt, die er 1939 mit dem Faltboot von Passau bis zum Schwarzen Meer unternommen hatte. Unter dem Titel *Tage und Nächte steigen aus dem Strom. Eine Donaufahrt* erschien das Buch mit 23 Originalzeichnungen des Autors 1941 bei S. Fischer in Berlin. Ein zeitliches und thematisches Gegenstück dazu sind *Die Tropen von Feldafing* (1978), zu Beginn in Bild und Wort die spätexpressionistische Schilderung der Herbstfarben am Starnberger See, gesehen durch das Temperament nach einer halbjährigen Tropenreise:

Vom Zeitsprung, von langer Jetreise und von Tropenmalaisen erschöpft, gehe ich über den Feldafinger Golfplatz zum See hinab. (...)

Mir verschlägt es den Atem: Der See blinkt quecksilbern. Ahornbüsche blowen auf wie Granateinschläge rings um bronzen leuchtendes Grün. Gelb, rot züngelnde Flammen bis hinab ans Wasser. Die große Buche ein einziges Feuer. Die Knorzeiche glost bräunlichrot. Schwarze Äste spießen wie verkohlte Dachsparren aus glühenden Büschen heraus – ein einziger Cinemascope-Breitwandbrand.

Der Maler Buchheim findet eine Fülle neuer Motive bereits im »Urwaldgarten« um sein Haus und prangert daher entschieden die Zerstörung der Seelandschaft an.

Noch eine Gemeinsamkeit verbindet Buchheim mit Ringelnatz. Ganz ähnlich wie dessen Held Kuttel Daddeldu hat auch Buchheim aus allen Winkeln der Welt Sammelstücke mit nach Feldafing gebracht; während aber der Seemann Kuttel Daddeldu seine Mitbringsel alle in »Le Haver« an die Hafenmädchen verschenkte, konnte Buchheim für seine Sammlungen in Feldafing ein eigenes »Museum der Phantasie« einrichten.

Zum Schluß sei darauf hingewiesen, daß auch Buchheims *Boot* nur durch die Erfindung und Erfahrungen des »Submarine Ingenieurs« Wilhelm Bauer (1822–1875) möglich wurde. Bauers durch viele Fehlschläge gezeichnete Versuche, die ihn nicht nur Unterseeboote, sondern auch gleich die Hebevorrichtung für gesunkene Schiffe erfinden ließen, fanden ihren spektakulären Höhepunkt im ersten, von König Ludwig II. bewilligten Unterwasser-Schußversuch am 18. April 1866 im See vor Starnberg. Das versenkte Geschütz wurde elektrisch gezündet und ließ eine 12 kg schwere Kugel eine 6 cm starke Panzerplatte durchschlagen. Die Kugel brachte gleich die ersten Menschen in Gefahr: »Sie schlug in der Nähe des Bahnhofs auf dem Wasserspiegel auf, gerade als ein Personenzug einfuhr. Verständlicherweise erschraken die Fahrgäste sehr« (Röhr). Bauers Schußversuch, am 30. April noch einmal vor der Artilleriekommission der bayerischen Armee wiederholt, steht am Anfang der verhängnisvollen Entwicklung zu den U-Boot-Einsätzen der beiden Weltkriege.

Erwähnt sei noch der Verleger Friedel Brehm (1907–1985), der lange Zeit in Feldafing lebte und hier 1957 seinen Verlag junger Literatur und Mundartpoesie öffnete. Die Feldafinger »Villa Waldberta« dient heute der Stadt München als Gästehaus für Literaten aus aller Welt.

Possenhofen

Das poetische Tagebuch: Elisabeth von Österreich

Auch das alte Hofmarkschloß Possenhofen aus dem Jahr 1536 wandelte sich im 19. Jahrhundert zu einem Musensitz. Herzog Max in Bayern (1808–1888), der Chef einer jüngeren Nebenlinie der Wittelsbacher und verheiratet mit Herzogin Ludovika (1808 bis 1892), einer Tochter König Max' I., erwarb das Schloß 1834 und ließ es im Stil der Zeit mit Zinnen verändern. Von den acht Kindern des herzoglichen Paares sind Elisabeth (1837–1898), die spätere Kaiserin von Österreich, Sophie (1847–1897), die unglückliche Verlobte König Ludwigs II., und Marie (1841 bis 1925) als letzte Königin von Neapel und »Heldin von Gaeta« besonders berühmt geworden. Der weitgereiste Herzog Max fiel etwas aus dem Rahmen der zeitgenössischen Konvention. Er war stolzer Besitzer einer Bibliothek mit 27.000 Bänden, vorwiegend zu historischen Themen; dazu unter dem Pseudonym »Phantasus« Verfasser von Novellen und Übersetzer Victor Hugos, aber auch Gstanzl-Dichter; und schließlich ein hochbegabter Zither-Spieler und Komponist, dessen Leutseligkeit und Vorliebe für trinkfeste Runden ihm den Namen »Zither-Maxl« eintrug. Auf diesen Herzog geht übrigens auch der Herzogpark in Bogenhausen zurück, wo Thomas Mann 1914 sein Münchener Haus bezog. 1837 hatte Herzog Max den Edelsitz Stepperg mit Ländereien von Graf Montgelas erworben; sein Sohn, der Augenarzt Herzog Karl Theodor (1839–1909), verkaufte den Park Anfang Mai 1900 an die »Terrain Aktiengesellschaft Herzogpark München-Gern« von Heilmann & Littmann, die sich wiederum auch in Feldafing am Höhenberg engagierte.

Als die fünfzehnjährige Elisabeth 1853 zur Braut des österreichischen Kaisers ernannt wurde, endete für das »Landmädchen aus Possenhofen« (Hamann) die Kindheit abrupt. Auf einen Schlag vorbei waren die unbeschwerten Tage, an denen sie, die spätere »wilde, elegante, extravagante Reiterin« (Oskar Maria Graf) so unterwegs sein konnte, wie es ihr gefiel. Schon das traurige Lebewohl und ihr Heimweh fand Ausdruck in Gedichten. Dem Leben in Wien als »Kaiserin wider Willen« (Hamann) suchte Elisabeth später immer mehr in eine poetische Gegenwelt zu entfliehen, in der sie die Rolle der Titania aus Shakespeares *Sommernachtstraum* übernahm. Mehr als ein Vorbild war für sie der Dichter Heinrich Heine (1797–1856), dem sie auf Korfu sogar ein Denkmal errichten ließ. Elisabeth stand mit Heine in spiritistischer Verbindung und betrachtete ihre Gedichte »als Diktate Heines« (Hamann). Wenn Elisabeth damit versucht haben sollte, ihre ganz im Geheimen geschriebenen und aufbewahrten Gedichte auch vor einer möglichen Öffentlichkeit zu ›entschuldigen‹, hätte sie dazu nur wenig Grund gehabt, denn ihr seit 1984 veröffentlichtes »poetisches Tagebuch« läßt keineswegs bloß eine epigonale Nachschreiberin erkennen.

Die Gedichte sind zunächst ganz einfach Trost: »In meiner grossen Einsamkeit / Mach' ich die kleinen Lieder«. Weiter sind sie Selbstporträts auf der Suche nach einer eigenen Identität; aber auch Fluchtversuche aus der Gegenwart in die spiritistisch berufene Vergangenheit und eine hoffnungsvoll erwartete Zukunft. Ihr Seelenvogel war die Möve – »Eine Möve kommt geflogen, / (Meine längst verstorbne Seele)« – heißt es in einem Trauergedicht auf König Ludwig II. Der war für sie der »Adler«, während sie ihren eigenen Mann, Kaiser Franz Joseph, nur als verletzenden »Sperber« empfand. Elisabeth war zudem die »Feenkönigin« Titania und besang den Jainzen hinter der Kaiservilla in Ischl als »Zauberberg«. Außerdem sah sie eine Verbindung zwischen »See« und »Seele«: »Ein unergründlich tiefer See /

Ist meine Seele, / Den ich oft selber nicht versteh' / Und gern verhehle« (1887).

Direkt auf den Starnberger See bezogen sind die Gedichte der Möve und des Adlers, die bereits im Kapitel über ihren »Königsvetter« und »Märchenkönig« genannten Seelenfreund Ludwig II. angeführt wurden. Hier stehe dafür ein Gedicht, das als endgültiger Abschied gedacht war nach dem Streit Elisabeths mit ihrer Verwandschaft, die Ludwigs Internierung für richtig geheißen hatte:

Leb' wohl, mein schöner Heimatsee,
Du, meiner Kindheit Wiege,
Begrenzt von stolzer Bergeshöh',
Im Schoss der Alpenzüge.

Umrahmt von tiefem Buchengrün,
Geschmückt mit Schilf und Rosen,
Die träumend auf den Wellen zieh'n,
Wo Seelibellen kosen.

Du, meiner Jugend Lust und Freud',
Mein Sehnen in der Fremde!
Mit schwerem Herzen ist es heut',
Dass ich mich von dir wende.

Leb' wohl mein See! In deinen Schoss
Werf ich die Heimat heute
Und ziehe rast- und heimatlos
Aufs neue in die Weite.

Elisabeths »poetisches Tagebuch« endet abrupt mit dem Selbstmord ihres Sohnes, des Kronprinzen Rudolf, am 30. Januar 1889 in Mayerling. Fast zehn Jahre später, am 10. September 1898, starb die unglückliche Frau als Opfer eines Attentats in Genf. Schloß Possenhofen ist inzwischen zu Eigentumswohnungen umgebaut worden; ein Großteil des Parks und des Ufers, heute im Besitz der Landeshauptstadt München, lockt als »Paradies« zum Baden und zur Erholung.

Sie beissen an!: Paul Klee

Auch der »Malerzeichner« Paul Klee (1879–1940) hat ein ›poetisches Tagebuch‹ geführt und zeigte dabei großes literarisches Talent. Sein Tagebuch der Jahre 1898 bis 1918 hat er so überarbeitet und stilisiert (die Einträge sind numeriert statt datiert), daß in dem Chronisten ein beachtlicher Schriftsteller erkennbar wird. Klee, dessen Bildunterschriften wie Gedichttitel wirken und der selbst viele Gedichte geschrieben hat, ist für diese literarischen Erkundungen daher ein besonderer Glücksfall.

Anfang der zwanziger Jahre lichtete sich die künstlerische Entwicklung Klees endlich auch in finanzieller Richtung; er schloß mit dem Münchener Galeristen Hans Goltz seinen ersten Vertrag ab. Äußeres Zeichen dieser Verbindung war eine große Einzelaustellung von 362 Arbeiten im Mai und Juni in den Räumen der Galerie »Neue Kunst – Hans Goltz« an der Briennerstraße 8. In diesem Jahr erschienen auch die für Klees Kunst so wichtigen Illustrationen zu Voltaires *Candide* bei Kurt Wolff; und gleich zwei Monographien – von Hans von Wedderkop und Leopold Zahn – förderten die öffentliche Präsenz Paul Klees. Als er im Oktober 1920 vom Architekten Walter Gropius ans Bauhaus nach Weimar gerufen wurde, war Klee ein Mann der Stunde.

Jetzt konnten sich Klee und seine Familie auch einen Sommeraufenthalt am Starnberger See erlauben. Die Wahl fiel auf Possenhofen. Für Klee bedeuteten die Tage am See eine richtige Befreiung und Erholung. Der Sohn Felix erinnert sich:

Herrlich war für uns die Ferienzeit, die wir zum erstenmal nicht in Bern verbrachten, sondern in einer gemieteten Wohnung in Possenhofen. Neben

Malen und Kochen beschäftigte sich mein Vater sehr intensiv mit Fischen. In unendlicher Ausdauer holte er Eitel, Bürschling, Rotaugen und sogar Schleien aus dem See. Die großen Exemplare waren für uns, die kleinen für [den großen Tigerkater] *Fritzi bestimmt. Und sonntags flüchteten wir uns oft vor vielen unangemeldeten Münchner Besuchen in das einsame Moorgebiet um den Maisinger See und bewunderten dort die vielen Orchideen.*

Sie mieteten sich im ersten Sommer 1920 im Haus Nr. 11 (heute Karl-Theodor-Str. 11) der Familie Hirn mit der Aufschrift »Gott zum Gruß« über der Haustür bei einer Frau von Eckardt ein und aßen mittags im benachbarten Wirtshaus, dem Fischmeister Schauer. In den beiden nächsten Sommern wohnten sie im Haus des Fischers Gebhardt (Zum Landesteg 16) direkt oberhalb des Dampferstegs. Paul Klee malte hier »im Freien auf dem Riesenbalkon, die Bank als Staffelei benutzend«. Bei schwülem Wetter, wenn die Fische gut bissen, erwachte dann im Maler der Jäger, wie Felix Klee beobachtete:

Unzählig sind die Anekdoten um diese seine Jagdleidenschaft. Einmal erntete Klee sogar den Beifall des gerade ankommenden Salondampfers, als er im gleichen Augenblick einen großen Eitel fing und dabei so lebhaft an der Angel zog, daß der Fisch in hohem Bogen auf einem Tannenwipfel landete. Ein andermal warf mein Vater von der Badehütte aus die Angel so temperamentvoll aus, daß das Geländer brach und er ein unfreiwilliges Bad nehmen mußte.

Eines der Bilder aus den ersten Possenhofener Sommertagen, zumindest auf sie anspielend und thematisch bestens passend, ist wohl die Ölfarbenzeichnung »Sie beissen an!« (1920/6), zu der es eine Vorzeichnung aus dem Vorjahr gibt. Zwei Figuren am Rande, vielleicht Vater und Sohn, angeln nach großen und kleinen Fischen; alles besteht aus Linien, das Ausrufezeichen bringt Dramatik in das ansonsten stille Warten zwischen einer großen Sonne, einem Segelschiff neben einer stilisierten Insel,

Paul Klee, Sie beissen an!, 1920/6. *Ölfarbenzeichnung*

den Fischen und einem seltsamen sich windenden Zwischenwesen. Diese »poetische Szene« (Schmalenbach) eröffnet eine Reihe von »Fische«-Bildern Klees, an denen sich geradezu beispielhaft seine Entwicklung bis 1940 ablesen läßt. Weiter dürfte die Tonzeichnung oder das Schwarzaquarell »Park am See (ohne Häuser)« (1920/102) vom Possenhofener Schloßpark abgeleitet sein. Dagegen läßt die Tuschfederzeichnung »Seelandschaft mit dem Himmelskörper« (1920/166), verstärkt noch durch eine helvetische Dampferfahne, eher an eine Gebirgsszenerie in der Schweiz denken, die auch, sehr vereinfacht, den Hintergrund der Lithographie »Dampfer vor Lugano« (1922/67) akzentuiert. Eben dieses Bild nahm sich Paul Klee gleich nach den Possenhofener Ferien 1922 in Weimar wieder vor: »Habe durch Weiterarbeit das *Dampfschiff* sehr gefördert, zwei neue Umdrucke sind ganz nach Wunsch geraten« (Brief an Lily Klee, 5.X.1922). Darüber hinaus lassen sich ländlich-bayerische Motive in Werken dieser Jahre im Ölbild »Landschaft mit dem gelben Kirchturm« (1920/122) oder, vom Titel her, in der »Landschaft bei E. (in Bayern)« (1921/182) erkennen.

Klees Professur am Bauhaus in Weimar hielt ihn und seine Familie nicht davon ab, im Sommer 1921 nach Possenhofen zurückkehren; und trotz der Übersiedelung nach Weimar im Oktober kamen die Klees auch im folgenden Sommer noch einmal an den Starnberger See. Gegenseitige Besuche von Klee und Heinrich Campendonk in Seeshaupt und Possenhofen verstärkten in diesen Tagen eine Freundschaft, die schon in den Sindelsdorfer Tagen Campendonks begonnen hatte.

Versteck in Pöcking

Possenhofen und seine Umgebung waren Paul Klee und seiner Frau Lily nicht unbekannt. In der Anfangszeit ihrer Liebe hatten sie sich im Juli 1902 nebenan, im versteckten Pöcking, nach einjähriger Trennung zu einem wegen der mißtrauischen Eltern Lilys heimlichen Rendevous verabredet. Der Tagebuch-Eintrag Klees vom 30. Juni 1902 (Nr. 426) zeigt trotzige Zuversicht, doch auch Vorsicht:

426 30.06.02. Annäherung an den Plan Lilys, uns heimlich in Poecking, nicht zu verwechseln mit Peking, am Starnbergersee wiederzu-

sehen. Ich fühle mich gerade nach der ablehnenden Stellungnahme des zukünftigen Schwiegervaters frei, alles zu unternehmen, was ich selber verantworten kann. Für Lily wird es notwendiger sein als für mich, sich vor Entdeckung zu sichern.

Kurz darauf schildert Klee im Tagebuch unter Nr. 433, wie der »Plan Oberpöcking (...) Wirklichkeit (wurde)«. Er zählt die Stationen ihrer Begegnung auf, aber kommentiert die Tage mit keinem Wort, »denn«, so schreibt er, »Worte gibt es nicht«. Zurück in Bern, erkundigt sich Klee in einem Brief vom 30. Juli nach Lilys Befinden, selbst noch sehr bewegt: »Könnte ich Deine Hand fassen, so kämen auch gleich die erlösenden Thränen, wie sie auf der Landungsbrücke in Possenhofen ein ernstes, tiefes und langes Jahr auslöste.« Ein Jahr später ist Klee Ende Mai/Anfang Juni 1903 für zweieinhalb Wochen wieder in München. Am 31. Mai sind die beiden heimlichen Liebenden in München zusammen in der Secessionsausstellung, fahren dann, laut Tagebuch (Nr. 508), »nach Possenhofen und wir wanderten nach Feldafing und wieder zurück über Ober-Pöcking nach Starnberg, wo wir bei Pellet-Meyer übernachteten«. Es dauerte noch drei Jahre, bis die beiden 1906 heiraten konnten.

Liebesversuch 1899

Mag sein, daß der Starnberger See als amouröser Fluchtpunkt bei Paul Klee auch eine Reminiszenz an sein erstes Studienjahr 1898/99 in München auslöste. Und es mag sein, daß diese zitierte Reminiszenz auf den ersten Blick etwas indiskret wirkt. Doch die Darstellung seines Liebesversuchs 1899 mit obligater Dampferfahrt ist ein gutes Beispiel für Klees im Tagebuch gezeigte Absicht, mit dem biographischen auch den zeittypischen Aspekt einer Beobachtung zu betonen.

Wie er im Tagebuch unter Nr. 66 ausführlich darstellt, hatte sich Klee gleich zu Beginn seiner Münchener Studienzeit, als er, von Franz von Stuck zunächst abgelehnt, in der Knirr-Schule Privatunterricht nahm, einer Mitschülerin, einem blonden »Fräulein N. aus Halle«, angenähert und mit ihr in den ersten Frühlingstagen eine Fahrt ins Isartal, »nach Grosshesselohe natürlich«, unternommen. »Die nächste Verabredung war Starnberg«, schreibt Klee – diese Begegnung verlief in seiner Darstellung ebenso kurios wie bezeichnend für jugendliche Attachements am mondänen Starnberger See Ende des 19. Jahrhunderts:

Fräulein N. war schon vierzehn Tage dort [= in Starnberg] *zu Besuch. Wir wollten uns am Bahnhof treffen, aber da war keine Spur von ihr. Nun sollte mir mein Instinkt helfen, ich lief auf die Suche. Nach einiger Zeit sah ich weit eine ihr ähnliche Dame promenieren. Wenn sie's war welch ein Glücksfall in dem weitläufigen Ort. Die Ungeduld trieb mich zum Laufschritt an. Sie glaubte sich von einem Abenteurer verfolgt und lief auch. Ich lief aber schneller und es gelang mir das geängstigte Geschöpf zu überzeugen dass ich es war und dass ich ein Recht auf diese Jagd hatte. Der Tag war also gerettet. Wir fuhren Dampfschiff auf dem See. Ich hatte die Genugtuung, da die Bemerkung eines Franzosen: La jolie petite blondine zu vernehmen, mit der er die andern Mitglieder seiner Gesellschaft auf m.*[eine] *Dame aufmerksam machte. Ich war durch Mitteilung in der Lage, ihr ein wertvolles objektives Kompliment zu machen. Ich weiss noch dass wir ein Gewitter genossen, ganz wie im Werther und dass die Zarte abends zum Frösteln neigte.*

Klee nahm an, die Dame sei »frei«; tatsächlich aber war sie, wie sich erst später herausstellte, selbst unglücklich in einen Sänger verliebt und konnte ihrem Schweizer Galan keine Hoffnungen machen. Zum letzten Mal waren die beiden im Mai 1899 noch einmal am Starnberger See zusammen, »wo wir auf dem rechten Ufer ein Stück zu Fuss gingen. An einer besonders schönen Stelle zog sie Schuh' und Strumpf aus und wanderte zieml.[ich] weit ins Wasser hinaus. Ich skizzierte sie dabei in mein Buch, mit humoristischer Betonung.« Der kameradschaftliche Abschied vor der Fahrt des »Fräuleins« nach Worpswede nötigt dem enttäuschten Klee nur ein rüdes Ausspucken ab. Nach zwei Jahren traf er sie wieder und sah in ihr bereits die alternde Aquarellehrerin vor sich. Befreundet war er zu diesem Zeitpunkt schon ein Jahr mit der Pianistin Lily Stumpf, mit der er im Jahr darauf, 1902, das erwähnte erste heimliche Treffen in Possenhofen hatte.

Eines noch: Ein Feldafinger Wanderer, ähnlich wie Thomas Mann, war zumindest einmal auch Paul Klee. Wenigstens machte er sich 1915, als er Franz Marc bei einem Urlaub vom Krieg in Ried bei Benediktbeuern besuchte, so auf den Weg, daß er »die Strecke von Feldafing bis Bernried zu Fuß wandernd« durchmaß. Klee hörte sich mißtrauisch an, wie sein Freund die Gefahr wegscherzte, und fand, der »Mann müßte wieder malen, dann käme sein stilles Lächeln wieder zum Vorschein, das nun einmal einfach zu ihm gehört, einfach und vereinfachend. (...) Das Soldatenspiel müßte ihm verhaßter sein, oder noch besser: gleichgültig.« Das letzte Mal sahen sich die Freunde im November 1915 bei Klees in der Münchener Ainmillerstraße 32/II (Rgb.). Sie musizierten zusammen und sprachen über moderne Kunst. Wenig später war Franz Marc tot.

*

In der nahen Villenkolonie Niederpöcking etablierten sich ab 1854 prominente Künstler des gehobenen Münchener Bürgertums wie der Maler Moritz von Schwind (sein Haus ist nicht mehr erhalten) oder der Erzgießer Ferdinand von Miller. Gleich neben dessen Villa »Quellenheim«, einem der schönsten Bauten am See, liegt der ungleich wuchtigere Herrensitz der Bundesschule des Deutschen Gewerkschaftsbundes. Das 1856 errichtete Landhaus eines Zahnarztes wurde Anfang der zwanziger Jahre verändert. Literarisch bedeutsam sind in diesem Haus zwei Tagungen der Gruppe 47 jeweils im Oktober 1956 und 1957.

Der Märchendichter auf der Roseninsel

Hans Christian Andersen zu Besuch bei König Max II.

Die Roseninsel ist ein Musenhain. Ihre geschützte Lage in Ufernähe hat schon den ersten Siedlern der Insel im späten Neolithikum vor etwa 4000 Jahren die Muße gegeben, fein gearbeitete Steinwerkzeuge herzustellen oder eine kultische Scheibe aus Hirschgeweih mit rätselhaften Ringen, vielleicht Sonnensymbolen, zu fertigen. Diese und weitaus mehr Funde der Bronzezeit kamen ans Tageslicht, als die alte Insel »Wörth« im Auftrag von König Max II. zwischen 1852 und 1856 zur »Roseninsel« umgestaltet wurde. Dabei verschwand die Ruine einer kleinen Kirche, die einmal Wallfahrtsort gewesen war und wohl an der Stelle eines vorchristlichen Heiligtums gestanden hatte. Eine Villa im pompejanischen Stil imitierte ein römisches Tusculum; Tausende von Rosenstöcken in einem Rondell verbreiteten einen betörenden Duft, der oft weit über den See hinzog; und in die Stille einer alten Welt zogen sich sowohl König Max II. als auch später sein Sohn König Ludwig II. immer wieder nur von Büchern begleitet zurück.

Lorenz Westenrieder sah die Insel 1783 zunächst in ihrem alten Zustand aus der Ferne »nicht ohne Schauder«; im Näherkommen aber verwandelte sein poetisierender Blick die damalige Armseligkeit der Insel in einen »locus amoenus«, den lieblichen Ort der Schäferpoesie seiner Zeit:

Man sieht hier das, was manchmal nur die Einbildungskraft der Dichter mit so vielem Entzücken besungen hat, mit eigenen Augen, und glaubt, sich dem Hain der Ruhe, und dem Tempel ländlicher Einfalt zu nähern.

Aus dieser Stilisierung kann Westenrieder dann auch, nach einer ausführlichen Beschreibung der Insel, eine poetische Schlußfolgerung ziehen, deren eigene Wahrheit sogar prophetisch wirkt:

Groß genug wäre indeß diese Insel, um darinn irgend einen Kummer zu begraben, bey dem es nicht erlaubt ist, sich um Hilfe oder Mitleid an die Welt zu wenden; auch groß genug wäre sie, zwey Herzen aufzunehmen, die izt in der süßesten, und (wenn sie nur nicht abnähme) auch in der glücklichsten Schwärmerey ihrer Seele, nichts bedürfen, dann sich selbst (...).

Diese Stelle scheint auf die viel späteren Begegnungen der Kaiserin Elisabeth von Österreich mit ihrem Cousin König Ludwig II. auf der Roseninsel bezogen zu sein, wo die beiden 1885 – im Geheimfach eines Schreibtischs der Villa – auch ihre Briefgedichte der »Möwe« an den »Adler« versteckten. Es hatte also schon seinen Grund, wenn Ludwig Steub 1860 schrieb, die Roseninsel sei »für Bücherleser oder gar Geschichtsforscher fast der bedeutsamste Fleck des Sees«. Steubs Lob wäre wahrscheinlich uneingeschränkt ausgefallen, hätte er gewußt, daß einige Jahre zuvor unter den von ihm benannten »poetischen Pilgern« auch ein richtiger Dichter mit einem richtigen König auf der Roseninsel waren.

Eine Erinnerungsblume

Manchmal sieht die Poesie nach außen hin unscheinbar aus, oft sogar häßlich. Diese Erkenntnis hat der dänische Märchendichter Hans Christian Andersen (1805–1875) am eigenen Leib erfahren. Sein Aufstieg vom armen Schustersohn durch viel Ungemach zur gefeierten Berühmtheit findet seine Entsprechung nicht nur in dem einen Märchen vom häßlichen Entlein; auch die anderen Märchen, seine Romane und Dramen, erst recht die Autobiographien handeln direkt oder indirekt immer vom unglücklichen Leben des unsteten Dichters.

Der Knabe las gegen die Miseren um ihn herum mit den Dichtern der Weltliteratur an, erzählte und spielte das Gelesene lebhaft nach und wußte bald nur, daß er »berühmt werden« wolle und daß man dafür »schrecklich viel Schlimmes durch(machen)« müsse. Sein Leben wurde sein Thema, angefangen bei dem erst 1993 von Gisela Perlet zum ersten Mal ins Deutsche übersetzten *Lebensbuch* (1832) über die Romane *Der Improvisator* (1835), *O.Z.* (1836), *Eines Dichters Bazar* (1841) bis zu den Autobiographien *Das Märchen meines Lebens ohne Dichtung* (1847) und der überarbeiteten Fassung *Das Märchen meines Lebens* (1855). Die *Märchen, für Kinder erzählt*, in Lieferungen einzelner Hefte seit 1835 erschienen, hielt Andersen selbst anfangs für nicht so wichtig wie die eigentlichen großen literarischen Formen Roman und Drama. Er brauchte einige Zeit, bis er 1843 in einem Brief an den Dichter B.S. Ingemann bekannte, er sei jetzt »ins Reine gekommen mit dem Märchendichten«. Habe er vorher nur fremde Stoffe nacherzählt, könne er jetzt mit Eigenem aufwarten:

Jetzt erzähle ich aus meiner eigenen Brust, ergreife eine ›Idee‹ für die Erwachsenen und erzähle sie dann für die Kleinen. *Ich habe eine Menge Stoff, mehr als für eine andere Dichtungsart; es ist mir oft, als ob jeder Zaun, jede kleine Blume sagte: Sieh mich an, dann wird meine Geschichte in dich eindringen! Und tue ich das, so habe ich die Geschichte.*

Eine Schlüsselstelle: Andersen verrät sein Geheimnis und läßt zugleich erkennen, daß er nicht bloß ein Märchenonkel sein will; die Kinder können seinen Zauberblick am besten verstehen, und den Erwachsenen zeigt die »Idee«, daß noch etwas mehr in den Märchen steckt.

Nicht in Dänemark sondern in Deutschland war Andersen entdeckt und gelobt worden; Ludwig Tieck und Adelbert von Chamisso setzten sich schon Anfang der dreißiger Jahre für ihn ein. Die vielen Reisen, mit denen er aus seiner Misere und fatalen Liebesproblemen zu fliehen versuchte, führten Andersen daher vor allem und immer wieder nach Deutschland. Nach München kam er in den vierziger Jahren beinahe so regelmäßig wie ein nördlicher Zugvogel. Einer dieser Besuche brachte ihn im Juni 1852 auch mit König Max II., dem Freund der Dichter und Gelehrten, zusammen.

Die Datierung dieses Besuches war bislang unsicher. In seiner Autobiographie *Märchen meines Lebens* (1855) schreibt Andersen, er sei »im Eisenbahnflug« von München nach Starnberg gefahren; in zitierender Verkürzung wurde aus der Metapher später die Eisenbahn selbst. Da aber erst 1854 mit der Eisenbahn nach Starnberg gefahren werden konnte – und Andersen nutzte die Gelegenheit dazu Ende Juni 1860 –, konnte sein Besuch nicht 1852 stattgefunden haben. Dabei hatte Andersen mit seinem Sprachbild nur sagen wollen, daß ihm die Reisezeit von 2 1/2 Stunden in der Kutsche von München nach Starnberg und Berg so schnell vorgekommen sei wie mit der Eisenbahn, die dann tatsächlich nur noch eine Stunde brauchte. Andersen besuchte König Max II. also am Samstag, dem 19. Juni 1852, auf Schloß Berg. Nach einem Essen ließen sich der König und der Dichter von sechs Ruderern und einem Steuermann im königlichen Ruderschiff »Delphin« zur Roseninsel hinüberfahren; in einem überdachten »Kabinett« mit zwei roten Polsterbänken und einem Klapptisch las Andersen dabei auf der Hin- und Rückfahrt einige Märchen vor.

Andersen hat an zwei Stellen seinen Besuch beschrieben; zum einen spontan und ungeordnet im Tagebuch wohl unmittelbar nach seiner Ankunft in München; sodann, geordnet und ausgeschmückt, in seiner Autobiographie *Märchen meines Lebens*. Im folgenden wird der Tagebuchtext erstmals auf deutsch in der

Übersetzung von Gisela Perlet vorgestellt und jeweils kommentiert; Ergänzungen zu Andersens Text und Auslassungen stehen in eckiger Klammer. Im Tagebuch ist Andersen anfangs ausführlicher:

Samstag, 19. [Juni 1852.] *Regenwetter. Es war schon nach halb eins, als der Herr Geheime Legationsrat* Dönniges *mit dem Hofwagen kam. Bis Starnberg, wo sich der König aufhielt, waren es mehr als 4 Meilen, doch wir bekamen dreimal frische Pferde, und es ging in fliegender Fahrt. Punkt drei Uhr erreichten wir das kleine Schloß* [Berg] *am See, die Berge ragten hoch und im Regen auf. – Im Eßzimmer, wohin wir kamen, war ein alter Herr, Kammerherr Baron Karewinsky* [Karwinsky von Karwin], *der viel in Südamerika gereist war und sich dort um meinen Landsmann Lippmann* [Liebmann] *gekümmert hatte, desgleichen der aufwartende Flügeladjutant Freiherr von Leonrod, ein freundlicher Mann (...).*

Ich wurde zum König gerufen, er war ein junger Mann, äußerst freundlich, und sagte mir, daß meine Schriften, namentlich Improvisator, die kleine Meerjungfrau und Paradiesgarten, einen tiefen Eindruck auf ihn gemacht hätten. [Er] *erzählte, daß er schon im vorigen* [Jahr] *Lust gehabt hätte, Seebäder in der Nähe von Kopenhagen zu benutzen, jedoch befürchtet habe, es sei für einen Deutschen noch zu früh, dorthin zu reisen. – Als er später an der Tafel dasselbe sagte, und daß er er von der Tann nicht mitnehmen wolle, sprach Dönniges viel von der Gastlichkeit und Freundlichkeit der Dänen; er hatte sich in Kopenhagen aufgehalten, als der offene Brief gekommen war, kannte sich mit dem Nordischen Museum und vielem* [anderen] *aus. –*

Angedeutet werden hier die politischen Spannungen zwischen Dänemark und Schleswig-Holstein. Im Deutsch-Dänischen Krieg 1848–1850 hatte Dänemark die preußische Provinz Schleswig erobert; das Londoner Protokoll der Großmächte vom 8. Mai 1852 akzeptierte die dänischen Forderungen. Dagegen stießen aber die dänischen Eingriffe in die Rechtsformen Schleswigs auf heftigen Widerstand. Diese Gesprächspunkte hat Andersen im *Märchen meines Lebens* ganz gestrichen; dafür erwähnt er, daß der König an der Tafel »einen Trinkspruch auf meine Muse ausbrachte«. Für diese Ehre weiß sich Andersen zu bedanken:

Nach der Tafel lud mich der König zu einer Bootsfahrt ein; wir gingen hinunter zum See, die Ruderknechte standen in weißen Hemdsärmeln im Boot, auf dem sich ein kleines Haus befand, und wir stiegen ein. Ich saß dem König gegenüber, wir steuerten auf eine Insel zu, wo er eine Villa mit Turm errichten und die er überall mit Rosen bepflanzen ließ. Ich las auf dem See das häßliche Entlein. Ging mit dem König spazieren. –

Im *Märchen meines Lebens* ergänzt Andersen seinen Tagebucheintrag durch die Bemerkung, daß er mit dem König auf dem Schiff nach dem Märchen ein lebhaftes Gespräch über Poesie und Natur geführt habe. Auf der Insel besichtigten die beiden zunächst die archäologischen Grabungen:

Man hatte dort ein Hünengrab gefunden, wir sahen die ausgegrabenen Gebeine und ein Messer aus Feuerstein. Vor den Ruinen einer alten Wallfahrtskirche stand ein blühender Holunderstrauch, der König brach einen Zweig ab und gab ihn mir zur Erinnerung.

Die Geste spielt an auf Andersens berühmtes Märchen vom »Fliedermütterchen«, das besser »Holundermütterchen« heißt, und von Andersen 1851 als Märchenspiel dramatisiert worden war. Das Märchen erzählt die Erinnerungen eines alten Paares an seinem goldenen Hochzeitstag. Fliedermütterchen sitzt im Fliederstrauch über dem Paar und verwandelt sich selbst in das kleine Mädchen sowie den alten Mann in den Knaben von einst. »›Aus der Wirklichkeit wächst gerade das sonderbarste Märchen heraus‹«, sagt sie, und nun erleben beide die Jahreszeiten ihrer Kindheit und Jugend noch einmal. Als der Knabe ein Seemann geworden ist und Abschied nehmen muß, gibt ihm das Mädchen die Fliederblume von ihrer Brust für sein Gesangbuch:

(...) und im fremden Lande, wenn er das Buch öffnete, geschah es immer an der Stelle, wo die Erinnerungsblume lag; und je mehr er dieselbe betrachtete, desto frischer wurde sie, sodaß er gleichsam einen Duft von den dänischen Wäldern einathmete (...) Und Hunderte von Bildern glitten durch seine Gedanken.

Eine etwas ausführlichere Darstellung der königlichen Holundergeste gibt Andersen im *Märchen meines Lebens*:

Das Gefolge hielt sich etwas zurück, der König lud mich ein, neben ihm auf einer Bank dicht am See Platz zu nehmen, er sprach von meinen Dichtungen, von allem, was Gott mir verliehen hatte, sprach davon, wie wundersam das Los der Menschen in der Welt sich gestaltete und von dem Trost, der darin liege, wenn man sich an den Herrgott halte. In der Nähe von dem Platz, wo wir saßen, stand ein großer blühender Holunder, der Anlaß gab, von der dänischen Dryade darin zu sprechen, wie sie sich im Märchen »Holunderweibchen« offenbarte, ich erzählte von meiner letzten Dichtung, der dramatischen Behandlung derselben Figur, und als wir am Strauche vorübergingen, bat ich um die Erlaubnis, eine von seinen Blüten zur Erinnerung an diese Stunde pflücken zu dürfen; der König brach selbst eine ab und reichte sie mir, sie wird nun zwischen lieben Andenken verwahrt und erzählt von dem Abend hier.

Eine Dryade ist eine griechische Baumgöttin; in der germanischen Mythologie wird sie zur Frau Holle, die als beschützender Hausgeist im Holunderstrauch sitzt. Eng verwandt mit Frau Holle oder Holda ist Frau Perchta oder Bertha. Mit ihr steht wiederum die Sage von der Geburt Karls des Großen in der Reismühle bei Gauting und die Dämonisierung der germanischen Schutzgöttin nach der Einführung des Christentums in Verbindung.

Andersen erkennt den Lebenskern in der Sage und verwandelt ihn in sein Märchen. Fliedermütterchen oder Frau Holle legt den beiden Alten an ihrem goldenen Hochzeitstag zwei Blumen aus ihrem Kranz auf ihre Häupter, wo sie zu »Goldkronen« werden.

Wenn zuletzt der alte Mann seiner alten Frau die Geschichte vom Fliedermütterchen als die Geschichte des eigenen Lebens erzählt hat, bestätigt das »kleine Mädchen im Baume«:

»Ja, so ist es! (...) Einige nennen mich Fliedermütterchen, Andere Dryade, aber eigentlich heiße ich Erinnerung; ich bin es, die im Baume sitzt, welcher wächst und wächst; ich kann zurückdenken, ich kann erzählen! Laß sehen, ob Du Deine Blume noch hast!«

Die Erinnerungsblume, die Goldkronen und das Mädchen im Baum sind in dem einen Zweig versammelt, den der König dem Dichter pflückt. Da ist es auch kein Wunder, wenn ein Wunsch sofort in Erfüllung geht und Andersens Gespräch mit dem König im Tagebuch an Deutlichkeit gewinnt:

Wir wünschten uns einen Sonnenstrahl auf die Insel, und der [kam] *auch, die Berge wurden beleuchtet. Ich saß mit dem König allein auf einer Bank. Er sprach davon, was alles Gott mir geschenkt habe, über das Los der Menschen, und ich sagte, daß ich nicht König sein wolle, da habe man eine so große Verantwortung, dieser Aufgabe sei ich nicht gewachsen. Er sagte, Gott möge die Kraft* [dafür] *geben, und man tue in Gott was man könne. Wir unterhielten uns herzlich und vertraulich, und als wir dann mit dem Boot zurückfuhren, las ich die Geschichte einer Mutter, Flachs und Stopfnadel vor. –*

Auch hier gibt es, von der Reihenfolge abgesehen, keinen Unterschied zwischen dem Tagebuch und der späteren Überarbeitung. Nur am Ende, beim Abschied, hat Andersen eine Begegnung, die er, aus welchem Grund auch immer, nur im Tagebuch erwähnt:

Der See war vollkommen ruhig. Die Berge blau mit Schnee und Sonnenschein, es war wie ein Märchen. Als wir an Land stiegen, sprudelte der Springbrunnen, und der König nahm gnädig [von mir] *Abschied. – Ich sah die beiden jungen Prinzen* [Ludwig und Otto] *und küßte sie. Gegen acht Uhr fuhren wir ab und waren halb elf in München.*

So endet dieser Tag – mit dem Abschiedskuß des Märchendichters für den späteren Märchenkönig. Es war ein Musenkuß, den der sechsjährige Kronprinz damals bekam, wahrscheinlich ohne es gleich zu spüren; denn die Poesie sieht manchmal nach außen unscheinbar aus oder eben so eigenartig wie die hagere dänische Vogelscheuche mit schwarzem Mantel und Zylinder, die dem »Delphin« entstiegen war. König Max II. aber verstand, hatte er ja nicht nur unterwegs die Märchen gehört, sondern auch von ihrer »Idee« erfahren. Nach einem schönen Abendspaziergang am Wallersee teilte er Andersen am 8. November 1859 mit, daß er ihm seinen »Maximilians-Orden« verleihen wolle, um ihm zu zeigen, wie sehr er ihn schätze und mit welchem Vergnügen er sich an das »Zusammensein« mit ihm »zurückerinnere«. Als Andersen den Brief des Königs bekam, mag ihm der Spruch wieder eingefallen sein, den ihm im März 1846 ein Freund Goethes, der Arzt, Philosoph und Maler Carl Gustav Carus, in sein Album geschrieben hatte, ein Spruch, den Andersen selbst wiederum später als Gästebuch-Eintrag verwendete. So auch hier. Andersen nimmt Tintenfaß und Gänsekiel, tunkt ein und schreibt: »Das Leben ist doch das schönste Märchen.« Und geht davon.

Literatur

Der Dichtersee

Sagen und Legenden um das Fünfseenland, gesammelt und neu erzählt von Gisela Schinzel-Penth. Frieding (Ambro Lacus) 1977

Prof. (Lorenz) Westenrieder, Beschreibung des Wurm= oder Starenbergersees und der umherliegenden Schlößer ec. samt einer Landkarte. München (J. B. Strobel) 1784. Reprint München (Süddeutscher Verlag) 1977

Karl Valentin, Neues vom Starnberger See, in: Karl Valentin, Brilliantfeuerwerk. München (H. Hugendubel) 1938

Ernst Heimeran, Grundstück gesucht. Ein Traum und seine Wirklichkeit (1947). München (Heimeran) 1950

Marina Thudichum, Was es damals gab. Donauwörth (Ludwig Auer) 1966, ²1980

Walter Foitzick, Unter uns gesagt. Heitere Daseinsbetrachtungen. München (Heimeran) 1939

Klara Reichner, Märchen für große Kinder. München (A.Homolatsch) (1872)

T.S.Eliot, Gesammelte Gedichte. 1909–1962. Herausgegeben und mit einem Nachwort von Eva Hesse. Frankfurt/M. (Suhrkamp) 1972 (T.S.Eliot, Werke 4)

Valery Larbaud, Les Poésies de A.O.Barnabooth. Paris (NRF) 1923 / Valery Larbaud, Sämtliche Werke des A.O.Barnabooth. Für die dt. Ausgabe eingerichtet u.m.e.Nachwort versehen von Wilfried Ihrig. Frankfurt/M., Berlin (Ullstein) 1986

Gerhard Schober, Landkreis Starnberg. Ensembles. Baudenkmäler. Archäologische Geländedenkmäler. München, Zürich (Schnell & Steiner) 1989, ²1991 (Denkmäler in Bayern, Bd.I.21)

A. Link, Der Würm-See oder Starnberger-See. München ⁶1879/80. Neu hg. u. erl. von Gerhard Schober. Gauting – Buchendorf (Ore os) o. J.

Willi Ule, Der Würmsee (Starnbergersee) in Oberbayern. Eine limnologische Studie. Leipzig (Duncker & Humblot) 1901

Heimatbuch der Stadt Starnberg. Hg.v.d. Stadt Starnberg. Bearbeitet von Otto Michael Knab, Hans Zellner und Hans Beigel. Starnberg 1972

Heidrun Kurz, Barocke Prunk- und Lustschiffe am kurfürstlichen Hof zu München. Diss. München (UNI-Druck) 1993 (Miscellanea Bavarica Monacensia, Bd.163)

Rupert Rieber, Georg Queri. Bibliographie seiner Schriften. Mit einer biographischen Einleitung hg.v. Rupert Rieber. München (Th. Ackermann) ^{2}1966

Ghemela Adler, Wie Georg Queri in München vor Gericht kam, in: Literatur in Bayern, H.28, Juni 1992, S.8–14

Wilhelm von Sternburg, Arnold Zweig. Frankfurt/M. (Anton Hain) 1990

Ernst Heimeran, Büchermachen. Geschichte eines Verlegers von ihm selbst erzählt. München (Heimeran) 1947, ^{3}1959

Ernst Penzoldt, Kunst und Poesie. Kat. Ausst. Erlangen 1992. Red.: Gertraud Lehmann. Erlangen (Junge) 1992

Der Verleger Heinrich F.S. Bachmair. 1889–1960. Expressionismus, Revolution und Literaturbetrieb. Kat. Ausst. Akademie der Künste, Berlin (West) 1989. Katalog 154. Ausstellung und Katalog: Hansjörg Viesel

Ludwig Steub, Das bayerische Hochland. München (Literarisch=artistische Anstalt der J.B. Cotta'schen Buchhandlung) 1860. Darin zur Sage um Bertha und Kaiser Karl S. 80ff.

Friedrich Alfred Schmid Noerr, Frau Perchtas Auszug. Ein mythischer Roman. Berlin (Horen-Verlag) 1928

Peter Hoffmann, Widerstand. Staatsstreich. Attentat. Der Kampf der Opposition gegen Hitler. München, Zürich (Piper) ^{4}1985

Gustav Meyrink, Des deutschen Spießers Wunderhorn. Gesammelte Novellen. Bd.1–3, München (Albert Langen) 1913

Gustav Meyrink, Fledermäuse. Erzählungen, Fragmente, Aufsätze. Hg.v. Eduard Frank. München, Wien (Langen Müller) 1981, darin Auszüge aus Kemil Oraj (d. i. Jaro Limek), Der Magier Gustav Meyrink. – Die verzauberte Eiche. – Der verschwundene Brief, (Neues Wiener Journal, 3.VI.1934), S.428ff.

Gustav Meyrink, Das Haus zur letzten Latern. Nachgelassenes und Verstreutes. Hg.v. Eduard Frank. München, Wien (Langen Müller) 1973

Thomas Theodor Heine, Erinnerung an Gustav Meyrink, in: Das Tagebuch, München, H.50, 10.XII.1932, S.1967

Friedrich Alfred Schmid Noerr, Nachtgespräch mit Gustav Meyrink, in: Süddeutsche Zeitung, Nr.31, 17.IV.1948, S.6

Karl Wolfskehl, Briefe und Aufsätze. München 1925–1933. Mit einer Einleitung und Anmerkungen hg.v. Margot Ruben. Hamburg (Claassen Verlag) 1966, darin: Gustav Meyrink aus meiner Erinnerung (Münchner Neueste Nachrichten, 28.XII.1932), S.200–203

Kurt Wolff, Autoren, Bücher, Abenteuer. Betrachtungen und Erinnerungen eines Verlegers. Berlin (Verlag Klaus Wagenbach) 1983

Paul Mayer, Ernst Rowohlt in Selbstzeugnissen und Bilddokumenten. Reinbek bei Hamburg (Rowohlt Verlag) 1968

Max Brod, Streitbares Leben. Autobiographie. München (Kindler) 1960)

Wilhelm Kelber, Besuch bei der Witwe von Gustav Meyrink, in: Die Christengemeinschaft, 28. Jg. (1956), H.10, Oktober 1956, S.317f.

Berg

Ludwig Hollweck (Hg.), Ludwig II. von Bayern. Erlebtes – Erforschtes – Erdichtetes von Zeitgenossen und Nachfahren. München (Hugendubel) 1979

»Auf zur Sonne, Königsschwan!...«. Ludwig II., König von Bayern, in zeitgenössischen Gedichten und Liedern. Hg.v. Eduard Hanslik. München (Süddeutscher Verlag) 1986

Guillaume Apollinaire, Der gemordete Dichter. Aus dem Französischen von Walter Widmer und Paul Noack. Wiesbaden (Limes) 1967

Ludwig II. von Bayern in Augenzeugenberichten. Hg. u. eingel. v. Rupert Hacker. München (dtv) ²1980

Franz Merta, Ein König, der nur von der Literatur besessen war ..., in: Literatur in Bayern, H.24, Juni 1991, S.2–8

Franz Merta, »Gottes Licht auf Erden zu verkünden«. Das Herrscherethos König Ludwig II. von Bayern und die Entstehung des König-Ludwig-Kults, Zs.f.bayer.Landesgesch. Bd.56,H.3, 1993, S.725–768

Lew Vanderpoole, Eine amerikanische Erinnerung an Ludwig von Bayern, in: Der König. Beiträge zur Ludwigsforschung. Hg.v. Hans K.E.L. Keller. München (Verlag der Grotius-Stiftung) 1967, S.122–126

Frank Wedekind, Gesammelte Briefe. Hg. v. Fritz Strich. Bd.1: 1880–1899. München (G.Müller) 1924

Kadidja Wedekind, König Ludwig und sein Hexenmeister. Ein Tatsachenroman. Hg.v. Dirk Heißerer. München (Peter Kirchheim Verlag) 1995

Guillaume Apollinaire, Poetische Werke/Oeuvres Poétiques. Ausgewählt u. hg. v. Gerd Henniger. Neuwied u. Berlin (Luchterhand) 1969

Arnold Schönberg, Wassily Kandinsky, Briefe, Bilder und Dokumente einer außergewöhnlichen Begegnung. Hg.v. Jelena Hahl-Koch. München (dtv) 1983
Der Blaue Reiter. Hg.v. Wassily Kandinsky und Franz Marc. Kommentierte Neuausgabe von Klaus Lankheit. München, Zürich (Piper) ^{8}1990
Oskar Maria Graf, Werkausgabe in 16 Bänden. Hg. v. Wilfried F. Schoeller. München, Leipzig (List Verlag) 1994
Rolf Recknagel, Ein Bayer in Amerika. Oskar Maria Graf. Leben und Werk. Berlin (Verlag der Nation) 1974, ^{3}1984
Wolfgang Dietz u. Helmut F. Pfanner (Hg.), Oskar Maria Graf, Beschreibung eines Volksschriftstellers. München (Annedore Leber Verlag) 1974
Gerhard Bauer, Gefangenschaft und Lebenslust. Oskar Maria Graf in seiner Zeit. München (Süddeutscher Verlag) 1987
Wilfried F. Schoeller, Oskar Maria Graf. Odyssee eines Einzelgängers. Texte Bilder Dokumente. Frankfurt/M. (Büchergilde Gutenberg) 1994
Ludwig Marcuse, Mein zwanzigstes Jahrhundert. Auf dem Weg zu einer Autobiographie. (1960). Zürich (Diogenes) 1975

Leoni

Adolph von Schaden, Neueste topographisch=statistisch=humoristische Beschreibung des Würm= oder Starnberger=Sees, seiner Ufer und interessanten Umgebung etc. (...) München (E. A. Fleischmann) 1832
Làszló Barla-Szabó, Die Geschichte von Haus Buchenried und Umgebung, in: Münchner Volkshochschule Haus Buchenried (Hg.), Haus Buchenried. 1953 bis 1988. Geschichte und pädagogische Arbeit einer Heimvolkshochschule. Berg, Juli 1988, S.3–18
Theodor Heuss, Der »Hack«,1816–1877, in: ders., Schattenbeschwörung. Randfiguren der Geschichte. Tübingen u. Stuttgart (Rainer Wunderlich Verlag Hermann Leins) 1948, S.217–231
Klaus Kratzsch, Johann Ulrich Himbsel und seine Villa am Starnberger See, in: F.Piel/J.Traeger (Hg.), Festschrift für Wolfgang Braunfels, Tübingen (E.Wasmuth) 1977, S.201–213
Erika Bierhaus-Rüdiger, Carl Rottmann 1797–1850. Monographie und kritischer Werkkatalog. München (Prestel-Verlag) 1978
Armin Zweite (Hg.), Münchner Landschaftsmalerei 1800–1850. Kat. Ausst. München (Städt. Galerie im Lenbachhaus) 1979
M.G.Conrad, Der Starnberger See. Einiges aus meinen Erinnerungen an

Otto Julius Bierbaum, in: Otto Julius Bierbaum zum Gedächtnis. München (G. Müller) 1912, S.15–34
Walter Pache, Karriere eines deutschen Dichters, in: Literatur in Bayern, H.23, 1991, S.14–22
Theodor Lechner, Die Privat-Eisenbahnen in Bayern. Eine Betrachtung nach der geschichtlichen, technischen und wirtschaftlichen Seite. München, Berlin (R. Oldenbourg) 1920, darin: V. Bergbahnen, 29. Die Drahtseilbahn Leoni-Rottmannshöhe, S.201–204
Der Bismarckturm am Starnbergersee. München (Carl Haushalter) 1900. [Festschrift mit einem Bericht der »Allgemeinen Zeitung« vom 2. Juli 1899 und einer ausführlichen Beschreibung des Denkmals.]
Johannes Heitzmann, Zwischen Zeiten und Welten. Memorabilien. 1925–1937. Typoskript. Privatbesitz

Ammerland

Michael Schattenhofer, Schloss Suresnes in Schwabing. München, Zürich (Schnell & Steiner) ²1990
Golo Mann, Lavalette. Eine Episode aus napoleonischer Zeit. Zürich (Manesse) ²1988
Aloys Dreyer, Franz Pocci, der Dichter, Künstler und Kinderfreund. München, Leipzig (G.Müller) 1907
Franz Pocci (Enkel), Das Werk des Künstlers Franz Pocci. Ein Verzeichnis seiner Schriften, Kompositionen und graphischen Arbeiten. München (Horst Stobbe Verlag) 1926
Kadidja Wedekind, Kalumina. Der Roman eines Sommers. Berlin (Scherl) 1933 (²1935)
Tilly Wedekind, Lulu. Die Rolle meines Lebens. München, Bern, Wien (Rütten & Loening in der Scherz Gruppe) 1969

Ambach

Waldemar Bonsels, Wanderschaft zwischen Staub und Sternen. Gesamtwerk [in 10 Bänden]. Hg. v. Rose-Marie Bonsels. Bd.1: Blut/Der tiefste Traum. Mit einem Geleitwort von Rose-Marie Bonsels und einer biographischen Studie von Lili Hübsch-Pfleger. München, Wien (Langen Müller) 1980
Herbert Achternbusch, Die Atlantikschwimmer. Frankfurt/M. (Suhrkamp) 1978

Herbert Achternbusch, Der Komantsche. Heidelberg (Verlag Das Wunderhorn) 1979
Herbert Achternbusch, Das Ambacher Exil. Köln (Kiepenheuer & Witsch) 1987
Herbert Achternbusch, Wind [darin: Wellen, 1983; Wind, 1984]. Frankfurt/M. (Suhrkamp) 1989. Bd. 5 der Werkausgabe »Du hast keine Chance aber nutze sie«
Herbert Achternbusch, Mix Wix. Köln (Kiepenheuer & Witsch) 1990
Herbert Achternbusch, Es ist niemand da. Frankfurt/M. (Fischer Taschenbuch Verlag) 1992
Jörg Drews (Hg.), Herbert Achternbusch. suhrkamp taschenbuch materialien. Frankfurt/M. (Suhrkamp) 1982
Schalom Ben-Chorin, Jugend an der Isar (1980). München (dtv) 1988
Klaus Mann, Briefe. Hg.v.Friedrich Albrecht. Berlin, Weimar (Aufbau) 1988
Patrick Süskind, Die Geschichte von Herrn Sommer. Mit Bildern von Sempé. Zürich (Diogenes) 1991

St. Heinrich

Otto Julius Bierbaum, Gesammelte Werke in zehn Bänden, hg.v. Michael Georg Conrad und Hans Brandenburg. Bd.1–7. München (G.Müller) 1912-1921
Prinz Kuckuck. Leben, Taten, Meinungen und Höllenfahrt eines Wollüstlings. (1907). München, Wien (Langen Müller) 1987
Maximilian Schmidt, Starnbergersee=Geschichten. Kultur- und Lebensbilder. Erster Teil. Der Himmelsbrand. Die Fischerrosl von St. Heinrich; Zweiter Teil. Die Johannisnacht. Der Erbe von Pollingsried. Reutlingen (Enßlin & Laiblin) o.J.
Maximilian Schmidt, Meine Wanderung durch 70 Jahre. Autobiographie. Erster Teil [1832–1862]. Zweiter Teil [1863–1902]. Reutlingen (Enßlin & Laiblin) (1902)
Rolf Schmidt genannt Waldschmidt, Maximilian Schmidt genannt Waldschmidt im Spiegel der Presse. Diss. München 1955
Rolf Waldschmidt, Auf den Spuren des Waldschmidt. Erinnerungsband zum 150. Geburtstag von Maximilian Schmidt genannt Waldschmidt. Grafenau (Morsak) 1982

Elisabeth Feilen, Der Maler Hermann Ebers. 1881–1955. München (Karl Thiemig) 1983

Hermann Ebers, Begegnungen mit bedeutenden Dichtern und Schriftstellern. o.D., 73 Bl. Typoskript. Stadtbibliothek München, Literaturarchiv

Albert von Schirnding, Nachwort, in: Thomas Mann, Joseph und seine Brüder I. Die Geschichte Jaakobs. (Gesammelte Werke in Einzelausgaben, Hg. Peter de Mendelssohn), Frankfurt/M. (S. Fischer) 1983

Thomas Mann – Karl Kérenyi, Gespräch in Briefen. (1960). München (dtv) 1967

Thomas Mann an Ernst Bertram. Briefe aus den Jahren 1910–1955. Hg.v. Inge Jens. Pfullingen (Neske) 1960

Thomas Mann, Briefe 1948–1955 und Nachlese. Hg.v. Erika Mann. Frankfurt/M. (S.Fischer) 1965

Alfred Grimm, Joseph und Echnathon. Thomas Mann und Ägypten. Mainz (Verlag Philipp von Zabern) ²1993

Ernst Weiß, Der Augenzeuge. (Gesammelte Werke, Bd.14, hg.v. Peter Engel u. Volker Michels), Frankfurt/M. (Suhrkamp) 1982

Text+Kritik, Ernst Weiß, H.76, Okt. 1982

Alfred Kerr, Sätze meines Lebens. Über Reisen, Kunst und Politik. Hg.v. Helga Bemmann. Berlin (Buchverlag Der Morgen) ²1980

Alfred Kerr, Erlebtes. Deutsche Landschaften, Menschen und Städte. Hg.v. Günther Rühle, Berlin (Argon) 1988

Andrea Firmenich, Heinrich Campendonk. 1889–1957. Leben und expressionistisches Werk. Mit Werkkatalog des malerischen Oeuvres. Recklinghausen (Aurel Bongers) 1989

Gershom Scholem, Walter Benjamin – die Geschichte einer Freundschaft. Frankfurt/M. (Suhrkamp) 1975

Momme Brodersen, Spinne im eigenen Netz. Walter Benjamin – Leben und Werk. Elster Verlag (Bühl-Moos) 1990

Rolf Tiedemann, Christoph Gödde, Henri Lonitz, Walter Benjamin. 1892–1940. Kat. Ausst. Frankfurt am Main (Theodor W. Adorno Archiv) und Marbach am Neckar (Deutsches Literaturarchiv) 1990

Hans Puttnies/Gary Smith, Benjaminiana. Eine biografische Recherche. Gießen (Anabas Verlag) 1991 (Werkbund Archiv 22)

Johannes von Guenther, Ein Leben im Ostwind. Zwischen Petersburg und München. Erinnerungen. München (Biederstein Verlag) 1969

Bernried

Chronik des Augustiner-Chorherrenstiftes Bernried am Starnberger See. Von den Tutzinger Missions-Benediktinerinnen des Herz-Mariä-Klosters Bernried. Typoskript. Bernried 1978

Robert Münster, W.A.Mozarts »Bernrieder Kanon«. Die Geschichte einer Legende, in: Mozart-Jahrbuch 1962/63, Salzburg 1964, S.178–184

Wilhelm Hausenstein, Licht unter dem Horizont. Tagebücher von 1942 bis 1946. München (Bruckmann) 1967

Walburga Scherbaum, Berühmte Bewohner des Tanera Hauses in Bernried, in: Lech-Isar-Land 1986, S.70–87

Max Halbe, Jahrhundertwende. Erinnerungen an eine Epoche. München (Langen Müller) 1976

Dagny Björnson Gulbransson, Das Olaf Gulbransson Buch. München (Langen Müller) 1977

Alfred Kerr, Erlebtes. Deutsche Landschaften, Menschen und Städte. Hg.v. Günther Rühle. Berlin (Argon) 1988

Schrei in die Welt. Expressionismus in Dresden. Hg. u. mit einem Nachwort von Peter Ludewig. Berlin (Buchverlag Der Morgen) 1988

Tutzing

Gemeinde Tutzing (Hg.), Petra Gründl (Schriftleitung), Hofmark Tutzing. Vom Fischerort zum Luftkurort. Von der Hofmark zur politischen Gemeinde. Geschichte in zwölf Jahrhunderten. Tutzing o.J.

Claus-Jürgen Roepke [Hg.], Schloss und Akademie Tutzing. München (Süddeutscher Verlag) 1986

Max Kalbeck. Johannes Brahms. 8 Bde. Berlin (Dt. Brahms-Ges.) 1904–1914 / Nachdruck in 4 Bänden der jeweils letzten Auflage aus den Jahren 1912–1921. Tutzing (Hans Schneider) 1976

Rolf Wünnenberg, Das Sängerehepaar Heinrich und Therese Vogl. Ein Beitrag zur Operngeschichte des 19. Jh. Tutzing (Hans Schneider) 1982

Kurt Martens, Schonungslose Lebenschronik. Zweiter Teil. 1901–1923. Wien, Berlin, Leipzig, München (Rikola-Verlag) 1924

Hans K. Roethel und Jean K. Benjamin, Kandinsky. Werkverzeichnis der Ölgemälde. Bd. 1: 1900–1915. München (C. H. Beck) 1982

Gisela Kleine, Gabriele Münter und Wassily Kandinsky. Biographie eines Paares. Frankfurt/M. (Insel) 1990

Felix Berner, Louis und Eduard Hallberger. Die Gründer der Deutschen Verlags-Anstalt. Stuttgart (DVA) 1983 (Sonderdruck)

Marie Luise Kaschnitz. Überallnie. Ausgewählte Gedichte 1928–1965. Mit einem Nachwort von Karl Krolow. Hamburg (Claassen Verlag) 1965

Maximilian Schmidt, Meine Wanderung durch 70 Jahre. Autobiographie. Erster Teil [1832–1862]. Zweiter Teil [1863–1902]. Reutlingen (Enßlin & Laiblin) (1902)

Georg Ebers, Aegyptische Studien und Verwandtes. Neudruck der Ausgabe Stuttgart und Leipzig 1900. Starnberg (LTR-Verlag) 1988

Hans Fischer, Der Ägyptologe Georg Ebers. Eine Fallstudie zum Problem Wissenschaft und Öffentlichkeit im 19. Jahrhundert. Wiesbaden (Harrassowitz) 1994 (Ägypten und Altes Testament, hg.v. Manfred Görg, Bd.25)

Ina Seidel, Lebensbericht. 1885–1923. Stuttgart (DVA) 1970

Christian Ferber, Die Seidels. Geschichte einer bürgerlichen Familie. 1811–1977. Stuttgart (DVA) 1979

Georg Kaiser, Werke. Bd.1–6. Hg.v. Walther Huder. Frankfurt/M.; Berlin; Wien (Propyläen Verlag) 1970-1972

Georg Kaiser, Briefe. Hg.v. Gesa M. Valk. M.e. Einleitung v. Walther Huder. Frankfurt/M., Berlin, Wien (Propyläen Verlag) 1980

Egon Friedell, Fall Kaiser, in: Freie Deutsche Bühne, Jg.2, Nr. 29. S. 657–661, Berlin, 13. März 1921

Staatsarchiv München, Fasz. 3076 (Prozeß Georg Kaiser)

Heinz Flügel, Zwischen den Linien. Autobiographische Aufzeichnungen. München (Chr. Kaiser) 1987

Heinrich und Thomas Mann. Ihr Leben und Werk in Text und Bild. Katalog zur ständigen Ausstellung im Buddenbrookhaus der Hansestadt Lübeck. Hg.v. Eckhard Heftrich, Peter-Paul Schneider, Hans Wißkirchen. Lübeck (DrägerDruck) 1994

Marina Thudichum, Was es damals alles gab. Donauwörth (Ludwig Auer) 1960, ²1980

Johann Armbruster [d. i. Wilhelm Hausenstein], Herbstlaub. Fünf Erzählungen. Fulda (Parzeller & Co.) März 1947

Wilhelm Hausenstein, Licht unter dem Horizont. Tagebücher von 1942 bis 1946. Hg.u.eingel.v. W.E.Süskind. München (Bruckmann) 1967

Wilhelm Hausenstein, Wege eines Europäers. Kat. Ausst. Deutsches Literaturarchiv, Marbach am Neckar 1967

Dieter Sulzer, Der Nachlaß Wilhelm Hausenstein. Ein Bericht. Mit einem unveröffentlichten Essay, Briefen und einer Erinnerung von Paul Frank. Marbach am Neckar (Deutsche Schillergesellschaft) 1982

Feldafing

Ferdinand Kistler, Heimatbuch für Feldafing. Unkorrigierte Abschrift des handschriftlichen Manuskriptes von 1929 (mit Ergänzungen bis 1940). Gemeinde Feldafing 1990

Katia Mann, Meine ungeschriebenen Memoiren. Hg. v. Elisabeth Plessen und Michael Mann (1974). Frankfurt/M. (Fischer Taschenbuch Verlag) 1976

Thomas Mann, Gesammelte Werke in dreizehn Bänden. Hg.v. Hans Bürgin u. Peter de Mendelssohn. Frankfurt/M. (S.Fischer) 1988

Thomas Mann, Tagebücher 1918–1921. Hg.v. Peter de Mendelssohn. Frankfurt/M. (S. Fischer) 1979

Die Briefe Thomas Manns. Regesten und Register. Bd. I. Die Briefe von 1889 bis 1933. Bearbeitet u. hrsg. unter Mitarbeit v. Yvonne Schmidlin (Thomas Mann-Archiv Zürich) v. Hans Bürgin u. Hans-Otto Mayer. Frankfurt/M. (S. Fischer) 1976

Thomas Mann an Ernst Bertram. Briefe aus den Jahren 1910–1955. Hg.v. Inge Jens. Pfullingen (Neske) 1960

Thomas Mann, Fülle des Wohllauts. Ein Kapitel aus dem Roman »Der Zauberberg« für einen Erzähler, ein Grammophon und viele alte Schallplatten. Eine Aufführung des Bayerischen Staatsschauspiels München. Sprecher: Martin Benrath. Deutsche Grammophon 423 464–2/4

Thomas Mann. Eine Chronik seines Lebens. Zusammengestellt von Hans Bürgin und Hans-Otto Mayer. Frankfurt/M. (Fischer Taschenbuch Verlag) ²1980

Peter de Mendelssohn, Nachbemerkungen zu Thomas Mann. Bd.1;2. Frankfurt/M. (Fischer Taschenbuch Verlag) 1982

Hans Wißkirchen, Thomas Manns »Zauberberg«. Einblicke in die Entstehungsgeschichte, in: Thomas Manns Roman »Der Zauberberg«. Einblicke in die Entstehungs- und Editionsgeschichte. Eine Kabinett-Ausstellung im Buddenbrookhaus der Hansestadt Lübeck 1993/1994, S.7–30

Harald Scholtz, NS-Ausleseschulen. Internatsschulen als Herrschaftsmittel des Führerstaats. Göttingen (Vandenhoek & Ruprecht) 1973

Winfried Nerdinger (Hg.), Bauen im Nationalsozialismus. Bayern 1933–1945. Ausstellung des Architekturmuseums der Technischen Universität München und des Münchner Stadtmuseums. München 1993

Angelika Königseder/Juliane Wetzel, Lebensmut im Wartesaal. Die jüdischen DPs (Displaced Persons) im Nachkriegsdeutschland. Frankfurt/M. (Fischer Taschenbuch Verlag) 1994

Erika und Klaus Mann, Rundherum. Das Abenteuer einer Weltreise (1929). München (Nymphenburger Verlagshandlung) 1965

Klaus Mann, Kind dieser Zeit (1932). Reinbek bei Hamburg (Rowohlt Taschenbuch Verlag) 1989

Klaus Mann, Der Wendepunkt. Ein Lebensbericht (1952). Reinbek bei Hamburg (Rowohlt Taschenbuch Verlag) 1991

Moritz Julius Bonn, So macht man Geschichte?, München (Paul List) 1953

Bruno Frank, Die Kelter. Ausgewählte Gedichte. München (Musarion-Verlag) 1919

Bruno Frank, Kleine Autobiographie, in: Die Literatur. Monatsschrift für Literaturfreunde. Das literarische Echo, Jg.32, H.9, Juni 1930, S.516f.

Bruno Frank, Ausgewählte Werke. Prosa. Gedichte. Schauspiele. Mit Gedenkworten von Thomas Mann als Einleitung. Hamburg (Rowohlt) 1957

Worte der Freundschaft für Alexander von Bernus. Nürnberg (Verlag Hans Carl) 1950, darin: R.v.Hoerschelmann, Briefe an A.v.Bernus, 1937–1946, S.127–132

Rolf von Hoerschelmann, Leben ohne Alltag. Berlin (Wedding-Verlag) 1947

Ödön von Horváth, Der ewige Spießer. Gesammelte Werke (Hg.v. Traugott Krischke), Bd.12. Frankfurt/M. (Suhrkamp Taschenbuch Verlag) 1987

Elisabeth Tworek-Müller (Hg.), Horváth und Murnau. Ödön-von-Horváth-Verein Murnau (Eigenverlag) 1988

Dieter Hildebrandt, Ödön von Horváth mit Selbstzeugnissen und Bilddokumenten dargestellt. Reinbek bei Hamburg (Rowohlt Taschenbuch Verlag) 1989

Traugott Krischke und Hans F. Prokop (Hg.), Ödön von Horváth, Leben und Werk in Daten und Bildern. Frankfurt/M. (Insel) 1977

Lion Feuchtwanger, Erfolg. Drei Jahre Geschichte einer Provinz. (1930). Frankfurt/M. (Fischer Taschenbuch Verlag) 1975

Schatten über München. Wahrheit und Wirklichkeit in Lion Feuchtwangers Roman »Erfolg«. Eine Dokumentation von Reinhart Hoffmeister. München/Wien (Langen Müller) 1981

Volker Skierka, Lion Feuchtwanger. Eine Biographie. Hg.v. Stefan Jaeger. Berlin (Quadriga) 1984

Frank Dietschreit, Lion Feuchtwanger. Stuttgart (Metzler) 1988

Joachim Ringelnatz, und auf einmal steht es neben dir. Gesammelte Gedichte. Berlin (Karl H. Henssel Verlag) 1980

Wilhelm Hausenstein, Meißel, Feder und Palette. Versuche zur Kunst

München (Karl Alber) 1949, darin: Deutsche Dichter als Zeichner und Maler. Notizen von einer Ausstellung in Heidelberg 1931, S.302–309

Lothar-Günther Buchheim, Die Tropen von Feldafing. Über das Sehen und das Malen. München (dtv) 1988

Albert Röhr, Wilhelm Bauer. Ein Erfinderschicksal. Zu seinem 100. Geburtstag. Deutsches Museum. Abhandlungen und Berichte, 43. Jg., 1975, H.1. München (R.Oldenbourg) 1975

Possenhofen

Kaiserin Elisabeth, Das poetische Tagebuch. Hg.v. Brigitte Hamann. Wien (Verlag der Österreichischen Akademie der Wissenschaften) 1984 (Fontes Rerum Austriacarum. Österreichische Geschichtsquellen, 1. Abtlg., Bd. 12)

Brigitte Hamann, Elisabeth. Kaiserin wider Willen. München, Zürich (Piper) [5]1993

Felix Klee (Hg.), Paul Klee, Briefe an die Familie. 1893–1940. Bd.1: 1893–1906; Bd.2: 1907–1940. Köln (Du Mont) 1979

Tagebücher von Paul Klee. Hg. u. eingeleitet von Felix Klee. Köln (Du Mont Schauberg) 1957

Paul Klee, Tagebücher 1898–1918. Textkritische Neuedition. Hg.v.d. Paul Klee-Stiftung, Kunstmuseum Bern. Bearbeitet von Wolfgang Kersten. Stuttgart (Verlag Gert Hatje); Teufen (Verlag Arthur Niggli) 1988

Paul Klee, Leben und Werk in Dokumenten, ausgewählt aus den nachgelassenen Aufzeichnungen und den unveröffentlichten Briefen von Felix Klee. Zürich (Diogenes) 1960

Paul Klee, Fische. Einführung von Werner Schmalenbach. Stuttgart (Reclam) 1958

Roseninsel

Norbert Hornung, Aus der Chronik von Feldafing: »Die Roseninsel«. Aufzeichnungen mit Bildern über die viertausendjährige Geschichte der Insel. München (Hornung Verlag) 1975

Gerhard Schober, Prunkschiffe auf dem Starnberger See. Eine Geschichte der Lustflotten Bayerischer Herrscher. München (Süddeutscher Verlag) 1982

Will v. Gaessler, »Märchen im Delphin«, in: Vom Einbaum zum Dampfschiff. Förderverein Südbayerisches Schiffahrtsmuseum Starnberg, Jahrbuch 3, 1983, S.68–71

H.C. Andersen's Sämmtliche Märchen. Mit 125 Illustrationen nach Originalzeichnungen von V. Pedersen. In Holz geschnitten von Ed. Kretzschmar. Zweite vermehrte Auflage. Leipzig (Verlag von B.G. Teubner) 1850. Nachdruck Dortmund (Harenberg Kommunikation, Die bibliophilen Taschenbücher) 1979

H.C. Andersens Dagbøger. 1851–1860. Udgivet af Tue Gad. Kobenhavn (G.E.C. Gads Forlag) 1974. (H.C. Andersens Dagbøger 1825–1875. Bd. IV)

Hans Christan Andersen, Das Märchen meines Lebens. Briefe, Tagebücher. Aus dem Dänischen übertragen von Thyra Dohrenburg, herausgegeben und mit einem Nachwort versehen von Erling Nielsen. München (Winkler) 1961

König Max und der dänische Dichter, in: (Augsburger) Allgemeine Zeitung, Nr. 175, Mittwoch, 23. Juni 1852

H.C. Andersens Briefwechsel mit Sr. Königlichen Hoheit Großherzog Carl Alexander von Sachsen-Weimar-Eisenach und anderen Zeitgenossen. Hg. v. Emil Jonas. Leipzig (1887)

Karl Larsen, H.C. Andersens Leben ohne Dichtung. Kulturgeschichtlich illustriert. Berlin und Leipzig (Walter De Gruyter & Co.) 1926

Erling Nielsen, Hans Christian Andersen in Selbstzeugnissen und Bilddokumenten. Hamburg (Rowohlt) 1958

Dank

Für freundliche Auskünfte und wertvolle Hinweise danke ich in Starnberg Margrit Heimeran, Dorle Döhrmann, Paul Heinemann, Dr. Làszló Barla-Szabó, Albert Widemann und Wolfgang Pusch vom Stadtarchiv. Wulf Schmid Noerr, München, erlaubte den Abdruck des bislang unveröffentlichten Widmungsgedichtes seines Vaters. Richard Tauwald, Vorstandsmitglied des Münchener Ruder- und Segel-Vereins »Bayern« von 1910 e.V., stellte die Protokollbücher und Fotoalben des Vereinsgründers Gustav Leinenweber zum Thema Gustav Meyrink zur Verfügung.

Weiter danke ich ganz herzlich der Tochter Oskar Maria Grafs, Annemarie Koch, Kempfenhausen, Erika Laurent, Aufkirchen, und Paul Huber, Berg, für viele Gespräche, sowie der Pfarrei Aufkirchen für den Einblick in die Tauf-, Ehe- und Sterbebücher.

Den Gräfinnen Anna Maria und Maria Cristina von Pocci danke ich für die Durchsicht der privaten Pocciana-Sammlung, die derzeit von Dr. Barbara Krafft, München, bearbeitet wird. Georg Kahn-Ackermann in Ammerland sei für viele Auskünfte zu Kalumina herzlich gedankt.

Zu danken ist Antonie Ebers, München, für die Erlaubnis, aus den Gästebüchern der Familie und den Erinnerungen ihres Vaters (Stadtbibliothek München/Literaturarchiv) zu zitieren, sowie Elisabeth Groth (†) von der Gemeinde Seeshaupt für ihre Auskünfte aus der Chronik von Anton Sterff. Peter Engel, Hamburg, danke ich für seinen Hinweis auf zwei Postkarten von Ernst Weiß aus Seeshaupt an Stefan Zweig in Salzburg. Heinrich von Guenther gab nähere Angaben zu den Jahren seines Vaters in Seeshaupt.

In Tutzing sind der Gemeinde, Waldtraut Flügel und vor allem dem Vermittler Gernot Abendt zu danken. Dr. Rolf R. Schmidt genannt Waldschmidt, München, sei für den Einblick in die Chronik seiner Familie gedankt. Monika Spickhoff, Haag a. d. Amper, stellte großzügig wertvolle Materialien ihrer Mutter Marina Thudichum zur Verfügung.

In Feldafing gaben Ursula Ludz im Gemeindearchiv und Eva-Maria Herbertz jede gewünschte Auskunft. Ihnen sei für ihre Geduld ebenso herzlich gedankt wie Karl Holzwarth in Heidenheim.

Für ihre Übersetzung des Tagebuchtextes und wertvolle Auskünfte zu H.C. Andersen danke ich Gisela Perlet in Rostock.

Dr. Reinhard Weber danke ich für seine Hilfe bei den Kataster-Recherchen im Staatsarchiv München.

Der Verlag S. Fischer, Frankfurt am Main, erlaubte den Abdruck der bislang unveröffentlichten Autographen Thomas Manns in der Stadtbibliothek München/Literaturarchiv.

Nicht zuletzt danke ich wieder für viele Gespräche unterwegs, ganz besonders aber Joachim Böhm und seiner Frau für ihre Gastfreundschaft auf dem Heimrath-Hof in Aufhausen.

BILDNACHWEIS

Münchener Ruder- und Segel-Verein »Bayern« von 1910 e.V.: S. 35
Stadtarchiv Starnberg (Foto Wörsching): S. 36
König-Ludwig-II. Museum, Herrenchiemsee: S. 44
Regensburg, Ostdeutsche Galerie: S. 75, 94
Franz Milz Verlag, Füssen: S. 130
Peter Kirchheim Verlag, München: S. 136
Thomas Mann-Archiv, Zürich: S. 166
Kaiser Wilhelm Museum, Krefeld: S. 179
Gernot Abendt, Tutzing: S. 196, 203
Monika Spickhoff, Haag a.d.Amper: S. 226
Dirk Heißerer: S. 68, 100, 104, 130, 159, 232, 244
Verlag: S. 130
Elisabeth v. Horváth, Preßbaum/ Ödön v. Horváth-Archiv, Berlin: S. 283
The Trustees of the Tate Gallery, London: S. 296

Personenregister